U0685858

文
普
化
华

PUHUA BOOKS

我
们
一
起
解
决
问
题

穿透财报

邹佩轩 著

读懂财报中的逻辑与陷阱（新准则解读版）

人民邮电出版社

北京

图书在版编目（CIP）数据

穿透财报 : 读懂财报中的逻辑与陷阱 : 新准则解读
版 / 邹佩轩著. -- 北京 : 人民邮电出版社, 2023.8
ISBN 978-7-115-61895-5

Ⅰ. ①穿… Ⅱ. ①邹… Ⅲ. ①会计报表—会计分析
Ⅳ. ①F231.5

中国国家版本馆CIP数据核字(2023)第110219号

内 容 提 要

股票二级市场研究的终极目标是获得投资收益，乃至持续获得投资收益。要想实现这一目标，就必须掌握财报的底层逻辑和估值体系，并规避财报中的潜在陷阱，筛选出产品或服务具有长期竞争力、资产质量高、管理层讲诚信的优质公司。

本书由具有扎实的财务会计功底和财务分析能力、拥有二级市场实战经验的高级分析师邹佩轩先生，基于最新的《企业会计准则》精心打造而成。全书内容分为4章，包括财务报表的基本原理、估值体系分析、常见的财务舞弊和财务调节手段识别。作者理论联系实际，并结合大量的生动案例，引导读者透析财报的底层逻辑，识别舞弊，规避风险，从而掌握二级市场的投资实战技巧。

本书适合二级市场从业者、价值投资者、有志于从事二级市场工作的学生使用。当然，任何对财报分析感兴趣的读者也可以通过阅读本书了解相关信息。

◆ 著　　邹佩轩
　　责任编辑　白希国
　　责任印制　彭志环

◆ 人民邮电出版社出版发行　　北京市丰台区成寿寺路 11 号
　　邮编 100164　电子邮件 315@ptpress.com.cn
　　网址 https://www.ptpress.com.cn
　　北京天宇星印刷厂印刷

◆ 开本：720×960　1/16
　　印张：19　　　　　　　　　　　2023 年 8 月第 1 版
　　字数：268 千字　　　　　　　2025 年 11 月北京第 11 次印刷

定　价：79.00 元
读者服务热线：（010）81055656　印装质量热线：（010）81055316
反盗版热线：（010）81055315

来自二级市场的大礼

新年刚过，收到佩轩给我送来的《穿透财报：读懂财报中的逻辑与陷阱（新准则解读版）》书稿。作为二级市场的参与者，我迫不及待地从头到尾认真读了一遍，有些章节还读了好几遍。掩稿冥思，我感觉此书既有针对性，又有开拓性，还有可读性。这不正是二级市场参与者需要的读物吗？我认为，它的出版会成为二级市场参与者的大礼。

从我的观察来看，目前市面上有很多关于上市公司财务分析和舞弊识别的书，但是针对二级市场细分领域的书其实很少。已有的出版物中，大部分是写给个人投资者看的，偏科普性质；还有一部分是高校教授写给学生阅读的，偏教材性质；偶尔也能看到知名企业高管写的偏管理类的心得。这些书的内容各有侧重，也非常专业，有时不乏精品，但是二级市场从业者却往往很难从中汲取营养。

应当指出，与一般的财报分析不同，二级市场的财报分析更多是为了寻找预期差、获得超额收益，需要的是边际思维，这和运营实体企业的思路有很大差别。让我兴奋的是，《穿透财报：读懂财报中的逻辑与陷阱（新准则解读版）》的作者有长时间的二级市场研究经验，尤其是电力及公用事业等传统行业的研究经验，这些行业非常强调财务模型和估值判断等基本功。阅读此书时可以看出，无论是内容还是行文，都有着非常明显的二级市场从业者特征，这也使得其中的内容更具针对性。

全书分为4章，包括财务报表的基本原理、估值体系分析、常见的财务舞弊和财务调节手段识别，这些都是二级市场财务报表分析中最主要的关注点。作者不仅采用穷举法列举了常见的财务分析技巧和财务调节手段，而且理论结合实际，提供了大量生动的案例，既有模板化的小故事，也有来自真实世界的案例，应当说这种体系化梳理是当前市面上比较少见的。

此外，我们还可以看到，作者在书中非常强调"动态博弈"，这也是二级市场一个非常显著的特点。在竞争日趋激烈的二级市场里，财务报表分析不是静态的，而是投资者和上市公司之间，甚至投资者和投资者之间的双向互动。我们阅读和研究财报，归根结底是为了给公司估值，检验投资逻辑，指导投资决策。应该指出的是，这里面的每一个变量都不是绝对外生的。上市公司知道我们如何给它们估值，知道我们最看重的指标是什么，所以我们看到的财务报表往往是上市公司希望我们看到的。

因此，财务报表其实是公司的一面镜子，镜子里的内容都来自事实，但是如果镜子的表面不是绝对平整的，那么最终的成像就是失真的。此书没有过多介绍传统教材中频繁出现的各类指标，而是逐条梳理三张报表的科目细节，介绍最新会计准则下，每个会计科目的调节空间，思考指标本身的合理性。并且作者在每个章节的开头和结尾都进行了概括性总结，尝试从财务原理入手，寻找财报和估值更本质的内涵。

我们可以将上市公司编制财务报表比喻成一个编码过程，这个过程是将客观现实变成镜子里的像，而本书则提供了一个解码过程，尽可能地将镜子里的像还原回去。证券研究的终极目标是获得投资收益乃至持续获得投资收益，财务报表分析往往是整个过程的起点和逻辑验证的终点，但这只是整个过程中的一个环节。由此可见，作者提出的"动态博弈"是一种深入思考后的成果，有着重要的开拓性，非常值得提倡。

除了知识点丰富以外，这还是一本有趣的书，你很容易读进去，很容易产生共鸣，原本枯燥的财务知识讲解，竟让我感受到了脱口秀般的诙谐。书里的每个章节各有侧重，但是起承转合非常自然，不同章节之间有多重伏笔和暗线衔接，引用的案例都很典型，且寓教于乐，引人入胜，使得内容更加立体化，可读性很强。

最后，随着人工智能（Artificial Intelligence，AI）技术的发展，不少人怀疑财务分析的工作将被 AI 替代，我虽然对 AI 技术的发展持乐观态度，但是对 AI 在财务分析中的作用有着清醒的认识。随着我国资本市场的日渐成熟和管理规模的不断扩大，财务报表分析的作用还在逐渐加强，分析也一定会变得更加复杂，简单的指标分析可能会被 AI 替代，但是带有"动态博弈"性质的深层次分析才是二级市场从业者价值的真正体现。

投资的过程是一种修行。当前，我国证券市场迎来了全面注册制时代，扎实的财务功底是上市公司做大做强的重要推动力，也是投资者财富保值增值的基础，期望新时代所有的上市公司都能够高质量发展、所有的投资者都能够稳步获利。

丁楹 [①]

2023 年春于深圳

[①] 丁楹先生为我国首位百亿股票型基金经理，历任长盛基金投资总监、中信基金（后与华夏基金合并）投资总监、中信建投证券交易部总经理等职务，2013 年创立康曼德资本，目前资本管理规模超过百亿元，连续多年被新财富、东方财富、Wind 等机构评为最强私募投资经理，操作的产品获评最佳私募产品等奖项。

致敬价值投资

应佩轩邀请，为本书作序，闻之欣然。

佩轩与我是申万宏源证券研究所同事，共事已逾五载。犹记得 2018 年佩轩留用面试，组内决定是否留用他的时候，他在北京大学汇丰商学院读研期间一次性通过注册会计师全部 6 科考试和国家司法考试的辉煌事迹，给大家留下了深刻印象。佩轩入所 5 年，他的会计功底和财务分析能力屡屡在我们的一些研究上发挥奇效，起到了画龙点睛的作用。

说来有些惭愧，我在清华大学读书期间用了两个月时间通过注册会计师《会计》科目的考试后，其他科目再无精力顾及，会计功底自是不如佩轩。但是从事证券研究七八年以来，我深感财务分析能力对行业研究的重要性，多少有些心得，在此试着为诸君作一分享，是以为序。

1. 价值投资者更重视财报分析

我参加工作头几年，最主要的精力都用于研究电力公用行业。初入电力卖方研究大门，正值煤价上行、电改压降电价，电力股无人问津。遍览海外股市，发现海外市场电力股不乏粉丝，长期大仓位持有电力公用的机构比比皆是。欧美股市电力股估值亦显著高于国内。

为何国内外有这么大的差异？我思来想去，也跟一些境外投资者深入探讨过几回，发现其中一个非常重要的原因就是他们对电力股的持有期更持久，追求的多是长期的稳健回报而非短期的高速成长，电力行业的公用属性更加契合他们的投资胃口。

正因如此，这些海外投资人对现金流折现模型（Discounted Cash Flow Model，DCF 模型）更加重视，对公司的财报分析更加深入，对公司资产质量更加看重，对公司管理层的诚信更加关注。某种程度上，我们可以认为长期价值投资者天然地更加重视财报分析。

2. 会计语言并不完美但无可替代

会计只是一种记录公司经营情况的语言，任何语言都有先天的缺陷，语言的设计者要兼顾种种情形，难免顾此失彼。这就给上市公司"打扮"财务报表甚至弄虚作假留出了发挥的空间。但是，除了跟管理层沟通，跟产业专家沟通，听公司的经营情况分析，听公司的业绩指引之外，我们在价值投资的时候还能依靠什么呢？

产业专家大部分只清楚上市公司的某一项具体业务情况；公司的高管很难了解公司的全部业务的细节信息，更不用说很多东西他们未必有精力、有意愿逐项为公众拆解。仔细阅读财务报表，将报表的数据跟公司的业务勾稽起来，阅读那些隐藏在角落里的财务报表附注，我们能获得很多的额外信息。

一份高质量的财务报表应该是让人读起来赏心悦目、清清爽爽的，如果非经常性事项频频发生，很多科目年与年之间变动巨大，且不可比，看起来让人觉得云山雾罩，那就要小心了。很多上市公司不想让你关注的事项，总是会因为会计制度的要求，被迫在报表内留下蛛丝马迹。再深入的产业调研、再密切的公司沟通，都无法替代财务报表分析。

3. 价值投资跟财报分析相辅相成

如果是短线投资，那么公司财务报表质量可能没那么重要，因为大家的关注点集中在未来半年、一年的业绩上，即使这里面有太多的扰动因素。但是，如果是怀有长线投资者的心态，追求长期稳健的价值配置，追求的是公司资产、业务创造的源源不断的现金流（DCF 估值体系），那么财报分析就更加不可替代了。

公司的自由现金流没办法无中生有，权责发生制下的会计利润和收付实现制下的现金流量在长期必将趋于一致。三张表勾稽起来联合去看，可以看穿绝大部分粉饰短期业绩的小把戏。

经常有朋友说 A 股是特别幸福的市场，因为永远不缺乏流动性，永远有暴富的机会。也有朋友笑谈 A 股是最大的知识付费平台，因为永远要学习一堆前沿的知识，最后还挣不到钱。

对于想要靠投资致富的朋友，本书可以在大家追求富裕的路上，帮助大家避开很多大坑。毕竟公司有业绩高增长的潜力很重要，但是倘若公司本身财务窟窿多多，那么大概率业绩会在释放几年后一朝归零。能够知道这是不是一辆开往悬崖的列车，时刻留意并能够早点下车很重要。

对于天天学习新知识却感觉年化投资回报率不佳的朋友，我更加期待本书能够帮助大家筛选出一些产品或服务具备长期竞争力、资产质量高、管理层讲诚信的优质公司，穿越周期，收获 5 ～ 10 年维度上大幅跑赢通胀和利率的投资收益。

A 股市场发展 30 年多来，越来越规范，越来越成熟。2022 年，国家监管层提出要探索建立具有中国特色的估值体系。笔者认为，规范的财务会计制度，证券从业人员优良的财务分析功底，应该是中国特色估值体系必不可少的基础。

期待大家和我一样都能从佩轩这本书中收获多多。祝愿 A 股二级市场的从业人员都能远离财务陷阱，业绩长虹；投资者都能规避风险，收获满满。

查浩　申万宏源证券研究所电力团队负责人

于上海—成都飞行途中

2023 年 2 月 15 日

前言

随着二级市场投研竞争日趋白热化，近年来顶尖公募基金越来越喜欢招聘理工科背景的学生，理工科背景学生在研究"硬科技"行业方面有着金融背景学生无法比拟的优势，但是财务与估值基本功却往往是他们的短板。

由于投研工作节奏过于紧凑，一线从业人员往往没有足够的时间学习基础知识，短板就这样一直留了下来。金融领域的老师常常戏称财务功底为"童子功"，基本是看上学时候的基础牢不牢固，错过了就再也没有机会学了，最终往往书到用时方恨少。从笔者的观察来看，即便是金融背景的学生，如果没有经过系统性的二级市场的财务分析和估值训练，他们对很多关键的概念可能仍然模棱两可。

需要指出的是，与一般的财务分析相比，二级市场的财务分析思路有很大的不同。我们从小到大经历过很多考试，这些考试可以分为两类：一类如中考、高考，属于选拔性考试，分数的绝对值是没有意义的，只有比其他竞争者考得高才有意义；另一类如驾照、注册会计师及各类职业资格考试，属于合格性考试，只要自己达标就可以了，不需要关心别人考得怎么样。二级市场研究更像是一门选拔性考试。

很显然，二级市场研究的目的是获得投资收益，因此我们必须通过研究做到比其他人看得更远，要接受市场的检验，而不是自我感动。一般的静态分析是不能满足需求的，我们必须在分析的过程中，理解投资者和上市公司之间，甚至是投资者和投资者之间的"动态博弈"。

承蒙销售老师和各大基金、保险研究部门领导们的信任，2022 年以来，笔者为数十家核心机构进行了专门面向二级市场的财务培训。这种商业模式着实不错，在各大机构的提问和质疑中，培训材料快速迭代，一版比一版深刻。一圈机构跑下来，回看最初的版本，竟然有一种"士别三日"的感觉。

临近 2022 年年底，笔者将这些材料重新整理，并补充了大量细节和案例，同时请教了很多学术界和会计界的前辈，他们的不吝赐教、倾囊相授让笔者无比动容。最后，笔者将以上收获全部汇总，形成了一个相对系统的二级市场财务分析框架。

此外，需要强调的是，在市场参与者"动态博弈"的同时，会计准则也在迭代进化。我国在 2017—2019 年对《企业会计准则》进行了大范围修订，2020—2022 年仍进行了部分细节修改，本书针对截至 2022 年 12 月 31 日的最新会计准则及最近几次修订，对相关内容进行了特别优化，尽可能穷举最新准则下的财务调节手段。

但是更重要的是能够透过这些技巧的表象，看到会计核算和估值更加本质的东西，也就是财务报表的底层逻辑。如果不了解财务报表的底层逻辑，我们最终记住的可能只是一个个离散的"规律"。套用数理概念，不同"规律"之间的强弱（抵抗环境干扰的能力）是有明显差别的，规律从强到弱分别是最初的公理、由公理推导出的定理、由重复实验归纳出的定律，以及并不知道原理、只是根据长期实践总结出来的经验公式。

虽然在日常投研中，指导意义最大的往往是理论效力最弱的经验公式，比如"什么样的公司该给多少倍估值"，但是所有的经验公式都有严格的适用条件，当市场环境发生变化时，上一个版本的经验公式可能就失效了。

每个时代都有自己的核心资产，每个时代的核心资产的估值方法、看重的指标都不一样。只有理解财务报表的底层逻辑，市场参与者才能和版本一起迭代进化，也只有这样，才有可能比别人看得更远。

因此，在本书写作之初，笔者尝试使用了一个全新的架构，尽量减少归纳总结，更多采用基于逻辑的"演绎推理"，将财务原理、估值体系、非法的财务造假、合法的财务调节串联起来，形成一个统一的分析框架。

本书第 1 章从最底层的财务原理切入，讲解权责发生制原则的内在冲突、三张报表架构及各个科目细节，以静态分析为主。第 2 章探讨估值体系，坚持从 DCF 模型出发的第一性原理，探讨预期管理与估值陷阱。第 3 章介绍财务舞弊的原理、手法和典型案例。第 4 章引入"动态博弈"的概念，介绍上市公司常用的财务调节手段，如何合法地做出投资者想看的报表。

4 个章节的逻辑关系是，第 1 章的财务理论、报表配平内容是后面 3 章的基础，第 2 章估值分析与第 3 章舞弊识别彼此相对独立，但是第 2 章的知识可以帮助我们更好地理解第 4 章中的财务调节。4 个章节间的逻辑关系及思维导图如图 1 所示。

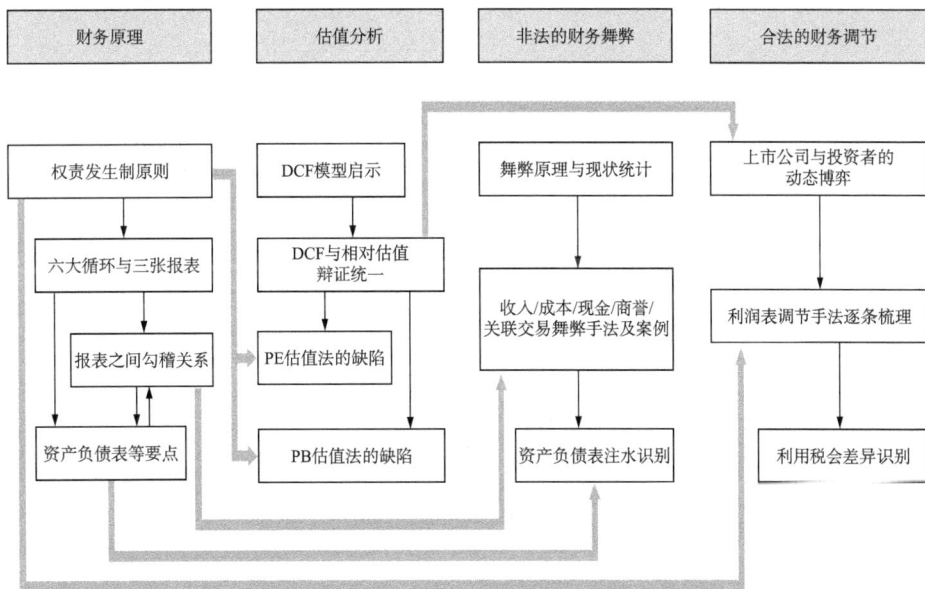

图 1　本书 4 个章节逻辑关系及思维导图

开卷有益，希望广大二级市场从业者、价值投资者、有志于从事二级市场工作的学生，以及所有对财报分析感兴趣的读者，都能够通过阅读本书掌握财报分析知识，提升财报分析实战技能。

　　本书的撰写、出版等均系个人行为，与任职单位无关，不涉及任何职务范畴的行为。本书涉及的上市公司等客观信息仅为举例，信息来源合法合规，不涉及对上市公司投资的预测、建议、推荐等。本人承诺对撰写、出版本书的个人行为全权负责，并独立承担一切后果。

目录

第3章 识别非法的财务舞弊：合理怀疑，有罪推定

第4章 试论合法的财务调节：小心上市公司预判你的预判

第1章

牢记基本的财务原理：
理解三张报表的本质与设计初衷

所有的财务分析、估值技巧都不能脱离最基本的财务原理。本章从会计制度的设计初衷入手，结合笔者从业以来的思考，探讨会计制度背后的原理、会计报表的形成过程、主要科目的注意事项及三张报表的快速配平方法，以作为后续几章进阶思考的基础。

特别提示：本章内容更贴近实战，很多概念不是严格按照教科书的标准来讲解，加上了个人的理解，考试时慎用。

1.1　不止于熟练：读懂会计制度的底层逻辑

会计恒等式是什么？对于这个问题，稍有财务基础的同学都可以脱口而出：资产 = 负债 + 所有者权益。这个等式源于 15 世纪的意大利，左边描述公司拥有多少资产，右边描述资产的产权归属。这是一个天才的设计，一经问世便显现出强大的生命力，最终成为全世界记账者的圭臬。

然而，这个等式是完全站在做账人的角度说的，如果站在看账人的角度，还有一个等式，即会计 = 经济真相 + 计量差错 + 偏见，会计信息不可避免地被计量差错和信息提供者的偏见所影响。从使用目的来看，会计报表是企业管理层做出的、提供给外部第三方使用的、了解企业经营信息的一套语言体系。和汉语、英语一样，既然是语言，那么它就不仅有纪实功能，还有文学功能。

因此，阅读报表、了解会计准则不能止于熟练，很多时候我们还要站在会计准则制定者的角度，思考会计制度的底层逻辑，把握会计核算的发展趋势，而不仅仅是记住当下的每一条规定。随着现代社会经营活动越来越复杂，会计准则在不断变化，变得越来越烦琐，时常令从业者苦不堪言。

但是换一个角度看，制度制定者之所以要让准则变得烦琐，就是想让会计报表中蕴藏更多的信息，更加全面地展示企业的经营情况，这实际上是送给从业者的大礼。只不过，更多的信息可能不在利润表或者任何一个单一报表中，在惯性思维下盯住一张报表看可能会产生重大偏误。

如果我们能够完全吃透三张报表，那么可以看到会计准则的历次修订其实都是有利于投资者的，本书中提到的大量"不利于投资者"的准则修订，都是要打引号的，所谓"不利于"，是指在惯性思维下，原有的分析框架不再适用、可能会得出不正确的结论。真正不利于投资者的，是那些不体现在报表中的交易或协议，在报表中出现的权利或者义务，从信息量的角度看，其实是越复杂越好。

整体来看，会计核算有四大发展趋势，这四大趋势正是历次会计准则修订的原动力。

第一，在所有资产中，企业金融资产的占比正在变得越来越高，由此导致金融资产的计量方式越来越细化、越来越烦琐。与生产类资产、营运资产相比，金融资产本质上是一种产权安排，是对别人的生产类资产、营运资产的占有。随着生产方式的复杂化、产业链分工的深化，股权投资、交叉持股、衍生品套期、财务管理愈发成为企业的"经常性业务"，为了更好地描述这些产权安排，金融资产的计量方式正在快速迭代，按照各种情况分类，最终将形成一个准则矩阵。

第二，公允价值计量的适用面变得越来越广。从会计计量的底层原则来看，我们可以清晰地看到，规则制定者本身也在纠结，会计报表究竟是描述历史还是面向未来，应该采用成本计量还是公允价值计量。会计信息使用者的目的是多样的，因此规则制定者必须在多方面需求之间寻求平衡，谨慎又谨慎。

但是从近年来历次准则修订来看，会计核算的发展方向是面向未来的，采用公允价值计量的科目正在快速扩容。这个趋势与第一条中金融资产占比提升是一脉相承的，金融资产最大的特点是拥有更高的流动性，从而为公允价值计量提供条件。除此之外，资产的定期减值测试、汇兑损益调整等都是广义的公允价值计量。

预计随着我国资本市场定价功能的完善、审计行业监管的成熟，公允价值计量的范围还会进一步扩大，使得报表更加面向未来。

第三，管理层的意图正在成为会计核算方法的影响因素。以少量、非重大影响的股权投资为例，按照财政部 2017 年修订的《企业会计准则第22 号——金融工具确认和计量》，如果管理层打算长期持有，则计入"其他非流动金融资产"或"其他权益工具投资"；如果打算短期持有，则计入"交易性金融资产"，管理层的持有意图是该项资产计量方式的核心参考因素。这种规定毫无疑问增加了报表的调节空间，但是同时也让投资者可以从计量方式中得知管理层的持有意图，增加信息量。

第四，表外项目越来越少，凡是能够影响企业未来发展的、和企业经营活动有关的交易安排，都要尽可能地体现在报表中。以保修条款、消费积分、经销商返利等为例，凡是因企业当期经营行为而产生的潜在义务，都要按照估计量，在本期报表中计提"预计负债""预提费用""其他流动负债"等。至于估计量是否准确，那是另外一回事，但是这项潜在义务必须体现在报表中。

最新的变化是有关租赁资产的，自2021年1月1日起，A股报表全面执行租赁新规。在此之前，租赁分为经营租赁和融资租赁两种，其中经营租赁属于表外租赁，除了每年计入利润表的租赁费用外，我们从报表中看不到租赁资产本身的任何情况。2021年之后，所有的租赁资产都必须按照未来租赁金额的现值，同时增加使用权资产和租赁负债。类似的规定还有套期会计中的衍生金融资产和衍生金融负债，新规则让报表变得越来越臃肿，但是为我们提供了更多的信息。

作为专业的投资者，我们不仅需要知道这些变化及当前最新的会计规定，更要知道这些变化背后的逻辑。会计报表里面记载了公司的过去和现在，财务分析既是投研决策的起点又是逻辑验证的终点，但这也仅仅是投研决策中的一个环节。

更进一步地说，把财务分析技巧都背下来其实不叫财务功底好，它仅仅是一项工具，我们需要的是将财务分析融入整个投研流程中，为投研工作赋能。就像管理学大师大卫·梅斯特在其著作《专业主义》中所说，专业的对立面不是不专业，而是熟练。

1.2 为什么需要三张报表：通过三个故事理解权责发生制

我们首先思考一个问题，会计报表为什么需要三张，仅仅用一张利润表为什么不行。整套注册会计师教材都没有系统解答这两个问题，而且由于考试目的和面向的对象不同，注册会计师 6 科教材之间是相互割裂的，彼此之间没有融会贯通，尤其是最核心的《会计》《财务成本管理》和《审计》3 科。

《会计》中涉及大量的科目细节和会计分录，以微观视角为主。《财务成本管理》则完全不涉及具体分录，聚焦在财务比率和估值分析上，以宏观视角为主。《审计》则是烦琐的查账流程，识别财务舞弊的迹象，是微观中的微观。

但是从二级市场投研的角度来看，一方面，《会计》中的微观视角和《财务成本管理》中的宏观视角没有打通，初学者有时确实不理解最基础的会计分录对财务分析有什么用；另一方面，《审计》中的舞弊识别，绝大部分是站在注册会计师现场调查的立场上，没有和《财务成本管理》中的宏观分析建立清晰的联系。

本节尝试通过三个故事引出权责发生制原则，利用简易模型归纳出会计报表的基本逻辑。所有的复杂报表都无法脱离这三个故事的影子，牢记三个故事的结论，这是报表科目细节分析的基础。

1.2.1　跨期收付问题：利润表的本质是权利和义务的交换

会计报表的本质是一种货币化记录经营活动的方式，而经营活动的本质是商品和劳动的交换。交换既包括权利和义务的交换也包括现金的交换，企业存在的目的是为股东创造现金流，因此完整的经营活动都要落实到现金的交换上。但是在逻辑关系上，权利和义务的交换是现金交换的前提，先有权利和义务的交换，然后才有现金的交换。因此会计准则规定，会计记账以权责发生制为基础，以收付实现制为例外（主要是政府补助等科目）。

利润表是权责发生制原则体现得最淋漓尽致的地方，换句话说，利润表记录的是"上市公司觉得自己赚了多少钱"，收入和成本的确认不需要现金流对应，由此导致了权责发生制和收付实现制不仅不统一，而且可能形成极大的偏离。下面来看一个最简单的跨期收付问题例子。

【故事 1】小邹开了一个杂货铺，年初用 100 元自有资金作为启动金，一季度现金购进 60 元的货物，二季度以 100 元价格对外出售，三季度收到货款 80 元，计提 10 元坏账准备。（为简化处理并突出逻辑关系，除非特别说明，本书所有案例均不考虑增值税。）

问题 1：营业收入和营业成本分别记在哪个季度？确认时点的原则是什么？

问题 2：如果进一步细分，二季度 1 号约定以 100 元卖出，2 号通过物流公司将货物发出，3 号物流公司将货物交与客户，收入确认时点是几号？

问题 3：三个季度的行为分别如何影响三张报表？

问题 1 非常简单，权责发生制原则下，一季度购进的货物以资产入账，不影响利润表；二季度发生营业行为，记录营业收入并结转营业成本；三季度收到货款只是资产存在形式的变化，不影响利润表，但是计提坏账准备影响利润表。

对于问题 2，营业收入确认以商品的控制权转移为准，非不动产的控制权转移以交付为准，所以收入的确认时点是 3 号。这个例子看似时点较多，但是本质都没有跳出"一手交钱，一手交货"和"一手交货，一手记账"的范畴，现实中的收入确认规则要复杂得多（详细讲解见 4.4 节收入调节部分）。

问题 3 见表 1-1。一季度购买原材料，现金流出 60 元，60 元现金变成存货，资产总量不变，不影响利润表。二季度发生营业行为，记录 100 元营业收入、60 元营业成本和 40 元净利润，没有现金变动；营业收入带来应收账款增加，营业成本对应存货减少，净利润结转到未分配利润中，期末资产和所有者权益增长至 140 元。

三季度现金流入 80 元，80 元应收账款变为货币资金，资产总量暂时不变，然后计提 10 元坏账准备，应收账款（资产总额）减少 10 元，坏账准备对应信用减值损失，利润表产生 10 元亏损，冲减未分配利润，季末资产和所有者权益变为 130 元，报表仍然平衡。

表 1-1　故事 1 中三个季度三张报表情况

金额单位：元

	年初	一季度	二季度	三季度	前三季度
利润表			营业收入 100 营业成本 60 净利润 40	信用减值损失 10 净利润 -10	营业收入 100 营业成本 60 信用减值损失 10 净利润 30
现金 流量表		现金流出 60	无现金变动	现金流入 80	现金流入 80 现金流出 60 现金净流入 20
资产 负债表	货币资金 100 期初权益 100	货币资金 40 存货 60 期初权益 100	货币资金 40 应收账款 100 期初权益 100 未分配利润 40	货币资金 120 应收账款 10 期初权益 100 未分配利润 30	货币资金 120 应收账款 10 期初权益 100 未分配利润 30

　　下面用框图来加深理解，如图 1-1 所示，从前三季度累计影响来看，杂货铺资产端增加 20 元现金、10 元应收账款，所有者权益端增加 30 元未分配利润。未分配利润的增加值通过利润表算出，货币资金的增加值通过现金流量表算出。除了最终的结果净利润外，利润表中的每一项都会引起资产变化，如果涉及现金就通过现金流量表影响，如果不涉及现金，就直接影响。

　　就三张报表的逻辑关系而言，利润表和现金流量表都是流量表，描述一

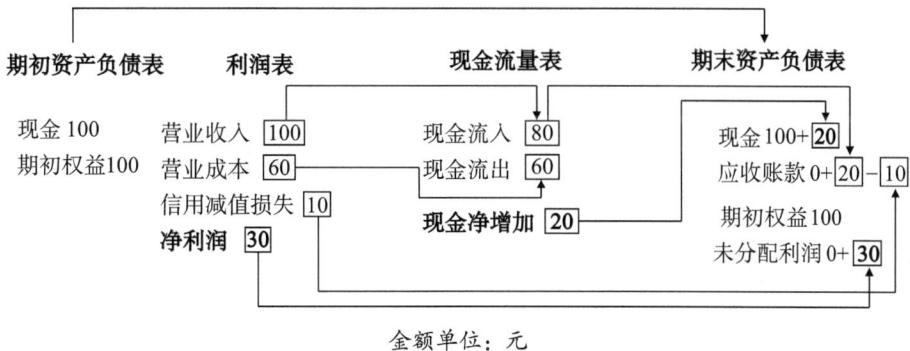

金额单位：元

图 1-1　故事 1 中前三季度财务报表的勾稽关系

7

段时间内的经营情况，属于过程量；而资产负债表是某个时间点的存量表，属于结果量。

资产负债表的英文是 Balance Sheet（简称 BS），意思直译是"平衡表"。利润表的英文是 Income Statement（简称 IS），意思直译是"收入声明"，statement 是一个很生动的单词，直接告诉我们，利润表的本质就是公司对一段时间内的经营情况发表的一种意见。现金流量表的英文是 Cash Flow（简称 CF），意思直译是"现金流水"，由于有银行背书，其可信度高于利润表。

三张报表从三个侧面共同构成了公司的经营全景图，缺一不可，但是如果非要评选出一个最重要的，笔者认为是资产负债表。

首先，在勾稽关系上，配平过程中，利润表和现金流量表的结果都要连到资产负债表，资产负债表是三张报表的天然核心。我们可以将利润表理解成资产负债表中未分配利润净增加值的附注，将现金流量表理解成货币资金净增加值的附注。换句话说，一定程度上可以认为利润表、现金流量表和应收账款明细表、固定资产明细表等是平级关系，都是资产负债表某个科目的具体展开。

其次，在商业实质上，资产负债表是利润表的驱动力，先有能赚钱的资产，然后才能赚钱；利润表是经营性现金流的驱动力，先有权利和义务的交换，然后才有现金流的交换。

利润表以权责发生制为基础，而现金流量表是名副其实的收付实现制，两者并不统一。三张报表的存在，很大程度上就是利用资产负债表的配平来整合权责发生制与收付实现制。如故事 1 中的跨期收付问题，100 元营业收入对应 100 元的资产负债表净影响，无论是以货币资金形式存在还是以应收账款形式存在，或者冲减预收账款，影响合计都是 100 元。

1.2.2　分期确认问题：现金流量分类与非付现成本

我们将模型再复杂化一点，引入跨期使用资产与非付现成本。

【故事 2】小邹上年年末开了一个工厂，初始现金 50 万元，均为自有。本年年初用现金购进 100 万元机器，其中自有现金占 30 万元，贷款占 70 万元，机器使用寿命为 5 年。年内购进 50 万元原材料，支出工人工资 30 万元、管理人员工资 10 万元，原材料全部消耗变成产成品，将其中 80% 以 200 万元售价卖出，年内收到 150 万元货款，全年利息费用为 10 万元，原材料价款及工资支出年内全部结清。所得税税率为 20%，年底净利润分红 50%。

简单计算可知，工厂本年的净现金流为负，但是并不能因此认为工厂本年的经营情况很差，因为本年最主要的支出是买了一台能够使用 5 年的机器；同理，本年还从外面借了 70 万元，如果再多借点，现金流就转正了，但是也不能说明工厂的经营情况变好。为了解决这个问题，我们需要对现金流量表进行改造，即将现金流归类。

100 万元的机器并不计入本期经营活动，而是作为投资性现金流出，直接以资产入账；70 万元贷款作为筹资性现金流入，以负债入账。同时与利润表衔接，100 万元的机器在使用年限内，逐年分摊进入利润表，本案例中我们简化处理，使用最简单的直线折旧法，每年计提折旧 20（100÷5）万元，折旧是最主要的非付现成本。

与产品直接相关的工人工资计入生产成本，管理人员工资算作管理费用。生产成本不等于营业成本，营业成本与营业收入挂钩，需要进行配比。全年生产成本为 100 [20（折旧）+50（原材料）+30（工人工资）] 万元，但是本年度只卖出了 80% 的商品，营业成本为 80（100×80%）万元，剩下的 20 万元记为存货[①]。可以看到，期末 20 万元存货里包含 10 万元原材料、6 万元工人工资和 4 万元折旧。有以下两点值得注意。

其一，折旧并不必然进入利润表，只有卖出去的才算营业成本，没卖出去的一律算存货，由此解释了为什么在公司扩张过程中，资产负债表中计提

---

① 从微观记账流程看，本案例涉及投资筹资循环、采购付款循环、生产存货循环、销售收款循环、人力资源与工薪循环及货币资金循环全部六大循环，本书 1.3 节将详细拆解六大循环，以便帮助大家更清晰地理解上述过程。

的折旧，往往都比利润表中的折旧稍微大一点，有一部分折旧仅仅是资产负债表内部的挪移。

其二，管理人员工资 100% 进入利润表，但是工人工资只有 80% 进入利润表，可以利用生产成本与期间费用的模糊空间，通过存货价值调节利润（详细讨论见 4.5.1 节）。

落实到财务报表，如图 1-2 所示，本年度的净利润为 80［200（营业收入）-80（营业成本）-20（期间费用）-20（所得税）］万元，按照 50% 分红率，年底分红 40 万元。利润表中的每一项都会影响资产负债表，利润表的结果影响所有者权益，利润表的形成过程影响资产和负债。

资产负债表的每一项变化，如果不连接利润表，也一定影响资产负债表的另一个地方。如果不涉及现金，如固定资产折旧，不进入利润表的部分直接影响存货；如果涉及现金，如长期借款，需要连接到筹资性现金流入上，通过现金流量表影响期末货币资金。

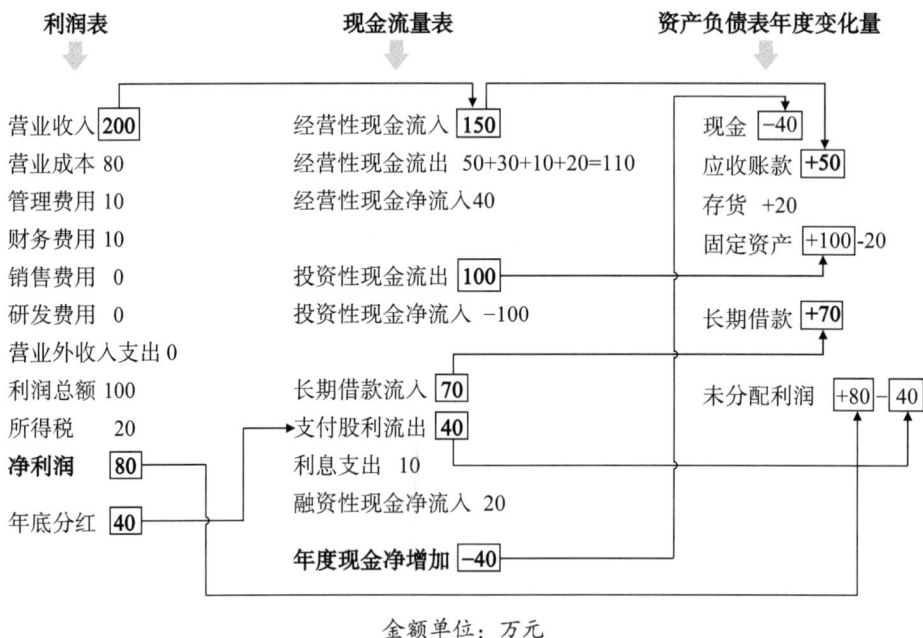

金额单位：万元

图 1-2 故事 2 中财务报表的勾稽关系（只标注了部分科目）

故事 2 总结：三张报表是一个相互嵌套的闭环，单独的利润表和现金流量表没有必然联系，营业收入先影响应收账款，应收账款的变动值才影响现金流入；同理，营业成本先影响应付账款，应付账款的变动值才影响现金流出。重温会计恒等式（不考虑增资扩股）：

资产 = 负债 + 所有者权益

等式两边同时取边际变化量，可得：

本期资产净增加 = 本期负债净增加 + 本期所有者权益净增加

对等式两边项目进一步拆解，可得：

本期资产净增加 = 现金净增加 + 非现金资产净增加

现金净增加 = 收现收入 - 付现成本 - 投资净支出 + 借贷净流入 - 实际分红

本期所有者权益净增加 = 本期净利润 - 宣布分红

本期净利润 = 收入（含未收现收入）- 成本费用（含未付现成本）

通过上述等式，三张报表不仅解决了跨期收付问题，还解决了现金流分类及投资成本跨期分摊问题。一方面，资产负债表的资产端连接收付实现制的现金流量表，权益端连接权责发生制的利润表，由于资产中还有非现金资产，因此无论经营行为是否涉及现金，只要报表配平正确，权利和义务交换的结果都会如实反映在资产负债表中。

另一方面，消耗性资产通过经营性现金流进出，直接与利润表挂钩；长期资产通过投资性现金流进出，先与资产负债表挂钩，然后通过折旧摊销原则，以非付现成本的方式分期进入利润表，从而解决了成本跨期确认问题；资本性负债通过筹资性现金流进出，本金部分与利润表严格区分，从而极大增加了财务舞弊的难度。

1.2.3　所有权归属问题：股权结构和金融资本

在前两个故事的基础上，我们将模型再复杂化一点，考虑股权结构，引入少数股东权益和对外股权投资（作为别人的少数股东）。

【故事3】小邹的工厂上年年末成立，以子公司形式存在，启动资金50万元，其中40万元为自有，10万元来自生意伙伴。今年年初，工厂扩大生产，用现金购进200万元机器，其中资本金占80万元，贷款占120万元。由于资本金不足，小邹和生意伙伴按照原有持股比例，合计再向工厂增资100万元。

新产线年内购入50万元原材料，全部投入生产，全年实现营业收入200万元，实收现金150万元。机器使用寿命为5年，采用直线折旧法，利息费用为10万元，所得税税率为20%，无其他成本，期末无库存，原材料贷款年内结清，年底分红50%。

除此之外，假设存在一个与小邹的工厂一模一样的镜像工厂，小邹的工厂是镜像工厂的生意伙伴，上年年末用自有资金中的10万元收购镜像工厂20%股权，今年年初镜像工厂增资扩股时，小邹的工厂等比例增资，年底收到镜像工厂的分红（分红率为50%）。

该故事中，工厂以子公司形式存在，母公司股东（小邹）持股80%，少数股东持股20%，年内增资100万元，按照持股比例，母公司股东增资80万元，少数股东增资20万元。全年营业收入为200万元；原材料成本为50万元；折旧为40（200÷5）万元；利息费用为10万元；暂不考虑投资收益，全年利润总额为100万元；所得税税额为20万元；净利润为80万元，其中归属于母公司所有者64万元，归属于少数股东16万元。

进一步考虑投资收益，镜像工厂年初增资100万元进行扩股，小邹的工厂（以下简称"本工厂"）按比例增资20万元，该笔增资是从本工厂层面出资，投资收益归属于本工厂，由母公司所有者和少数股东按持股比例分享。镜像工厂年内实现净利润80万元，本工厂将该笔股权确认为长期股权投资，按比例记录 16（80×20%）万元投资收益。

在本工厂的报表中，投资收益不用交税，因为权益法核算下的投资收益等于对方的净利润乘以持股比例，对方计算净利润时已经扣过一次税了，在本工厂报表中不用二次交税。因此，本工厂最终的净利润为 96 万元，其中归属于母公司所有者 76.8 万元，归属于少数股东 19.2 万元。

本工厂与镜像工厂的分红率均为 50%，扣除分红后，全年少数股东权益的净增加值为 29.6［20（增资）+19.2（少数股东损益）-9.6（给少数股东分红）］万元；长期股权投资的净增加值为 28［20（追加投资）+16（权益法确认的投资收益）-8（收到的分红）］万元；归母权益的净增加值为 118.4［80（增资）+76.8（归母净利润）-38.4（给母公司股东的分红）］万元。故事 3 的三张报表及关键科目配平逻辑如图 1-3 所示。

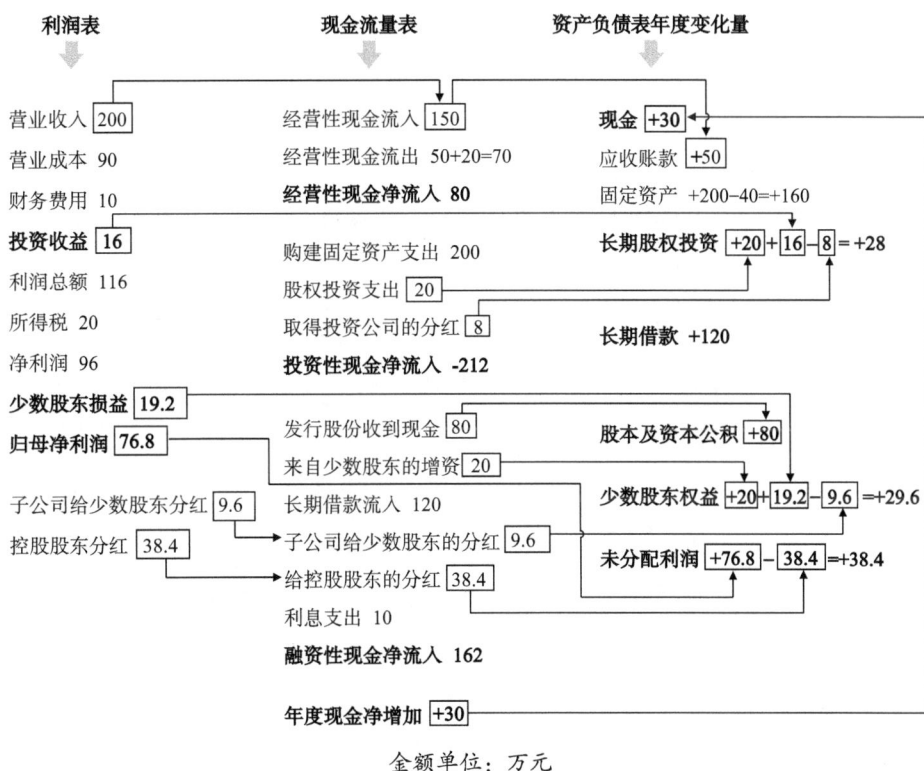

金额单位：万元

图 1-3　故事 3 中财务报表的勾稽关系（只标注了部分科目）

故事 3 总结：财务报表以"公司"为单位编制，当存在复杂股权架构即有多重嵌套子公司时，每个层级都有一套完整的三张报表。我们最终看到的合并财务报表，是从最底层的公司开始，逐级向上合并而成的，它是一个站在最终股东角度的会计概念，而非法律概念。

之所以会形成层级架构，是因为在现代公司制中，每个层级都允许引入参股方，对于上一层级而言，下一层级的参股方就是少数股东。当然，我们不仅可以引入少数股东，还可以对外投资，作为别人的少数股东。

因此，在利润表中，权益法核算投资收益的处理方式，其实就是少数股东损益的处理方式，两者呈镜像关系，分别对应我参股别人和别人参股我。包括归母净利润在内，三个科目均等于相应子公司的净利润乘以对应的持股比例，描述报告期内权益增量的归属，以权责发生制为基础，与是否分红无关。

在资产负债表中，长期股权投资的处理方式，其实就是少数股东权益的处理方式，包括归母权益在内，三个科目的期末值都等于期初值＋本期追加的投资＋利润表中确认的收益－本期流出的分红，描述所在时点权益存量的归属，同时串联起利润表和现金流量表。追加投资与收到分红都是公司与股东之间的现金互动，收到分红相当于撤回投资。

至此，三张报表再次形成一个闭环，参控股公司的处理逻辑高度统一，相当于形成了有机物中的"碳骨架"，为财务报表提供了拓扑延展功能，得以适应高度复杂的经营活动。

综合本章的三个故事，笔者认为三张报表体系是一个令人惊叹的设计，一举解决了跨期收付、现金流分类、成本分期确认，以及股权结构和金融资本带来的权责发生制与收付实现制不统一的问题，尽可能地立体化展现了公司报告期内的财务状况和经营成果。

1.3　从微观到宏观：理解会计报表的形成过程

1.3.1　六大循环与复式记账法：三张报表的微观形成机制

我们在 1.2 节用三个简易模型介绍了三张报表的基本原理，现实中的报表要复杂得多，但是从微观机制上来看，所有的复杂报表都是由六大基础循环像搭积木一样一步步搭起来的，所谓"九层之台，起于累土"。

注册会计师《会计》教材中详细介绍了财务报表的各个科目细节，但是六大循环却是《审计》中的内容，这些内容是从微观的会计科目到宏观的财务报表之间承上启下的关键性内容。笔者认为，六大循环不应该仅仅放在《审计》中，否则将导致大量不以注册会计师为职业方向的学生忽略掉极其关键的知识点。

六大循环包括投资筹资循环、采购付款循环、生产存货循环、销售收款循环、人力资源与工薪循环及货币资金循环，每个循环都可以独立地将三张报表串联起来，形成资产负债表的"局部配平"。从期初资产负债表开始，每一个循环都是给资产负债表添砖加瓦，无数个循环后就形成了期末资产负债表。

为了更好地理解六大循环，以及后续更复杂的财务舞弊、财务调节，必须深入理解复式记账法。复式记账法又称借贷记账法，是会计分录编制、会计流程结转的标准"格式"，是一个非常重要的基本功。在财务报表宏观分析中，会计分录更多是帮助我们理解，但是对于财务舞弊和财务调节手段识别，会计分录可能是决定成败的关键。相关内容也是本书第 3 章和第 4 章的基础。

三张报表的组成零件是会计科目，会计准则要求对每一个会计科目单独设置会计账户，用于分类反映会计要素的增减变动及期末结果。按照所核算的经济内容分类，会计账户分为资产类账户、负债类账户、共同类账户、所有者权益类账户、成本类账户和损益类账户六大类。下面是拓展后的会计恒等式：

资产 = 负债 + 所有者权益 + 收入 - 成本费用

资产 + 成本费用 = 负债 + 收入 + 所有者权益　　　　　　　　式（1）

会计账户用"借记"和"贷记"表示科目的增减，其中"借记"来自英文单词 debit，"贷记"来自英文单词 credit，两者仅仅为符号，与中文语境下的"借贷"无关。

对于上述式（1）左边即资产类账户和成本类账户，借记表示增加，贷记表示减少；对于式（1）右边即负债类账户、收入类账户和所有者权益类账户，贷记表示增加，借记表示减少。共同类账户主要应用于衍生工具、套期工具等特殊科目，借记表示损失，贷记表示收益，最终报表上以借方和贷方的净额列示，如果借方出现余额，则为衍生金融资产；如果贷方出现余额，则为衍生金融负债。具体科目及记账规则见表 1-2。

表 1-2　六大会计账户、记账规则及主要科目

账户类型	记账规则	主要科目
资产类	借记增加，贷记减少	货币资金、应收账款、存货、固定资产、无形资产、金融资产、投资性房地产、长期股权投资等。折旧摊销属于负资产，增加列在贷方
成本类	借记增加，贷记减少	生产成本、期间费用、税金及附加、所得税费用、营业外支出、减值损失等。折旧最终会结转到成本（或费用）中，但是折旧本身不是成本，成本在借方，折旧在贷方
负债类	贷记增加，借记减少	应付账款、应交税费、应付职工薪酬、金融负债、或有负债、递延收益等。与资产相比，负债类科目包括基于谨慎性原则确认的或有负债
损益类	贷记增加，借记减少	利润表中引起净利润增加的科目，包括营业收入、利息收入、投资收益、公允价值变动损益等
所有者权益类	贷记增加，借记减少	股本、资本公积、其他综合收益、未分配利润、少数股东权益等
共同类	借记损失，贷记收益	衍生工具、套期工具等特殊科目，最终报表上以借方和贷方的净额列示，借方余额记为资产，贷方余额记为负债

复式记账法中，有借必有贷，借贷必相等。只要保障每一笔分录中的借贷相等，资产负债表一定配平。以最简单的销售收款循环为例，将价值 50 元的存货按照 100 元（不含税）价格卖出，增值税税率为 13%，会计分录如下：

借：应收账款或货币资金（营业收入对应增加资产）　　　　　　100

　贷：主营业务收入（收入影响利润，利润结转权益，报表配平）　100

借：应收账款或货币资金（买方再付一笔增值税）　　　　　　　13

　贷：应交税费——增值税销项税额（与应收增加额相等，报表配平）13

借：营业成本（根据库存商品成本结转营业成本，进而减少权益）　50

　贷：库存商品（权益减少量等于资产减少量，报表配平）　　　　50

可以看出，每一个会计分录都是资产负债表的边际增量，只要借贷边际相等，资产负债表就会形成新的平衡，所谓利润表和现金流量表，都是资产负债表形成新平衡的过程量汇总。我们可以从这个角度再次理解，为什么资产负债表是三张报表的核心。

一个完整的经营过程涉及大量的会计分录，但是基本都可以分解到六大循环里。

（1）投资筹资循环：企业的某个产品线从无到有，根据筹资性现金流入确认负债、股东投入和货币资金，根据投资性现金流出确认长期资产。投资筹资行为本身只影响资产负债表和现金流量表，不影响利润表，但是筹资行为的副产物利息费用会影响利润表。

（2）采购付款循环：公司购买原材料或服务，消耗货币资金或贷记应付账款，导致资产类账户内部变化或同时增加资产和负债，影响经营性现金流出。但是需要注意的是，除了采购中直接进入期间费用的服务或一次性消耗品，采购付款循环不影响利润表。

（3）生产存货循环：公司将原材料投入生产，同时消耗直接人工，计提生产设备折旧等，涉及现金的部分影响经营性现金流出。需要格外强调的是，生产存货循环是再资本化的过程，所有生产过程中消耗的原材料、直接人工、设备折旧、专利摊销等，最终都结转到商品成本中，以存货的形式呈现在资产负债表中，至少在这一步不影响利润表。

（4）销售收款循环：它是公司记录营业收入、结转营业成本的环节。公司将产品销售给客户，借记货币资金、应收账款等资产或预收账款等负债，贷记营业收入；减少库存商品，结转营业成本，同时确认与之相关的销售费用等。

我们可以看到：第一，营业收入的确认与是否收到现金无关，配平时不仅可以产生非现金资产（应收账款等），还可以冲抵负债（预收账款、合同负债、预提费用）；第二，营业成本也是权责发生制的，生产投入的成本要等到产品卖出去后才能结转到营业成本中，只要没卖出去，一律先归集到存货里。以上两点是企业财务舞弊和财务调节的关键。

（5）人力资源与工薪循环：借记生产成本或期间费用，贷记货币资金或应付职工薪酬。如果记生产成本，则成为生产存货循环的一部分，不直接影响利润表。如果记期间费用，则可以成为销售收款循环的一部分（也可能与销售无关，记为总部管理费用），直接影响利润表。

（6）货币资金循环：它是现金流量表的形成过程，无法独立存在，而是贯穿在以上全部5个循环中；它不影响利润表，除了发行股份外，也不影响所有者权益，本质是资产负债表中非现金资产与现金资产之间的转换，以及与负债相关的现金增减。

表1-3为六大循环对三张报表的影响的总结。

表1-3　六大循环对三张报表的影响

六大循环	利润表影响	资产负债表影响	现金流量表影响
投资筹资循环（投资）	不影响	资产内部变化（增加长期资产、减少现金原材料）	投资性现金流
投资筹资循环（筹资）	利息费用	引起资产（现金）、负债和所有者权益变化	筹资性现金流

六大循环	利润表影响	资产负债表影响	现金流量表影响
采购付款循环	不一定	资产内部变化（增加存货，减少现金 / 预付账款）或者同时增加资产负债（增加存货，增加应付账款）	经营性现金流出
生产存货循环	不影响	资产内部变化（将原材料、现金支出、资产折旧等转入存货）或同时增加资产负债（增加存货和应付款项）	经营性现金流出
销售收款循环	收入、成本与销售费用	资产负债表整体变化（增加现金、应收账款等，减少存货，确认营业收入，根据发出的存货、直接支出结转营业成本，最后净利润结转所有者权益）	经营性现金流入
人力资源与工薪循环	期间费用	资产和所有者权益变化（减少现金，确认费用）或者负债所有者权益变化（增加应付款项，确认费用）	经营性现金流出
货币资金循环	不影响	资产内部的变化（营运资本与现金相互转换）	整个现金流量表

最后，我们从六大循环的角度，重新理解下面这个等式：

资产 + 成本费用 = 负债 + 收入 + 所有者权益

为什么成本费用可以和资产放在一起，同属等式左边，收入可以和负债放在一起，同属等式右边？

因为等式左边是产生权利的原因，有付出才有回报，成本费用的本质和资产是一样的，都是一项付出。如果这项付出可以直接对应本期的回报，就是一项成本费用（包括直接费用化的期间费用、按规则分摊的折旧摊销等）。如果这项付出的作用时间很长，并不能直接对应本期的回报，而是对应未来的回报，就视为一笔资产（包括没有费用化的存货、未来逐年分摊的固定资产等）。因此，资本化的本质就是已经发生的但是尚未获得回报的付出，对应投资循环、采购付款循环、生产存货循环等，未来会变成成本费用。

与之相对应，等式右边是回报的归属。这个回报是站在公司整体层面看的。如果属于债权人，就是负债。如果属于股权人，则为收入或者所有者权益。收入的本质是因为当期付出而获得的、属于股权人的回报，它和负债是平级的，只是归属不同而已。

这就解释了为什么很多时候资产和成本费用存在模糊空间，收入和负债存在模糊空间，这两者都是财务调节的切入点。

1.3.2 从局部细节到整体架构：真实报表的配平实战

资产负债表配平就是给定已经平衡的期初资产负债表，然后以六大循环为主（再加上类似政府补助、金融资产计量等科目），将新一期的三张报表串起来，使得期末资产负债表满足资产－负债－所有者权益＝0。

在二级市场投研实战中，给定经营成果的配平已经由上市公司和注册会计师完成了，我们更需要的是配平"预测报表"。预测报表中没有具体的单笔交易，报表的最小单位是科目，如营业收入、应收账款等，它们是六大循环的汇总结果。

无论是总结还是预测，第一步都是做出利润表。但是第二步，由于资产负债表往往比现金流量表更好预测，我们一般根据利润表预测资产负债表，最后根据利润表和资产负债表"得出"现金流量表，进而算出新一期货币资金净增加值，连到资产负债表中，配平报表。

需要注意的是，由于会计恒等式的存在，三张报表中只有两个自由度，因此如果我们已经预测了利润表和资产负债表，那么现金流量表只能是"得出"，而不是继续预测。

笔者根据经验总结出的 Excel 快速配平步骤如下。

第一步，根据公司经营情况相关假设，预测利润表。

这一步可以暂不预测利息支出。利息支出与利息收入是利润表中极少数预测依赖资产负债表的科目，分别与公司期间有息负债和货币资金均值相关，但是此时我们暂未预测资产负债表，利息支出可以先空着。

与利息支出相比，利息收入更复杂。利息收入会影响现金流入，进而影响期末货币资金余额，以及期间货币资金均值，它们反过来再次影响利息收入，形成迭代关系。配平过程中不建议打开 Excel 中的"迭代运算"选项，可以暂时手动输入数值（不利用勾稽关系，大胆预测即可）。

第二步，根据利润表与资产负债表的比例关系（如收入成本与应收应付等）、逻辑关系（如折旧摊销、减值损失等），以及资本开支、借贷融资等假设，预测资产和负债。

预测完有息负债后，可以返回利润表，预测利息支出，至此利润表搭建完毕。

第三步，将利润表中的归母净利润、少数股东损益分别连接到资产负债表所有者权益中的未分配利润和少数股东权益中。至此，资产负债表中除了货币资金以外的科目全部搭建完毕，配平差值就是货币资金。

第四步，根据利润表和资产负债表的逻辑关系，"得出"现金流量表。

利润表中的任何一个科目，如果影响现金就要连到现金流量表，不影响现金就直接连到资产负债表。资产负债表中的任何一项变动（包括所有者权益），如果涉及现金，也要连到现金流量表，漏掉一个报表就无法配平。

第五步，用现金流量表算出本期货币资金净增加值，连接到资产负债表中的货币资金中，如果以上步骤都操作无误，那么报表配平完成。

此时可以返回利润表，打开 Excel 中的"迭代运算"选项，根据期初期末的银行存款均值和预测的存款利率算出精确的利息收入。但是如果一家公司的利息收入非常多，手动输入利息收入影响不大，开迭代反而容易出错（循环引用系统不会自动报错）。

实际应用中，现金流量表的计算结果与资产负债表有两个接口可以选择。

一个是上述介绍的，在第二步中给定期末短期借款余额，然后用现金流量表算出本期货币资金净增加值，连接到资产负债表中的货币资金上，这样报表配平，逻辑关系也较为简单。

另一个是不预测短期借款余额，转而给定期末货币资金余额，如果现金流量表算出来的现金结余超过了给定数，那么用多出来的资金偿还短期借款；如果少了就增加短期借款，将短期借款与"取得借款收到的现金"作为资产负债表与现金流量表的最后接口。

但是这种方法必须开迭代运算，利息费用会极大影响期末现金结余，进而影响短期借款余额，短期借款余额反过来会再次影响利息费用。一般情况下，利息费用金额远大于利息收入，不建议拍脑袋预测。

第六步，如果报表没有配平，可以修改利润表和资产负债表中的任一原始假设，观察配平差值（＝资产－负债－所有者权益）是否发生变化。如果没有变化，则说明与该假设相关的经营循环已经实现了"局部配平"。对所有的原始假设重复该步骤，改哪一项时差值发生了变化，就说明与那一项相关的连接逻辑有问题。

本节主要介绍了三张报表的整体架构和宏观层面的配平逻辑，接下来具体拆解三张报表的科目要点及配平注意事项。

1.4 资产负债表：唯一的存量表（经营成果的来源与归属）

作为三张报表的核心，资产负债表既是利润表的驱动力，也是利润表和现金流量表的归属。因此，资产负债表的科目细节内容，是财务报表分析中的重中之重。

A股标准化的资产负债表将科目按照流动性从强到弱排列，如第一项是货币资金，第二项是交易性金融资产，大类上依次是流动资产、非流动资产、流动负债、非流动负债及所有者权益。这种分类方法有利于分析偿债能力，不利于展望公司未来发展。

本节按照生产类资产、营运资本、金融类资产、资本性负债与所有者权益的方式展开，其中营运资本比原始定义更为广义，不属于生产类和金融类的资产，都在这里统一讲解。我国会计准则格外强调资产价值计量的可靠性，但不同资产之间的可靠性有天壤之别。

1.4.1　生产类资产：企业创造价值的来源，利润表的原始驱动力

资产是指由企业过去的交易或事项形成的、由企业拥有或者控制的、预期会给企业带来经济利益的资源。生产类资产从字面意义理解，主要是指其中与生产制造相关、可以影响未来营业收入的资产，包括固定资产、在建工程、生产性生物资产、油气资产、使用权资产、无形资产、长期待摊费用和商誉等。

1. 固定资产与在建工程

固定资产是指使用寿命超过一个会计年度的有形资产，在建工程顾名思义就是建设中的固定资产。配平时，期末固定资产余额＝期初固定资产余额＋本期在建工程转固＋本期直接购入的固定资产－本期折旧－本期计提的固定资产减值损失。

（1）固定资产规模。

固定资产规模是第一个要点，它是决定公司营业收入天花板的关键因素。收入＝产能 × 产能利用率 × 价格，一台机器能够生产的产品数量是有限的，除非价格飞涨，否则营业收入不可能大幅增长。固定资产周转率（＝营业收入 ÷ 固定资产）是一个很重要的检验指标，由于一定时间内产能规模与固定资产价值大致呈线性关系，因此固定资产周转率与产能利用率及产品价格成正比，如果后两个参数没有大幅提升空间，那么想实现营业收入增加就只能堆固定资产。

很多上市公司喜欢在电话会里动辄声称未来几年业绩翻倍再翻倍，此时固定资产会默默地表示"做不到啊"。而且，即便堆了固定资产，也只是实现营业收入增加的必要条件，还有一个更重要的前提，那就是生产的产品要确定能卖出去。

除了间接影响营业收入外（间接指没有报表配平意义上的勾稽关系，但是做预测时需要参考），固定资产科目本身的分析要点主要包括初始价值计量、折旧计提和减值测试，资产负债表上固定资产的账面价值 = 初始入账价值 - 累计折旧 - 累计减值。

企业获得固定资产的方式主要有三种：在建工程达到预定可使用状态转为固定资产，直接外购固定资产，以及获得标的公司控股权、制作合并财务报表时并进来的固定资产。

其中，直接外购的固定资产可以认为是建设期无限短的在建工程转固。前两种方式可以归为一类，会计准则要求按照成本进行初始计量，包括固定资产达到预定可使用状态前所发生的一切必要的支出，涵盖设备价款、运输费、安装费、专业服务费等。

概念总是抽象的，下面举一个具体例子来帮助大家理解。

某公司实际花费 100 元购买设备，运费 10 元，固定资产入账价值为多少？

虽然本书在大部分案例中为突出逻辑关系进行了简化处理，不考虑增值税，但是现实中是要考虑增值税的。增值税是典型的流转税，根据销售额征收，买家支付，但是不计入收入成本（增值税征收细节见 1.4.2 节营运资本），100 元的设备和 10 元的运费中都包含增值税，设备增值税税率为 13%，运输服务增值税税率为 9%，因此正确的会计分录为：

借：固定资产（100÷1.13+10÷1.09，按不含税价格入账）　　　　97.67

　　应交增值税——进项税额（进项税额可以抵扣，视为一项资产）12.33

　贷：货币资金或应付账款　　　　　　　　　　　　　　　　　　110

对一些重资产行业而言，这是一个比较重要的知识点。很多公司利润很薄，对折旧金额非常敏感，因此资本开支金额中含不含增值税对净利润的影响很大。

另一类获得固定资产的方式是收购标的公司控股权，制作合并财务报表时并进来的固定资产（同理还有并进来的无形资产、应收账款等整个资产负债表）。取得标的公司控制权时，我国会计准则将合并分为同一控制股权合并和非同一控制股权合并两类，其中同一控制指合并前双方受共同的最终方控制，主要包括集团向上市公司注入资产和集团内部的子公司合并；非同一控制指合并前双方没有关系，标的公司是独立第三方。

在同一控制股权合并中，并进来的资产按照在最终合并方的资产负债表上的账面价值入账，会计核算规定很严格，基本没有调节空间。但是在非同一控制合并中，需要重新评估标的公司的资产价值，按照评估价值入账，与资产的原始账面价值及股权收购价格都无关。

因此，虽然会计准则在原则上说固定资产按照成本进行初始计量，但是在特定情况下，固定资产是可以按照评估价格入账的，评估价格显然比成本价格"虚的多"。不过整体来看，固定资产毕竟看得见摸得着，价值可靠性在资产大类中处于"比上不足，比下有余"的位置。

（2）折旧。

折旧是第二个要点。固定资产"必须"计提折旧（对比之下，无形资产在特定情况下可以不摊销）。折旧按月计提，当月增加的固定资产，下个月起计提折旧；当月减少的固定资产，当月仍然计提折旧。固定资产提足折旧后，无论能否继续使用，均不再提取折旧，即固定资产的账面价值不能为负。

直线折旧法是最常见的折旧方法（其他折旧方法见 4.5.2 节成本调节），折旧金额 =（固定资产初始入账价值 - 预计净残值 - 累计减值金额）÷ 折旧期限。需要注意以下两点。

其一，税务报表与会计报表对固定资产的初始入账价值、减值和折旧期限的确认方式可能不一样，导致应纳税额不等于税前利润。例如，税法永远只认成本价，不认可非同一控制股权合并下的公允价值重估，按照原始账面价值计算折旧；税法也不认可资产减值，税务报表中计算折旧不能扣除减值金额；最后，税法为了防止企业过度发挥税盾的作用，往往规定不同类别资产的最低折旧年限，其可能长于会计折旧年限。

其二，对于会计报表，折旧期限也是人为规定的，可能与实际可使用年限相去甚远。基于抵税目的，折旧年限往往大幅低于实际可使用年限，尤其对于水电等超重资产行业，多计的折旧是隐藏的利润、实实在在的现金流。

（3）资产减值。

资产减值是第三个要点，其本质体现了会计报表的谨慎性原则，如果资产的未来现金流的现值小于当前账面价值，则需要将账面价值一次性减值到现金流现值。我国会计准则规定，固定资产、无形资产、长期股权投资、商誉等长期资产一经减值，不得冲回，即便未来资产的盈利能力好转也不得冲回。

减值对当期会计报表的影响类似于折旧，都会减少净利润及资产的账面价值，但是减值与折旧仍有根本区别。一方面，折旧是资产的正常损耗，初始投资成本在折旧期限内逐期分摊，而减值是非正常的，资产盈利能力低于预期时才会产生；另一方面，减值会减少资产未来的折旧，其实就是将未来的亏损挪到现在，本期的利润挪到未来，利润并没有凭空消失（这有可能成为一种财务调节手段，详见 4.7.3 节）。

2. 生产性生物资产、油气资产

生产性生物资产和油气资产的确认原则与固定资产基本类似，只是这两类资产相对特殊，会计准则要求单列，分别适用《企业会计准则第 5 号——生物资产》和《企业会计准则第 27 号——石油天然气开采》。

生产性生物资产常见于农林牧渔类公司。需要注意的是，会游泳的扇贝属于存货，会产奶的奶牛才算生产性生物资产。与一般的固定资产不同，生物资产一方面难以标准化，另一方面可以自我繁殖，阳光雨露都不用花钱，入账价值主要参考种子、农药、化肥、饲料和人工成本。但是自古以来"家财万贯，带毛的不算"，生物资产生老病死在所难免，各种成本需要在"幸存者"中分摊，因此生物资产的账面价值一定程度上属于"薛定谔的猫"。

油气资产，顾名思义出现在油气开采企业中，包括矿区权益、油气井及相关设施等，属于比较小众的科目。油气勘探的成本很高，打下去一口井，能不能出油及出多少油要看运气。对于勘探支出，会计核算上一般有成果法和完全成本法两种处理方式。成果法相对务实，出油的井资本化，不出油的井费用化。完全成本法相对激进，认为失败是成功之母，所有不出油的井，都是为了寻找出油的井而做出的必要试错，相关支出一律资本化。

除此之外，油气资产一般还涉及弃置义务，寿命结束时需要一笔额外的支出，这是一个更重要且更常见的概念，广泛分布于各类自然资源开采企业、危化品生产企业及核电站等。弃置义务的现值也是资产价值的一部分，会导致资产的价值虚增。下面用案例进行说明。

假设某资产的购买成本为 1 000 元，设计使用寿命 10 年，但是使用过程会造成土壤破坏，寿命结束后需要植被恢复，预计花费 500 元。假设 10 年后的 500 元折现到今天的现值为 300 元，不考虑增值税。

本案例中，如果没有弃置义务，资产的入账价值就是 1 000 元。但是考虑弃置义务后，资产的入账价值会变成 1 300 元，贷记 300 元预计负债的同时，借记 300 元固定资产。也就是说，虽然净资产没有变化，但是弃置费用越高，资产的价值就会越高，这部分价值非常"虚"，分析相关资产时务必注意。

3. 使用权资产

使用权资产最早归类为固定资产，是租赁时产生的科目。在 2006 年版的《企业会计准则第 21 号——租赁》中，租赁分为经营租赁和融资租赁，其中，经营租赁只需要将每期租金记入利润表，租赁资产本身并不并表；融资租赁需要将资产并表，入账价值为未来租金的现值，同时确认等额的长期应付款，不影响净资产。

融资租赁的确认条件比较严格，一般要求租赁付款额的现值达到租赁资产公允价值的 90% 以上，或租赁期占租赁资产使用寿命的 75% 以上。在这种情况下，融资租赁的实质就约等于分期付款了，虽然在法律意义上资产仍归出租人所有，但是承租人几乎陪伴了租赁资产的一生。

正是由于融资租赁的门槛太高，很多租赁只能按照经营租赁处理，租赁资产就会完全处于报表之外，投资者无法通过报表识别租赁资产，尤其对于饭店、药店、家具城等需要租店铺的场景，租赁资产不可能满足融资租赁的条件。

因此，为了让报表更有前瞻性、更全面地反映企业经营状况，财政部2018年修订了《企业会计准则第21号——租赁》，境外上市企业2020年1月开始实施，境内企业2021年1月开始实施。新准则取消了经营租赁和融资租赁科目，新增了"使用权资产"和"租赁负债"科目，所有租赁资产全部并表，处理方式和之前的融资租赁完全一样，只是将资产部分从固定资产中分离出来，将负债部分从长期应付款中分离出来，归入新增的两个科目中。

对于承租方而言，新准则的第一个结果是可能导致资产负债率增加，同时增加等额的资产和负债，相当于收购了一个资产负债率100%的子公司。第二个结果是对利润表的影响，会计准则要求按直线折旧法处理使用权资产，按摊余成本法处理租赁负债，对净利润的绝对值和变化趋势都会产生影响（对利润表的影响详见4.6.4节财务费用部分）。

从账面价值的可靠性来看，使用权资产按照应付租金额的现值入账（包括运费、安装费等，但是占比较少），应付租金额基本上是明码标价的，能动手脚的地方只剩下折现率，调节空间有限，因此使用权资产的账面价值相对可靠。

4. 无形资产

无形资产是指企业拥有或者控制的没有实物形态的可辨认非货币性资产，而且要求能够从企业中单独分离出来，能单独或者与相关合同、资产或负债一起，用于出售、转移、授予许可、租赁或者交换。虽然按照字面意思理解，长期股权投资、待抵扣进项税及各类金融资产都满足无形资产的定义，但是现实中适用《企业会计准则第6号——无形资产》核算的项目，主要是土地使用权、特许经营权、专利技术、非专利技术、软件使用权、商标等。

与固定资产一样，企业获得无形资产的方式也主要有三种：直接外购的无形资产，自己产生的无形资产，以及通过收购控股权、制作合并财务报表时并进来的无形资产。但是与固定资产不同，无形资产的种类很多，专利可以直接外购，不需要通过类似在建工程的"研发支出"结转，土地使用权、特许经营权等品种则完全不涉及研发。

（1）直接外购的无形资产。

对于直接外购的无形资产，按照取得成本入账（包括购买价格、相关服务费等），注意扣除增值税，方法同固定资产。除了收购专利外，外购的无形资产最典型的是土地使用权。在全球绝大部分国家的会计准则中，土地属于固定资产，但是在我国企业不拥有土地所有权，仅拥有使用权，所以视为无形资产，土地使用权只能来自外购。

在所有外购的无形资产中，专利和非专利技术的价值相对较"虚"，价值波动幅度比较大，而且很多技术只对特定的工艺有用，完全没法转手；土地使用权相对较"实"，必要的时候随时可以卖出变现。

（2）自己产生的无形资产。

自己产生的无形资产，包括资本化的研发支出和特许经营权。从利润表的角度看，资本化的研发支出是财务调节的"重灾区"。从资产负债表的角度看，无形资产的增加值完全看投入了多少研发支出，但没人能说清楚研发一项技术的"合理"花费是多少。很多时候研发就是试错的过程，试 10 次成功还是试 100 次成功，完全看运气。因此，资本化的研发支出形成的无形资产，基本属于资产负债表中比较"虚"的地方之一。

除了资本化的研发支出外，自己产生的无形资产还包括特许经营权。虽然特许经营权也有调节空间（调节方法详见 4.4.2 节），但是毕竟以实物资产为基础，其价值相对更"实"。很多基础设施类项目采用建设—运营—转让（Build-Operate-Transfer，BOT）模式，项目由项目公司出钱建造，建完后项目公司享受一定期限的运营和收益权，运营期满后再移交给政府。但是在产权关系上，项目所有权自始至终都属于政府，项目公司需要确认特许经营权，入账价值为建造成本＋工程业务合理收益。除了这种方式，有些行业的特许经营权由政府直接拍卖，分析时可参照土地使用权。

（3）企业合并时并进来的无形资产。

与固定资产一样，如果是非同一控制股权合并，无形资产也可以进行公允价值重估。由于大部分无形资产不能独立创造现金流，因此如果没有公开市场价格，评估结果很难像固定资产一样，大幅高于原有账面价值。但是，评估结果也很难低于原有账面价值，因为在整体股权收购价格不变的情况下，可辨认净资产评估价越低，产生的商誉越多。商誉是比无形资产更"虚"的资产，上市公司更情愿无形资产多一点。

因此，综合来看，无形资产具有两大要点。第一大要点是无形资产的价值可靠性存在较大差别，需要看具体是什么类型的无形资产，以及无形资产的来源。无形资产的价值可靠性排序大致为：土地使用权＞特许经营权＞收购的市场公认专利＞自己研发的专利≥直接并进来的专利＞著作权、版权等文化类资产。

无形资产的第二大要点是摊销。与所有固定资产都必须折旧相比，只有使用寿命确定的无形资产才进行摊销，使用寿命不确定的无形资产可以不摊销（如一次性买断的商标、自己研发的非专利技术等）。使用寿命确定的资产主要包括土地使用权、特许经营权、专利、有合同期限的技术授权等，好处是寿命非常确定，没有模糊空间。

虽然会计准则允许各种花式摊销，但是现实中大部分公司都采用直线摊销。无形资产摊销也是按月进行，不过与固定资产折旧相反，无形资产是当月新增当月摊销，当月处置当月停止（固定资产是当月新增次月折旧，当月处置次月停止）。

使用寿命不确定的无形资产只需定期进行减值测试即可。但是这些无形资产许多很难独立存在，即便短期内相关"资产包"的盈利能力低于预期，也很难说是无形资产本身有问题，比如谁能说公司业绩不行是因为商标不值钱了。所以，这类无形资产的价值有时是一笔糊涂账，估值时需要打折。

5. 长期待摊费用

长期待摊费用主要指不满足固定资产、无形资产的形成条件，但是作用期较长、不能直接记入当前利润表的支出，主要包括租入资产的改良支出、超过一个会计年度的广告费、业务宣传费等。虽然名字上带着"费用"之类的字眼，但是由于要"待摊"，所以属于资产。

这里特别提示一点，自有的固定资产改造升级支出一般结转进固定资产，租入资产的维修支出一般直接在当期费用化，记入长期待摊费用的主要是租入资产的改良支出，这类支出是为了提升资产性能且影响周期较长。

从本质上说，长期待摊费用是游离在资产与费用之间的模糊地带。一方面，待摊费用是已经花出去的钱；另一方面，绝大部分待摊费用都有"专属"属性，如给租来的店铺装修、邀请明星代言等，完全不具备转让出售的可能性。所以，长期待摊费用虽然在金额确认上以实际支出为基础，但是其本身的"资产属性"可能不是特别牢固。

6. 商誉

商誉是资产负债表中最特殊的一种资产，企业不能自己产生商誉，商誉的确认只能来自企业合并（A 股要求只能是非同一控制股权合并）。

例如，A 公司总资产为 100 万元，负债为 70 万元，净资产为 30 万元，B 公司想要收购 A 公司 60% 股权，60% 股权对应账面价值为 18 万元。但是 A 公司显然不会同意按照 18 万元的价格出售股权，公司前期的市场拓展、客户维护、品牌声誉等都是有价值的，只是没有反映在资产负债表中而已。

假设 B 公司最终出资 24 万元，溢价 1/3 收购 A 公司 60% 股权。不考虑资产价值重估，在 B 公司的合并资产负债表中，货币资金减少 24 万元，增加 A 公司的资产 100 万元，负债 70 万元，少数股东权益 12 万元，报表并没有配平，支出比并入多了 6 万元。至此，会计准则认为多的部分就是商誉的公允价值，资产端再增加 6 万元的商誉，报表就配平了（同一控制与非同一控制的区别、公允价值重估及详细的抵消分录见 3.8 节商誉舞弊）。

分析商誉时需要注意三点：其一，商誉不仅自己很"虚"，形成过程更

"虚"，真实价值难以衡量，往往成为财务舞弊的"重灾区"；其二，资产负债表上的商誉是控股权对应的商誉，等于收购对价与收购部分的可辨认净资产价值的差值，与收购股权比例有关；其三，商誉既不是固定资产也不是无形资产，不用折旧和摊销，只要不减值就不影响利润表，商誉也不可能单独出售，部分公司的"祖传"商誉可能是一笔死账。

1.4.2 营运资本：经营循环占用的资源，产业链话语权的试金石

营运资本叫作 working capital，与之相对的是固定资产 fixed capital。之所以叫 working capital，是因为这个说法最早用于研究用马车运货的流动商贩，商贩为了保证一天的正常贸易，每次出门前要先准备一定量的货物，晚上回家再清点卖出去多少货，有多少应收账款、预收账款，以及之前进货时有多少应付账款、预付账款。其中，应收账款、预付账款、存货等属于营运资产，预收账款、应付账款等属于营运负债。营运资产和营运负债的净值就是营运资本，其商业含义是马车上的货物及往来收付占用的资金。

营运资本反映企业的运营能力及在产业链中的话语权，存货多少体现存货周转速度，应收应付多少体现上下游占款能力，本质是采购付款循环、生产存货循环和销售收款循环合计占用的净资金量。在大多数场景中，营运资本是没有自我生产和增值潜力的，资金总量一定时，营运资本越少越好，营运资本越少可以投向生产类资产的资金就越多。

本节的内容比定义中的营运资本更广泛，除归入营运资本的应收账款及票据、应收款项融资、预付账款、合同资产、存货、应付账款、预收账款与合同负债外，还包括不归入营运资本的货币资金和待抵扣进项税（归类到其他非流动资产）。

1. 货币资金

获取现金、为股东提供回报是企业存在的目的，因此一般不将货币资金视为营运资本。资产负债表中的货币资金主要包括库存现金、银行存款、其

他货币资金、存放在中央银行的存款准备金等。

其中，库存现金就是放在公司保险柜里的资金，一般不会太多，而且基于税收管理、打击洗钱、统计核算目的，国家对企业现钞交易的管理非常严格，大部分货币资金都以银行存款形式存在。其他货币资金包括银行汇票存款、银行本票存款、信用卡存款、信用证保证金存款、存出投资款、外埠存款等。存放在中央银行的存款准备金主要针对金融企业，但是实体企业旗下如果有专门的财务公司，也会出现这一项。

与货币资金相近的一个科目是"现金及现金等价物"，出现在现金流量表中。虽然我们在配平时，往往直接将现金流量表的结果连到资产负债表的货币资金中，但是严格来说，两者略有差别，现金流量表算出的结果其实是现金及现金等价物的净增加值。

因为在资产负债表里，货币资金科目更强调所有权，只要是归属于公司的现金类资产，都算货币资金。而现金流量表里的现金及现金等价物更强调流动性：一方面，所有受限的、不能随时取用的货币资金都不算现金及现金等价物，包括银行质押存单、银行汇票保证金等；另一方面，现金及现金等价物还包括持有期短、流动性强、易于转换为已知金额现金、价值变动风险很小的投资，如国债、大型企业短债等，这些在资产负债表里一般归入交易性金融资产。

在货币资金和现金及现金等价物之外，还有一个概念叫货币性资产，货币性资产的概念比较广，不仅包括现金，还包括能够以固定或可确定金额的货币收取的资产，如应收账款、应收票据、准备持有至到期的债券投资等。

货币资金另一个需要注意的点是流动性，货币资金多并不能代表公司偿债无忧。虽然现金及现金等价物的流动性高于货币资金，但是也仅仅是法定流动性，现实中情况要复杂得多。

货币资金是最有必要看母公司资产负债表的科目，合并报表中的资金很多是子公司账上的，只要不是全资子公司，母公司调用子公司的现金可能会遭到少数股东的反对，尤其是母公司持股比例低于 2/3 甚至只有 51% 的子公司。相比之下，母公司账上的现金基本上是可以随时调用的，可视为最低流动性的下限。

实操中，很多公司为提高资金使用效率，同时加强对子公司的控制，还使用"资金归集"模式，子公司账上不留现金，所有现金都实时归集到母公司账户，子公司需要钱的时候再从母公司账户下拨。但是在所有权上，这些现金仍然属于子公司，母公司资产负债表上同时记货币资金和其他应付款。母公司在资金归集模式下获得的现金，流动性要打一个折。

（对与货币资金相关的存贷比例、利息收入的探讨见 3.7.3 节货币资金舞弊识别部分。）

2. 应收账款、应收票据，以及应收款项融资与增值税征收方法探讨

应收账款、应收票据和应收款项融资是最主要的商业债权，也是营运资本中资产端最重要的组成部分。应收账款俗称欠条，与利润表权责发生制原则下的营业收入对应，所有的营业收入都可以视为先产生应收账款（或应收票据），然后应收账款的变化再影响经营性现金流入。

从现金周转和收入质量的角度看，理论上应收账款越少越好。应收账款一般是财务造假的第一步，但是正是由于应收账款太重要了，大家都会认真看，审计师也会认真查，所以现在企业已经很少通过应收账款造假了，很难单纯地从应收账款中看出问题。

应收账款周转率是衡量营业收入质量及背后产业链话语权的重要参数，但是需要强调的一点是，应收账款中包含增值税销项税额（同理，应付账款中包含增值税进项税），应收账款和营业收入并不对应。更准确的应收账款周转率计算方法应该是：

$$应收账款周转率 = \frac{本期营业收入}{加权平均的应收账款余额 \div (1 + 增值税率)}$$

增值税是我国最重要的税种，也是相对特殊的"流转税"，是针对销售额征收，不对利润征收，不管赚不赚钱，只要有收入就有增值税。"增值税"顾名思义，是对企业所处环节价值增值的部分征收，实际操作中采用层层流转、层层抵扣的征收方法，由每一个环节的下游买家按照不含税价格乘以增值税率全额支付，卖家收到税款后贷记增值税销项税额。

与此同时，卖家还是产业链上游的买家，向上游支付增值税，借记增值税进项税额，最后卖家交给税务局的钱即为增值税销项税额与进项税额的差值。

需要强调的是，增值税流转的整个过程都是价外税，不进利润表，利润表中的"税金及附加"科目里是印花税、消费税、城市维护建设税、城镇土地使用税、资源税和教育费附加等小税种，不是增值税。用案例及会计分录理解如下。

某公司花费 100 元（不含税价格，下同）购买货物，以 150 元卖出，增值税税率为 13%。

（1）买入货物时。

借：库存商品（存货按照不含税价格入账）　　　　　　　　　　100

　　　应交增值税——应交增值税进项税额（100×13%）　　　　13

　　贷：应付账款或银行存款（增值税在买价之外单独付）　　　113

（2）卖出货物时。

借：应收账款或银行存款（增值税在卖价之外单独收）　　　169.5

　　贷：营业收入（营业收入按照不含税价格确认）　　　　　　150

　　　应交增值税——应交增值税销项税额（150×13%）　　　19.5

（3）结转增值税。

借：应交税费——应交增值税（公司实际交的增值税等于销项税减进项税）　　　　　　　　　　　　　　　　　　　　　　　　　6.5

　　贷：银行存款（这笔钱在形式上是下游出的，只是由公司交而已）6.5

可以看出，公司从下游收到税款后，只交给税务局本环节增值的部分对应的税款，其余都交给上游，然后上游再重复这个步骤，层层流转，层层抵扣，使得产业链内部层层监督，防止偷税漏税。但是对于公司而言，这是一把双刃剑，如果下游一直赖账而上游很强势，公司可能挂账很多应收账款，但是给上游的含税货款及交给税务局的钱一分没少。在回款遥遥无期的情况下，提前支出相当于营业额 13% 的钱，压力着实不小。

而且在很多情况下，短时间内进项税额可能远大于销项税额，如公司一次性备了很多货，或者重资产行业一次性大额投资、后续慢慢获得收益。没抵扣完的进项税额相当于给税务局的预付账款（由产业链上游转交给税务局），属于一项资产，列在"其他非流动资产"的二级科目"待抵扣进项税"中（也有的公司归类到"其他流动资产"中），等未来有销项税额时，再慢慢抵扣。

所谓"增值税留抵退税"政策，就是一次性把公司没有抵扣完的增值税进项税额退给公司。这样公司就没有待抵扣进项税了，未来直接交销项税，所以增值税留抵退税的本质是税务局给了公司一笔无息贷款，增值税早晚都要交，收到退税不影响利润表，直接冲减资产负债表里的"待抵扣进项税"科目。相比之下，增值税即征即退是更纯粹的政府补助，计入利润表里的"其他收益"科目。

会计准则要求定期对应收账款进行减值测试，一般采用账龄分析＋单项测试结合的方法，小额应收账款直接根据账龄计提，大额应收账款一般进行单项测试。已经减值的应收账款，如果未来发现能收回来，我国会计准则允许冲回。

应收票据是一种更加标准化的应收账款，其会计处理方法与应收账款类似。应收票据分为商业承兑汇票和银行承兑汇票，商业承兑汇票的信用风险和应收账款没有本质区别，但是银行承兑汇票是到期强制兑付的，如果想提前要钱也可以按照一定的贴现率折价兑付，因此除了标准定义里的现金等价物以外，银行承兑汇票是最接近现金的资产，一定程度上也可以视为现金等价物。不能给现金时，企业肯定最想要银行承兑汇票，应收票据里商业承兑汇票和银行承兑汇票的比例，也可以反映公司在产业链上的地位。

应收款项融资是 2019 年根据《财政部关于修订印发 2019 年度一般企业财务报表格式的通知》新增的科目。新制度将应收账款、应收票据分成两类，如果是准备一直拿着、到期兑付的，还是记为应收账款、应收票据。如果不打算一直拿着，应收账款打算保理（简单说就是抵押出去换钱），应收票据打算背书转让，那么两者均放到应收款项融资里。

需要强调的是，应收款项融资中的"融资"二字容易让人产生误解，但实际上仅仅是指打算保理或转让，并没有真正转让出去，所以和应收账款、应收票据没有实质区别。

实操中，银行承兑汇票的转让是最方便的，或者说银行承兑汇票的存在就是为了方便背书转让，一般将"6+9"银行 [①] 承兑的银行承兑汇票都放在应收款项融资里，其他银行的银行承兑汇票和一般的商业承兑汇票仍归为应收票据。应收账款保理往往需要极强的信用背书，如可再生能源电价补贴等（国家欠款）。

3. 预付账款与预收账款、合同资产与合同负债

预付账款与预收账款、合同资产与合同负债都是营运资本的重要组成部分，两组中名字都很像，但并不是"两对"兄弟。从实质上看，预付账款和其他三个都没有关系，反而是预收账款和合同负债关系紧密，合同资产和应收账款关系紧密。

预付账款是应付账款的对立面，前者是供应商还没发货，这边提前给供应商打款，属于资产；后者属于负债，是供应商已经发货了，这边一直拖欠货款，公司在产业链中的地位可以由此立判高下。大额预付账款需要格外注意，一方面体现了公司在与上游的谈判中没什么话语权，另一方面也可能是公司在财务上造假，先虚增收入和现金流，再谎称把钱打给供应商了，形成预付账款。

预收账款是站在交易对手的角度看预付账款，提前收了钱，但是还没给

---

① "6+9"银行是指 6 家国有银行（中国银行、中国农业银行、中国建设银行、中国工商银行、中国邮政储蓄银行、交通银行）和 9 家股份制商业银行（招商银行、浦发银行、中信银行、光大银行、华夏银行、民生银行、平安银行、兴业银行、浙商银行）。

货物或者不满足收入的确认条件。2017 年新版《企业会计准则第 14 号——收入》中新增了合同资产与合同负债科目，其中合同负债与预收账款相似度很高。对于客户提前支付的款项，如果支付的款项有具体对应的商品或服务，那么归类为合同负债；如果没有对应的商品或服务，且客户有权要求退款的，那么继续放在预收账款里。

然而在实操中，新准则约等于把"预收账款"科目删掉了，因为几乎所有的预收预付行为，都会签订合同，有对应的具体商品或服务。合同负债可以表征订单的签订情况，是营业收入的先导指标。

合同资产是指"企业已向客户转让商品而有权收取对价的权利，且该权利取决于时间流逝之外的其他因素"。通俗来讲，企业提供了商品或服务，可以坐等收钱的，属于"应收账款"，但是如果还要追加服务才能收钱的，则属于"合同资产"。

4. 存货

存货是串联起采购付款循环、生产存货循环和销售收款循环的关键科目，二级科目包括原材料、在产商品、库存商品等。存货以成本记账，包括初始采购成本和生产过程中结转的成本。分析时需要注意，存货不能太多，但是也绝非越少越好。

大额存货往往是有问题的。存货的账面价值基于历史成本，但是审计师不是评估师，可能对存货的真实价值缺乏概念，存货积压以后，真实价值可能已经大幅降低。存货异常增加是非常危险的信号，危险程度远大于应收账款、预付账款等的增加，反映出经营环境恶化（卖不出去了），企业可能面临存货减值、价格战、产品跟不上时代被淘汰等风险。

反之，存货太少也是比较危险的。由于存货中包含在产商品，很多商品本身的生产周期就不短，因此存货周转率（＝营业成本 ÷ 平均存货余额）不可能无限高。存货太少根本支撑不起来如此高的营业收入规模，换句话说，如果存货数量是真实的，那么营业收入具有造假嫌疑。

存货的另一个关注点是减值，标准说法叫"计提存货跌价准备"。相比其他类型的减值，企业一般不喜欢计提存货减值，但是一旦计提减值，就是一种非常重大的预警，危险程度远大于计提坏账。

可以从两个角度来看。其一是存货有安全垫，售价 100 元的产品，生产成本可能只有 50 元，在资产负债表上按 50 元入账，产品的公允价值从 100 元跌到 80 元不会影响资产负债表，只有跌穿 50 元才会计提减值，但是应收账款没有安全垫，少一分钱就要记一分钱的减值。其二是存货减值往往更反映系统性问题，如产业格局变差、公司竞争力减弱等，而坏账可能只是个例，某个客户出问题而已。

5. 应付账款及应付票据

应付账款及应付票据的处理方法和应收账款类似。应付账款及应付票据是占用产业链上游供应商的账期，是最主要的负营运资产，理论上越多越好，甚至可以把营运资本整体做成负数，提高现金的利用效率。

而且，在大多数情况下，应付账款是不用付利息的，所以如果负债总额不变，应付账款占比越高，真正的有息负债就会越少，相当于让产业链上游供应商给了自己一笔无息贷款。但是还是那句话，上游供应商凭什么给你无息贷款，归根结底，还是产业链相对地位的较量。

与应收账款周转率相反，应付账款周转率一般越低越好（应付账款周转率的定义相对多元化，分母一般都是应付账款期初期末均值，分子用营业成本、扣除折旧后的付现成本都可以，保持口径一致即可）。但是应收账款周转率可以无限高，对应零赊销情况，应付账款周转率却不能无限低，过度压榨产业链上游容易引发反作用，生意长青的秘诀是互利共赢。

1.4.3 金融类资产：债权及不并表的生产资料产权

金融类资产也属于能够产生收益的资产，但是与生产类资产自己就能产生收益相比，金融类资产本质上是一种获得收益的权利：如果获得的是固定收益，则为债权类资产；如果获得的是剩余价值，则为股权类资产，反映的是不并表的生产资料产权；如果与其他资产的价格挂钩，则为衍生金融资产和负债。

在会计核算中，金融类资产一般不包括长期股权投资，2018 年之前金融类资产包括 4 类，即贷款和应收款项、持有至到期投资、交易性金融资产、可供出售金融资产。

2018 年之后我国开始实行新金融工具准则 [①]，取消了可供出售金融资产，将其分为三类：以公允价值计量且其变动计入当期损益的金融资产；以公允价值计量且其变动计入其他综合收益的金融资产；以摊余成本计量的金融资产。这三类金融资产在资产负债表中分散在交易性金融资产、衍生金融资产、债权投资、其他流动资产、其他非流动金融资产、其他权益工具投资等科目中。

长期股权投资虽然不属于会计核算中的金融类资产，但是本身作为一种不并表的生产资料产权，显然也属于金融类资产，本节将其放在一个框架下讨论。

1. 金融工具重分类

在 2018 年之前的会计准则中，金融类资产的分类综合考虑资产类型和持有目的，其中，贷款和应收款项、持有至到期投资（针对债券）顾名思义即可理解，容易混淆的点主要是交易性金融资产和可供出售金融资产。

交易性金融资产主要是指公司基于赚取买卖价差目的而持有的股权和债权投资，其中股权投资的持股比例往往很低。可供出售金融资产是指公司既想赚取买卖价差也想赚取股利（或利息）的股债投资，一般情况下股权投资的持股比例高于交易性金融资产，但是仍达不到可以对所投公司施加重大影响的程度。

在收益确认上，交易性金融资产和可供出售金融资产在收到分红时，都按分红金额确认投资收益，但是对于持有期间公允价值波动的计量，两者区别很大。交易性金融资产的公允价值变动直接影响利润表，计入"公允价值变动损益"科目。而可供出售金融资产持有期间的公允价值变动不影响利润

---

① 2017 年财政部发布了《企业会计准则第 22 号——金融工具确认和计量》《企业会计准则第 23 号——金融资产转移》和《企业会计准则第 24 号——套期会计》，这些准则于 2018 年 1 月 1 日正式实施。

表，先计入所有者权益中的"其他综合收益"科目，等出售时再根据买卖价差一次性结转投资收益（从其他综合收益中转出，计入利润表）。

在对利润表的影响上，可供出售金融资产是一种对上市公司非常友好的计量方式，只要不卖出，浮盈浮亏都不影响利润表，想做利润的时候再卖出确认收益。

也许是发现了这个弊端，2017 年财政部修订了金融工具相关会计准则，2018 年 1 月 1 日起实施，直接按照未来取得现金流的类型，将金融工具统一分为三类，即"以公允价值计量且其变动计入当期损益的金融资产"（Fair Value through Profit or Loss，FVPL）、"以公允价值计量且其变动计入其他综合收益的金融资产"（Fair Value through Other Comprehensive Income，FVOCI）和"以摊余成本计量的金融资产"（Amortized Cost，AC）。

新准则最核心的变化是取消了可供出售金融资产，可供出售金融资产的计量方式介于 FVPL 和 FVOCI 之间，持有期间按照 FVOCI 处理，等卖出的时候按照 FVPL 处理。新准则对债权投资的规定变化不大，但是对股权投资采用一刀切方式：只要公允价值变动影响损益，就时刻影响损益；只要公允价值变动计入其他综合收益，就永远计入其他综合收益，卖出时也不能转出来，不能两边好处通吃。

具体而言，金融工具先分为债权投资、股权投资和衍生金融工具投资。其中，债权投资处理最简单。如果公司打算一直拿着收取本息，则按 AC 处理，距离到期一年以下的归入"其他流动资产"，一年及以上的归入"债权投资"（摊余成本处理方式见 4.6.4 节财务费用内容部分）。如果不打算一直拿着，则按 FVOCI 处理，距离到期一年以下的也归入"其他流动资产"，一年及以上的归入"其他债权投资"，债权 FVOCI 处理方法和之前的可供出售金融资产一样，公允价值变动先计入其他综合收益，等卖出的时候可以重新计入"投资收益"。

股权投资有两种可供上市公司自主选择的处理方式，分别是 FVPL 和 FVOCI。

FVPL 的处理方式和之前的交易性金融资产一样（交易性金融资产本身

就是一种 FVPL），收到分红记投资收益，公允价值变动记"公允价值变动损益"，从而时刻影响利润表。

FVOCI 在持有期的处理方式和之前的可供出售金融资产一样，收到分红时记投资收益（所有以公允价值计量的金融资产在收到分红时，都是按照实收金额确认投资收益），公允价值变动记其他综合收益。但是，FVOCI 在出售时仍不影响利润表，买卖价差从其他综合收益直接挪到未分配利润中，不产生投资收益。

FVPL 处理方式对上市公司市值管理很不利，所投公司的股价波动实时反映在利润表里，导致公司业绩不稳定；但是 FVOCI 更不利，所投公司的股价变化永远也不反映在利润表里。两害相权取其轻，还是保留影响更好，大部分上市公司只能选择 FVPL 方式。在资产负债表中，根据准备持有期的长短，短期 FVPL 归入"交易性金融资产"，长期 FVPL 归入"其他非流动金融资产"；FVOCI 归入"其他权益工具投资"。

图 1-4 为新会计准则下金融资产分类方法及会计处理总结。

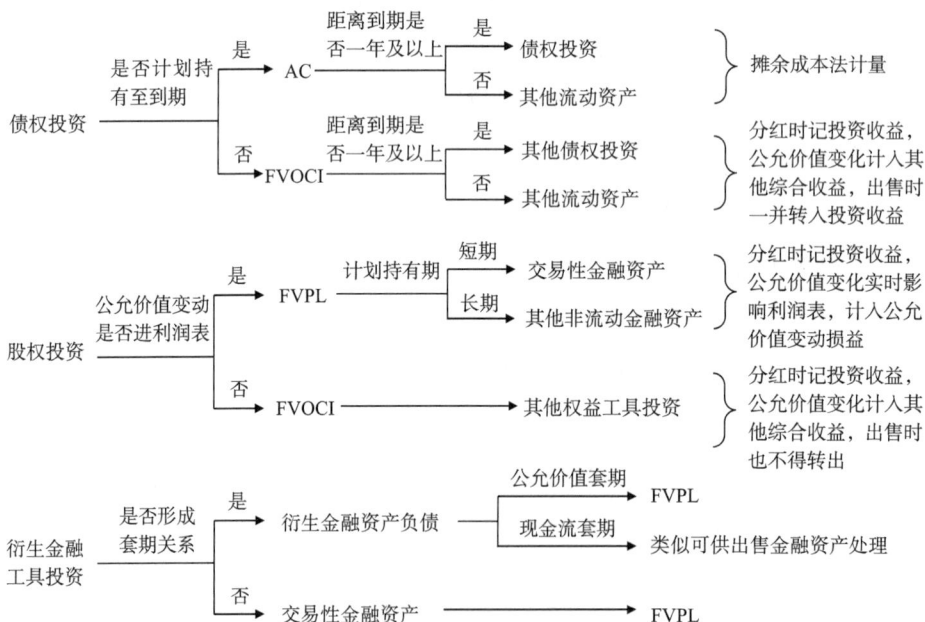

图 1-4　新会计准则下金融资产分类汇总

2. 衍生金融资产与负债

衍生金融工具主要是指期权、期货、远期合约、利率互换协议等衍生品。其在会计处理上分为以下两大类。

一类以投机为目的，如在期货市场上裸空裸多，这类工具归入"交易性金融资产"，按照"以公允价值计量且其变动计入当期损益的金融资产"计量，公允价值变动直接影响利润表。

另一类以套期保值为目的，必须与实物资产形成套期关系，会计处理上进一步分为公允价值套期和现金流套期两类。如果被套期对象为"尚未确认的确定承诺"，就属于公允价值套期；如果对象为"极可能发生的预期交易"，就属于现金流套期。下面用具体案例加以说明。

【情景 1】公司未来需要一笔原材料，和供应商签订了一年后按照 100 万元固定价格购买的合同。公司担心未来原材料价格下降，继续按照固定价格购买就亏了，打算在期货市场卖出期货合约。

情景 1 中，公司与供应商签订的合同属于"尚未确认的确定承诺"，已经确定了要按照 100 万元价格购买原材料，只是还没有执行而已，公司担心的是原材料未来的公允价值下降，而不是现金流波动，因为现金流已经确定。此时，公司就要将期货合约归为公允价值套期，公允价值波动直接进损益，和交易性金融资产处理方式类似，只不过在资产负债表里，期货价值正余额记衍生金融资产，负余额记衍生金融负债。用会计分录理解如下：

如果原材料涨价	如果原材料降价
借：公允价值变动损益（损失）	借：衍生金融资产（正余额）
贷：衍生金融负债（负余额）	贷：公允价值变动损益（收益）

【情景 2】公司未来需要一笔原材料，只是和供应商签了一年后交货的合同，但是按照交货时的市场价格执行。公司担心未来价格上涨，需要多付钱，打算在期货市场买入期货合约。

情景2中，公司与供应商签订的合同属于"极可能发生的预期交易"，交易是极可能发生的，但是价格没有确定，公司担心未来现金流变动。该期货合约要归入现金流套期，资产负债表中和公允价值套期一样，正余额记衍生金融资产，负余额记衍生金融负债。但是浮盈不影响利润表，先进其他综合收益，结算时冲减营业成本或存货，处理方式与此前的可供出售金融资产有一定相似。用会计分录理解如下：

如果原材料涨价	如果原材料降价
借：衍生金融资产（正余额） 　贷：其他综合收益（不影响损益）	借：其他综合收益（不影响损益） 　贷：衍生金融负债（负余额）
实际结算时	**实际结算时**
借：其他综合收益（结转利润表） 　贷：主营业务成本／存货 借：银行存款（期货平仓结算） 　贷：衍生金融资产	借：主营业务成本／存货 　贷：其他综合收益（结转利润表） 借：衍生金融负债 　贷：银行存款（期货平仓结算）

【情景3】公司为大宗商品生产企业，预计一年后卖出一笔大宗商品，公司担心市场价格下跌，因此在期货市场卖出期货合约，锁定售价。

情景3描述的是最常见的大宗商品生产企业套期保值方法，公司担心一年后商品的公允价值下降，但是商品的公允价值就是公司未来的现金流入，被套保的既是公允价值也是现金流，因此公司既可以按公允价值套期处理，也可以按现金流套期处理。但是无论按哪种方式处理，会计准则均要求形成套期关系的期货合约必须有对应的实物资产，实物资产没覆盖的部分，属于裸空裸多，归类为交易性金融资产。

如果公司选择公允价值套期，那么商品价格变化时，同时调整套期工具净值和被套保的存货价值，两者价值变动的净敞口记公允价值变动损益，影响当期利润表及未来结算时的毛利率，如原材料价格上涨，存货价值要进行公允价值调整，未来出售时结转的成本更多，降低毛利率。用会计分录理解如下：

如果商品涨价	如果商品降价
借：存货（被套期的存货价值上升）	借：衍生金融资产（期货净收益）
贷：衍生金融负债（期货净损失）	贷：存货（被套期的存货价值下降）
公允价值变动损益（差值进损益）	公允价值变动损益（差值进损益）
商品出售时	**商品出售时**
借：主营业务成本（结转的成本更多）	借：主营业务成本（结转的成本更少）
贷：存货（经过公允价值调整变多）	贷：存货（经过公允价值调整变少）
借：衍生金融负债	借：银行存款（期货平仓结算）
贷：银行存款（期货平仓结算）	贷：衍生金融资产

　　如果公司选择现金流套期，那么商品价格变化时不调整存货价值，只确认衍生金融资产或负债，净值变化计入其他综合收益，先不影响利润表。等到商品出售时，期货净收益再从其他综合收益中转出，直接调整营业收入，并会影响毛利率，但是是通过收入影响。

　　在完美套期的情况下，公允价值套期和现金流套期的最终销售毛利一样，以商品价格上涨为例，公允价值套期下按照上涨后的公允价值确认收入，但是调增了营业成本；现金流套期下按照原始成本结算，但是调减了营业收入，按照当初合约锁定的价格确认。现金流套期处理方式用会计分录理解如下：

如果商品涨价	如果商品降价
借：其他综合收益（浮亏不影响损益）	借：衍生金融资产（期货净收益）
贷：衍生金融负债（期货净损失）	贷：其他综合收益（浮盈不影响损益）
商品出售时	**商品出售时**
借：营业收入（冲减营业收入）	借：其他综合收益（浮盈转出）
贷：其他综合收益（浮亏转出）	贷：营业收入（调增营业收入）
借：衍生金融负债	借：银行存款（期货平仓结算）
贷：银行存款（期货平仓结算）	贷：衍生金融资产

　　从资产和负债的可靠性来看，衍生金融资产和负债都是按公允价值计量

的，而且均为监管的重点领域，上市公司很少也很难在上面动手脚。分析时只需在财报附注中确认是公允价值套期还是现金流套期即可，公允价值套期的损益已经实时反映在利润表里了，现金流套期往往会伴随没反映在利润表里的浮盈和浮亏。

3. 长期股权投资

长期股权投资就是持有的另一家公司的股权，无论是参股权还是控股权，都会产生长期股权投资。但是，控股权对应的长期股权投资，只能存在于母公司的资产负债表中，在制作合并财务报表时，母公司持有的长期股权投资和子公司的所有者权益会相互抵消，因此在合并财务报表中看到的长期股权投资，有且只可能是参股权。

长期股权投资不是会计核算意义上的金融类资产，在新分类准则下，归入金融类资产的股权投资只有交易性金融资产（FVPL）、其他非流动金融资产（FVPL）和其他权益工具投资（FVOCI），这些投资均要求公司不能对参股公司施加重大影响。一旦达到可实施重大影响的标准，就要归入长期股权投资。

重大影响是指"对一个企业的财务和经营政策有参与决策的权力，但并不能够控制或者与其他方一起共同控制这些政策的制定"。

但是，如何界定只是重大影响而不能控制，会计准则没有给出统一标准，应用指南中给出了两个参考指标：第一个是"公司在被投资单位的董事会或类似权力机构中派有代表"；第二个是"持有被投资单位20%以上但低于50%的表决权时，一般认为对被投资单位具有重大影响"。第二个更像是一个兜底条款，实操中主要看是否拿到董事会席位，通常持股10%就可以，因为董事会席位大多是7个、9个、11个、13个，拿到10%股权一般就能拿到董事会席位。

自己能施加重大影响，别人能控制的公司叫联营公司；自己能施加重大影响，没有任何人能单独控制，需要大家一起商量的公司叫合营公司（如双方各持股50%，或三方各持股33.3%，但章程要求决议经半数以上表决权通过）；自己能够控制的公司叫子公司。

联营公司和合营公司的股权均采用"权益法"核算，母公司报表中持有的子公司股权采用"成本法"核算，但是母公司报表中的长期股权投资没有意义，最终都要抵消掉，此处不展开介绍。以下讨论均针对权益法，合并财务报表中看到的长期股权投资均是权益法核算。

权益法核算下，长期股权投资在资产负债表里的价值是"以公允价值持续计算的账面价值"，这个词很绕，究竟是公允价值还是账面价值呢？我们在1.2.3 节故事 3 中已经有所涉及，长期股权投资的入账价值等于实际支付对价（出资金额或者购买价格），也就是说初始确认价值为公允价值。

在后续计量中，权益法根据持股比例和所投公司归母净利润确认投资收益，与是否收到分红及所持股权的公允价值变动无关，收到分红视为撤回投资，减少长期股权投资余额。同时，如果所投公司新增了其他综合收益，这边也要按比例确认。因此，

权益法核算的长期股权投资期末余额 = 初始购买价格（公允价值）+ 根据持股比例逐年累计确认的投资收益 + 根据持股比例逐年累计确认的其他综合收益 - 累计收到的分红 - 计提的减值准备

可以看到，除了出资或购买的那一刻采用公允价值计量以外，后续期间所有的计量都以账面价值（对方报表的利润及其他综合收益）为基础，和公允价值无关，所以叫作"以公允价值持续计算的账面价值"。如果长期股权投资的购买时点距今较为久远，那么当前的账面价值和公允价值可能会出现较大幅度的偏离。

长期股权投资是财务造假的"重灾区"，无论是初始计量还是后续投资收益的确认，均应引起足够的警惕（详细讨论见 3.8.3 节）。

1.4.4　负债与所有者权益：资产的归属与利润的流向

负债大致可分为营运负债、"规则负债"、或有负债和资本性负债。其中，

营运负债主要指应付账款、应付票据、预收账款、合同负债等，相当于负营运资产，相关内容我们在1.4.2节营运资本部分已有涉及，此处不再展开介绍。"规则负债"是指因为会计规定而产生的负债，本质上是一种会计处理，典型的如递延收益、递延所得税负债（递延收益讨论见1.5.2节政府补助部分，递延所得税负债见4.8节财务调节识别部分）。

资产负债表里的或有负债主要是预计负债，除此之外预提费用[①]中也含有或有成分。或有负债体现了会计的谨慎性原则，会计准则对负债的确认要求低于对资产的要求，或有资产一般不算资产，但是或有负债满足条件的算负债。

资本性负债和所有者权益共同决定了经营收益的流向，所有者可以分为4类，即债权人、母公司优先股和永续债所有者、母公司普通股东及子公司少数股东。在利润表中，这4类所有者的权益分别对应利息费用、优先股和永续债利息、归属于母公司普通股东的净利润及少数股东损益。

以下主要对或有负债、资本性负债及所有者权益中值得关注的点进行详细讲解。

1. 或有负债

按照标准定义，或有负债是指"因过去的交易或事项可能导致未来所发生的事件而产生的潜在负债"，主要包括悬而未决的诉讼、已售商品还没发生的保修费用、为其他单位提供的担保等。如果相关的经济利益很可能流出企业，就要在资产负债表中确认为预计负债。很可能指概率50%及以上、小于95%，因此预计负债范围要小于或有负债，流出概率小于50%的或有负债不用在资产负债表中确认，只需在财报附注中说明即可。

与预计负债相近的一个科目是预提费用。新会计准则下，预提费用不再单列，而是归入其他应付款中，成为其他应付款的二级科目。此外还有些经营活动，如预提给经销商的返利、预计销售积分兑换等，可能放在其他流动

---

① 按照标准定义，预提费用不属于或有负债，但是预提费用也涉及估计量，含有"或有"成分。

负债或其他非流动负债中，但本质也是预提费用。

严格来说，预提费用不属于或有负债（做题的时候不能选），是会计报表基于权责发生制原则，提前计提相关费用（或冲减营收）。但是支出尚未发生，在报表配平要求下形成了一笔负债，未来发生相关支出的概率要大于预计负债。

预提费用要求按照"预计支出或损失的最佳估计数"进行估算，其中也含有或有成分。未来年份实际发生时，按照多退少补原则，直接冲减未来会计期的利润表（这是公司跨期调节利润的重要工具，相关分析见第 4 章）。

2. 长期借款、短期借款、应付债券与其他应付款

长期借款、短期借款和应付债券是最常见的资本性负债表现形式，也是公司最主要的有息负债。其中，长期借款和短期借款大部分是银行借款，二者区分标准是期限是否在一年以上，这些借款属于间接融资；应付债券是标准化的证券，属于直接融资，分为长期债券和短期债券（在财报附注中展示）。

除了这三个科目外，资产负债表中还有"一年内到期的非流动负债"科目，它们属于流动性负债，明细中包括一年内到期的长期借款、长期应付款和应付债券。

因此，如果不考虑汇兑损益、租赁负债等特殊情况，影响利息费用最主要的就是长期借款、短期借款、应付债券及一年内到期的非流动负债。在资本性负债内部，长期负债和短期负债的比例也是值得关注的点。如果一家公司长债很少，短债很多，有可能意味着公司长期资本不足，未来资本投入保障性较差。

但是也需要具体情况具体分析。由于短债的利率通常低于长债，部分公司可以将短债不断滚动当作长债来用，短债比例高恰恰体现了公司融资能力非常强。利好还是利空，判断标准在于短债比例是被动形成还是主动为之。

除此之外，如果公司"其他应付款"金额较大，也需要格外注意。其他应付款的细项很多，其中有一项是来自集团的借款。现实中，由于集团规模更大、产业更多，集团借贷利率往往低于上市公司，从而会形成一种借贷结构，集团发债或者向银行借钱，然后再把钱借给上市公司，因此在公司报表上就会形成"其他应付款"，此类借款也是有利息的，到时候公司还钱给集团，集团再还给最终债权人。

除了正常的融资安排外，还需要注意有没有可能是集团巧立名目，"强行"让公司欠集团一笔钱，从而将公司掏空。

3. 股本与资本公积

所有者权益就是资产中归属于公司所有者的部分。公司所有者具体分为三部分，分别是母公司普通股东、优先股和永续债所有者及少数股东，其中母公司普通股东、优先股和永续债所有者都算母公司所有者。

初学者容易混淆的概念是少数股东与小股东。二级市场投资者都属于小股东，小股东是相对于实控人（大股东）而言的，但是在法律地位上，小股东和大股东是完全平等的，两者都是母公司的普通股东。少数股东是合并财务报表中，非全资子公司中不属于上市公司的部分，如图 1-5 所示。

所有者权益是一种剩余价值。会计恒等式（资产 = 负债 + 所有者权益）有一定迷惑性，更准确的等式应该是：所有者权益 = 资产 - 负债。除了初始投资外，在后续计量中，是先有资产和负债，然后通过两者的差值得出所有者权益。因为很多资产是公允价值计量的，公允价值计量后会同步调整所有者权益。

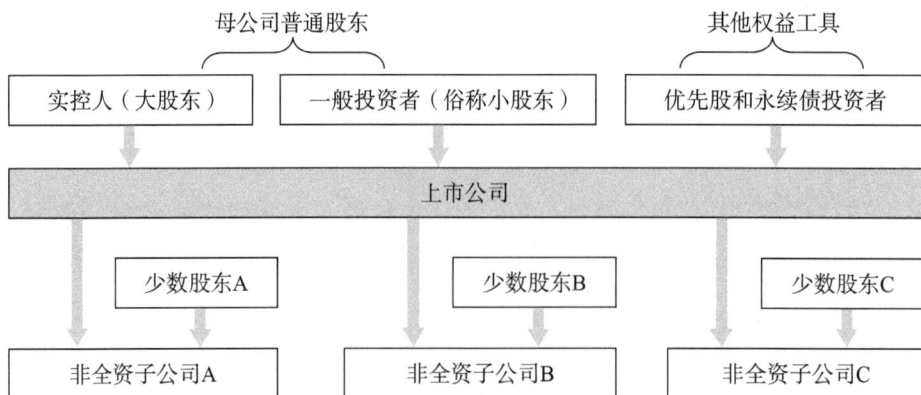

图 1-5 所有者权益架构

　　归属于少数股东的部分列在"少数股东权益"中；归属于优先股和永续债所有者的部分列在"其他权益工具"中；剩余的部分都是归属于母公司普通股东的，包括股本及资本公积、其他综合收益、盈余公积和未分配利润等。

　　股本和资本公积是普通股东出资的部分及股权收购过程中价值重估的差值。A 股规定股本面值统一为 1 元 / 股，如果公司发行价格为 5 元 / 股，则剩下的 4 元 / 股计入资本公积。留存收益也可以转增股本和资本公积，最常见的方式是送股，相当于先分红，再要求股东增资。

　　很多教科书上会写，上市公司送股本质上就是文字游戏，持股数量是没有意义的，有意义的只有持股数量占总股数的比例，送股不会改变比例。但是在我国税法环境下，送股不仅不是文字游戏，还是有损股东利益的行为。

　　根据我国现行个人所得税征收办法，"以未分配利润、盈余公积和除股票溢价发行外的其他资本公积转增注册资本和股本的，要按照'利息、股息、红利所得'项目，依据现行政策规定计征个人所得税"。也就是说，什么都没得到，多交一笔税。

　　另一种影响资本公积的方式是收购子公司过程中产生的价值差额，如固定资产入账价值的处理方式。对于同一控制股权合并，并进来的资产按照在最终合并方的资产负债表上的账面价值入账，如果股权收购价格大于可辨认净资产价值，差额部分冲减资本公积。对于非同一控制股权合并，收购时要对标的公司的资产价值进行重新评估，按照评估价值入账，评估增值的部分也调整资本公积。

4. 其他权益工具

　　其他权益工具是根据财政部 2014 年发布的《金融负债与权益工具的区分及相关会计处理规定》新增的科目。新制度规定，对于非普通股融资，如果企业有到期强制还本付息的义务，归为金融负债，否则就是权益类工具。"其他权益工具"就是用来存放非普通股权益类工具的科目，最常见的是优先股和永续债，它们只需到期付息，无需还本，并且可以无限展期。

　　但是站在普通股持有者的角度，优先股和永续债虽然被归入了权益，其实本质上仍然是一笔债务。近年来，发行永续债的上市公司越来越多，尤其是大型央企，并不是因为永续债利率更低或者没有还本压力，主要原因是可以进行制度套利。永续债归入权益后，利息支出没法税前扣除，但是计算资产负债率时可以减少分子，有利于企业降低资产负债率，完成考核任务。

永续债的大量发行极大增加了二级市场研究的工作量，在 A 股报表中，永续债利息并不在利润表中单独列示，而是与归属于母公司普通股东的净利润合并为"归属于母公司所有者的净利润"。

虽然很多时候"归属于母公司所有者的净利润"直接简称"归母净利润"，但是这并不是我们约定俗成的归母净利润概念，约定俗成的概念实际上是"归属于母公司普通股东的净利润"，需要再扣除优先股和永续债利息。港股报表中一般将优先股和永续债利息单列，"归母净利润"单指归属于普通股东的部分。

另外需要注意的是，"其他权益工具"与资产里的"其他权益工具投资"虽然名字很像，但是没有任何关系，"其他权益工具投资"里列出的项目都是按照 FVOCI 方式核算的股权类金融资产。

5. 其他综合收益

其他综合收益最早是资本公积的二级科目"其他资本公积"，2014 年后拆出来，在所有者权益中单独设立"其他综合收益"科目。其他综合收益的变化同时列在利润表归母净利润的后面，作为归母净利润的补充项。

其他综合收益科目主要用于反映部分资产负债公允价值的变化。资产负债公允价值发生变化后，为了配平报表，所有者权益必须进行相同的变化，一种方式是通过利润表以公允价值变动损益、减值损失等影响未分配利润。但是，有些资产负债公允价值波动较大，或者公允价值涉及会计估计，为了减少利润操纵空间，同时增加业绩稳定性，会计准则选择绕开利润表，直接调整所有者权益，调整的科目就是其他综合收益。

其他综合收益分为两类，分别是"可以重分类进损益的其他综合收益"和"不能重分类进损益的其他综合收益"。财务报表附注中会披露，如果可以重分类进损益，可以将该部分理解为未来利润或亏损的中转站，等资产卖出的时候影响利润表；如果不能重分类进损益，就只能影响净资产，无法影响净利润。表1-4总结了主要的其他综合收益及其产生的原因。

表 1-4　常见的其他综合收益类型（部分列举）

常见类型	解释
（一）可以重分类进损益的其他综合收益	
1. 其他债权投资公允价值变动	债权类 FVOCI 公允价值变动，卖出时可以转损益
2. 现金流套期储备	现金流套期中，衍生金融资产或负债对应产生其他综合收益，期货结算时影响营业收入或营业成本
3. 权益法下可转损益的其他综合收益	权益法核算的长期股权投资，所投公司产生的可以转损益的其他综合收益，本公司也要按比例确认
4. 外币财务报表折算差额	见 1.5.3 节汇兑损益部分
（二）不能重分类进损益的其他综合收益	
1. 其他权益工具投资公允价值变动	股权类 FVOCI 公允价值变动，卖出时不能转损益
2. 重新计量设定受益计划变动额	企业为退休职工设立设定受益计划。未来员工可以按时收取退休金，企业需定期向年金账户补充资金，确保账户资产和未来现金支出的折现值平衡。账户投资收益及折现率的变化将导致账户不平衡，不平衡部分确认应付职工薪酬和其他综合收益
3. 权益法下不能转损益的其他综合收益	权益法核算的长期股权投资，所投公司产生不能转损益的其他综合收益，本公司也要按比例确认

6. 可分配利润与未分配利润

净利润扣除少数股东损益、优先股和永续债利息后就是归属于母公司普通股东的净利润，其本质上是权责发生制下公司觉得自己一年"应该"赚多少钱。除了赚多少钱外，小股东最关心的是能分多少钱。很多上市公司会承诺一个分红率，口径往往是"可供分配利润"的百分之多少，可供分配利润不等于归母净利润（采用约定俗成概念，下同）。

在分红前，公司还需要经过两个步骤：第一步是提取法定盈余公积，《中华人民共和国公司法》（以下简称《公司法》）规定法定盈余公积金按公司税后利润的 10% 提取，当盈余公积金累计已达注册资本的 50% 以上时可不再提取；第二步是提取任意盈余公积，既然是任意，那么提多少看公司的心情。提两次盈余公积后剩下的部分，才是可供分配利润。通常情况下，公司只提取法定盈余公积，所以如果以归母净利润为基数，一般要对承诺分红率打9折[①]，例如承诺分可供分配利润的50%，实际就是分归母净利润的45%。

法人股东收到分红不用交税，个人股东收到分红需要交税。根据财政部、国家税务总局和证监会2015年联合下发的《关于上市公司股息红利差别化个人所得税政策有关问题的通知》，个人收到分红，持股1个月以内的所得税税率为20%，持股1个月至1年的所得税税率为10%，持股1年以上的暂免征收个人所得税。上市公司派发股利时，暂不扣缴所得税，待个人转让股票时，证券登记结算公司根据持股时间计算所得税，由证券公司扣缴。

可供分配利润扣掉宣布的分红后就是未分配利润。这里需要注意两点：一是只要宣布分红，对应的金额就从未分配利润中扣除，在负债中增加"应付股利"，但不需要实际派发；二是累计的未分配利润可能早已用于再投资，和股本、资本公积、盈余公积无异，不代表公司当下的分红能力，当下的分红能力取决于账上有多少现金，以及想不想分。

1.5 利润表：权责发生制下一段时间经营成果的总结

包括笔者在内，我们虽然都认为资产负债表最重要，一遍遍强调权责发生制下的净利润不靠谱，但是公司出公告时，我们往往还是第一时间看利润表，也许这就是利润表的魅力。与资产负债表相比，利润表是一种流量表，而且不需要银行流水背书，因此，利润表的每一个科目都需要我们高度重视，

---

① 实际情况更复杂，《公司法》的对象是法人实体，也就是具体的母公司和子公司，合并财务报表只是一个会计概念。一方面，投资者只是母公司的股东，通过母公司持有旗下的子公司，母公司提取盈余公积只需要看母公司报表上的净利润；另一方面，母公司的分红现金来自收上来的子公司分红，子公司分红前也要先提取盈余公积。因此，如果公司股权结构很复杂，分红承诺不一定只打9折。

利润表记录的是公司权利和义务的交换，这里面就存在一定程度的主观性，需要我们详细了解各个科目的确认规则及公司的具体应用标准。

按照循序渐进原则，本节重点放在利润表整体架构的梳理上。财务调节是一个企业与投资者的动态博弈过程，关于识别方法，我们在讲完估值体系和财务造假识别后，在第 4 章详细讲解。

1.5.1　重构利润表：理清收益的来源与归属

利润表的意义就是告诉我们公司"觉得"自己赚了多少钱，它是对资产负债表中未分配利润净增加值的展开。A 股标准化的利润表架构为：（控股资产的收入 - 成本 - 期间费用）+ 政府补助 + 参股资产的投资收益 + 其他调整 + 营业外收支 - 所得税费用 - 少数股东损益 = 归母净利润。

但是，与资产负债表和现金流量表对比可以看出，利润表的架构和其他两个不一样。

资产负债表的架构是先说公司整体有多少资产，资产是"存在"，和属于谁没有关系，负债和所有者权益才是"意识"，决定资产属于谁。

现金流量表的架构是先说公司经营活动增加了多少现金，然后投资活动投出去多少钱、收回来多少钱，最后再说前两项结余的钱是怎么来的或怎么没的，哪些给了债权人，哪些给了股权人。资产负债表和现金流量表的结构基本上是一一对应的，都是先说公司整体层面的客观存在，再说产权归属。

利润表的架构则是完全站在股权人的角度，将给债权人的收益视为期间费用，放在营业利润之前，然后再扣税、扣除少数股东损益得到归母净利润。营业利润可以对应资产负债表中的所有者权益，但是无法对应现金流量表中的任何一项（营业利润已经扣掉了利息费用，经营性现金流量净额没有扣掉利息支出）。

为了和现金流量表对应，以及更加利于分析和估值，我们可以按照图 1-6 中的方式重构利润表，先不扣利息费用，然后把折旧摊销单独拆出来，得到经营性税息折旧及摊销前利润（Earnings Before Interest，Taxes，Depreciation and Amortization，EBITDA）和息税前利润（Earnings Before Interest and Tax，EBIT），将利息费用放到利润分配环节。

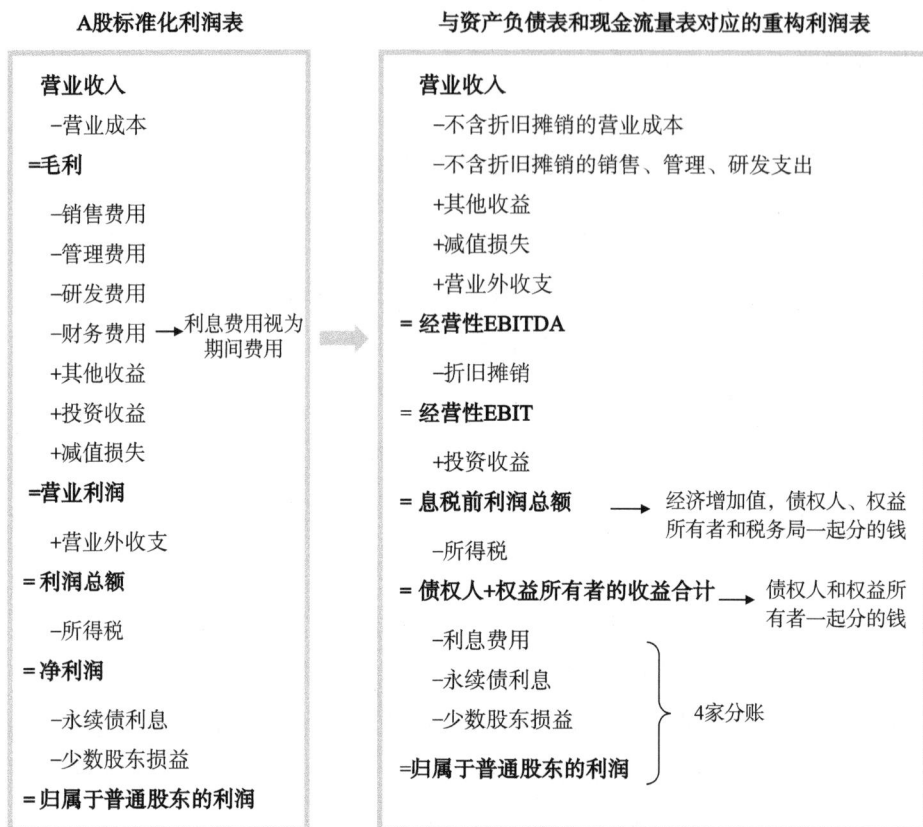

A股标准化利润表   **与资产负债表和现金流量表对应的重构利润表**

```
营业收入                        营业收入
  -营业成本                       -不含折旧摊销的营业成本
=毛利                            -不含折旧摊销的销售、管理、研发支出
  -销售费用                       +其他收益
  -管理费用                       +减值损失
  -研发费用                       +营业外收支
  -财务费用 →利息费用视为      = 经营性EBITDA
            期间费用               -折旧摊销
  +其他收益                     = 经营性EBIT
  +投资收益                       +投资收益
  +减值损失                     = 息税前利润总额 → 经济增加值，债权人、权益
=营业利润                                        所有者和税务局一起分的钱
  +营业外收支                      -所得税
=利润总额                      = 债权人+权益所有者的收益合计 → 债权人和权益所
  -所得税                                             有者一起分的钱
=净利润                          -利息费用 ┐
  -永续债利息                      -永续债利息 │
  -少数股东损益                    -少数股东损益 ├ 4家分账
=归属于普通股东的利润          =归属于普通股东的利润 ┘
```

图1-6 A股标准化利润表及重构后的利润表

在重构的利润表下，经营性EBIT可以和现金流量表中的经营性现金流量净额对应，再加上投资收益后，就可以得到公司经营期内的经济净增加值，也就是可供债权人、权益所有者和税务局一起分的钱。接下来是分账环节，税务局拿走一笔后，剩下的就是可以给债权人、少数股东、其他权益工具所有者和普通股东所有者的部分，这样既可以和资产负债表中的总资产对应，也可以和现金流量表中的"分配股利、利润或偿付利息支付的现金"对应。

在分析的时候也更加方便。衡量资产盈利能力最重要的两个指标是总资产收益率（Return on Total Assets，ROA）和净资产收益率（Return on Equity，ROE），前者用净利润除以总资产，反映资产本身的盈利能力，后者用净利润除以净资产，反映加了杠杆之后权益的回报率。

然而在标准利润表下，净利润和净资产可以形成对应关系，净利润和总资产不能形成对应关系。净利润中已经扣减了利息费用，而总资产中包含有息负债，两者相除并不能反映资产本身的盈利能力，会受到资本结构的影响。

由于分子和分母完全不匹配，传统的杜邦分析没有太大意义，杜邦展开式如下：

$$\text{ROE} = \frac{\text{净利润}}{\text{营业收入}} \times \frac{\text{营业收入}}{\text{总资产}} \times \frac{\text{总资产}}{\text{净资产}}$$

展开式的三项分别是销售净利率、总资产周转率和权益乘数，乍一看似乎没什么问题，但是前两项乘起来就是 ROA，分子和分母不匹配。更加准确的总资产收益率应该用重构利润表中的"债权人 + 权益所有者的收益合计"作分子，暂用"税后经营净利润"代称。因此，更能反映权益净利润 ROE 实质的展开式应该如下，式中的总投入资本指所有者权益 + 资本性负债。

$$\text{ROE} = \frac{\text{税后经营净利润} - \text{税后利息费用}}{\text{所有者权益}}$$

$$= \frac{\text{税后经营净利润}}{\text{总投入资本}} \times \frac{\text{总投入资本}}{\text{所有者权益}} - \frac{\text{税后利息费用}}{\text{资本性负债}} \times \frac{\text{资本性负债}}{\text{所有者权益}}$$

$$= \frac{\text{税后经营净利润}}{\text{总投入资本}} \times \left(1 + \frac{\text{资本性负债}}{\text{所有者权益}}\right) - \frac{\text{税后利息费用}}{\text{资本性负债}} \times \frac{\text{资本性负债}}{\text{所有者权益}}$$

= 经营性资产净利率 + （经营性资产净利率 - 有息负债税后利率）× 净杠杆　式（2）

从式（2）中可以看出，决定 ROE 的首先是资产本身的盈利能力，与资本结构无关。当资产本身的盈利能力大于税后有息负债率时，资本结构的作用就是通过财务杠杆效应，利用两者的差值增加股权投资者的回报率。

那么问题来了，既然重构后的利润表好处这么多，为什么会计制度中不用重构后的报表作为标准化报表？笔者认为原因在于会计制度中要照顾多方利益，投资者并不是使用财务报表的唯一群体。

重构后的报表最大的问题是所得税费用计算复杂，并且难以和税务报表衔接。一方面，在 EBIT 总额的分配中，偿还利息的优先级高于交税，如果还完利息后没利润了，就不用交税了；另一方面，利息具有税盾效应，可以在税前利润中扣除，如果所得税放在利息费用的前面，所得税没法算，因此只能先做出标准化的报表，然后根据需要进行重构。

1.5.2　非经常性损益：兼论政府补助、减值损失和营业外收支

可以看出，上节一直在强调经营利润，努力把报表改成先算经营利润，然后再算怎么分的结构。本节讨论一个更具体的问题：什么叫经营利润？

利润表的主要目的不是用来估值，而是用来验证已经有的估值逻辑，所以经营利润一般不包括非经常性损益，简化处理就等于扣非净利润＋利息费用。那么，什么叫非经常性损益？

按照标准定义，非经常性损益是指"与经营业务无直接关系，或者虽与经营业务相关，但由于其性质、金额或发生频率，影响了真实、公允地反映公司正常盈利能力的各项收入、支出"。但是，会计准则中并没有明确什么叫无直接关系，以及频率多低才算非经常性。实操中，通常参考证监会 2008 年修订的《公开发行证券的公司信息披露规范问答第 1 号——非经常性损益》，回答中列举了常见的 21 种情况，见表 1-5。

表 1-5　证监会 2008 年文件中列举的非经常性损益情况

证监会文件列举的 21 种情况（原文）	通俗解释
1. 非流动性资产处置损益，包括已计提资产减值准备的冲销部分	卖长期资产的价差收益，以及把之前的减值冲回来的收益
2. 越权审批，或无正式批准文件，或偶发性的税收返还、减免	不合规的税收减免

（续表）

证监会文件列举的 21 种情况（原文）	通俗解释
3. 计入当期损益的政府补助，但与公司正常经营业务密切相关，符合国家政策规定、按照一定标准定额或定量持续享受的政府补助除外	朝不保夕的补助；不包括持续性补助及与资产相关的补助
4. 计入当期损益的对非金融企业收取的资金占用费	非银公司特有的项目
5. 企业取得子公司、联营企业及合营企业的投资成本小于取得投资时应享有被投资单位可辨认净资产公允价值产生的收益	记营业外收入，但是一般都是溢价收购，很少有折价的情况
6. 非货币性资产交换损益	与第 1 条类似，相当于处置资产
7. 委托他人投资或管理资产的损益	代理投资，不是自己的能力
8. 因不可抗力因素，如遭受自然灾害而计提的各项资产减值准备	与经营活动无关的减值
9. 债务重组损益	欠钱不还，可以视为记一笔收益
10. 企业重组费用，如安置职工的支出、整合费用等	企业重组，顾名思义，不经常
11. 交易价格显失公允的交易产生的超过公允价值部分的损益	现实中很难判断，是否公允主观性太强，公司肯定说自己公允
12. 同一控制下企业合并产生的子公司期初至合并日的当期净损益	同一控制股权合并的处理，其实算经常性也行，影响不大
13. 与公司正常经营业务无关的或有事项产生的损益	诉讼赔款等，不包括预提费用
14. 除同公司正常经营业务相关的有效套期保值业务外，持有交易性金融资产、交易性金融负债产生的公允价值变动损益，以及处置交易性金融资产、交易性金融负债和可供出售金融资产取得的投资收益	套期保值损益算经常性损益，除此之外的公允价值变动及金融资产处置都算非经常性损益
15. 单独进行减值测试的应收款项减值准备转回	已经计提坏账的钱突然收回来了
16. 对外委托贷款取得的损益	类似第 7 条
17. 采用公允价值模式进行后续计量的投资性房地产公允价值变动产生的损益	类似第 14 条
18. 根据税收、会计等法律、法规的要求对当期损益进行一次性调整对当期损益的影响	兜底条款
19. 受托经营取得的托管费收入	类似第 14 条和第 17 条
20. 除上述各项之外的其他营业外收入和支出	大部分营业外收支
21. 其他符合非经常性损益定义的损益项目	兜底条款

可以看到，证监会列举的 21 条中的大部分符合我们约定俗成的概念，需要格外注意的主要有三点，分别是政府补助、减值损失和营业外收支。

1. 政府补助

政府补助不一定是非经常，具体要看是否持续。在会计上，政府补助是指从政府无偿取得的经济利益流入。政府补助需要满足两个条件：一个是无偿，而且不能是商品对价的一部分，比如可再生能源电价补贴不算政府补助，而是记为主营业务收入；另一个是必须有经济利益流入，不能是减少流出，如税收优惠虽然也算是一种补助，但是不满足会计核算上的定义。

会计核算上，政府补助分为与资产相关和与收益相关两类。通俗来讲，与资产相关就是公司要进行一项资本开支，政府补助一笔资金，专款专用；与收益相关是政府觉得公司利润太低或亏损太大，补助公司一笔钱，没有对应的资产。虽然政府补助原则上也是权责发生制，但是在实际确认时，要求公司有足够强的证据证明确实能收到，而不是仅仅自己"觉得"能收到，因此在实操中，政府补助往往采用收付实现制，收到钱后才记政府补助。

确认政府补助后，如果补助与资产相关，则要先确认"递延收益"。递延收益属于负债科目，相当于来自政府的预收账款，随着资产的折旧摊销，未来将分期挪到利润表的"其他收益"中。

如果补助与收益相关，则需要确认补助的是过去已发生的支出还是未来发生的支出。补助已发生的支出，直接计入利润表；补助未来发生的支出，也是先计入递延收益，等支出发生后再挪到利润表里。在利润表中的科目，如果补助与日常经营活动相关，计入其他收益（补助银行贷款利息即俗称的贴息除外，直接冲减利息费用）；如果与日常经营活动无关，如地震赈灾款，计入营业外收入。详细分类如图 1-7 所示。

现实中，一般情况下与未来支出相关的补助比较少见，与日常经营无关的补助更少见。大部分情况下，与资产相关的补助计入递延收益，与收益相关的补助直接计入其他收益。分析利润表里的"其他收益"时需要注意以下两点。

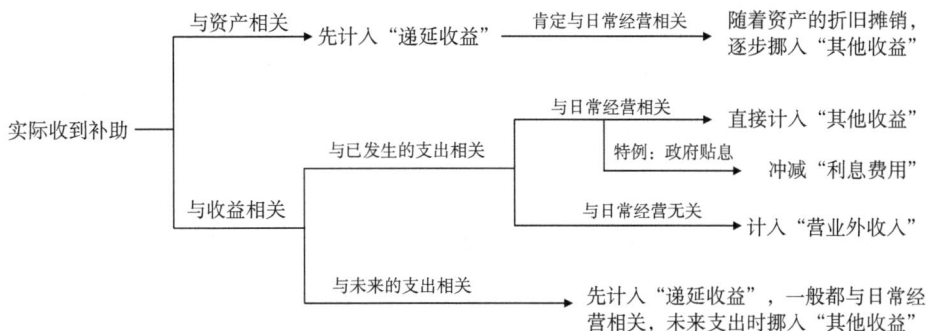

图 1-7 政府补助的分类及会计处理方式

其一，要判断是否是经常性损益，如果其他收益是与资产相关、从递延收益里挪过来的，只要资产寿命没到期，补助年年确认，那么属于经常性；如果是与收益相关的，存在模糊空间，上市公司可以主观判断，这一般会在扣非净利润的附注里注明。

其二，从现金流和商业实质上看，由于通常采用收付实现制，与收益相关的其他收益一定有现金流入（补助未来的情况非常少见）。但是与资产相关的补助，虽然后续确认的其他收益非常有持续性，但现金早就花掉了。

2. 减值损失

根据笔者的观察，日常工作中很多人都认为减值损失属于非经常性损益。但是即便笔者写点评时一般也会格外强调一下，"如果不考虑减值损失，公司的经营性业绩其实是很好的"。之所以用"经营性业绩"而不是"扣非业绩"，是因为笔者知道大部分减值损失不算非经常。

从表 1-5 中可以看到，与减值有关的条款基本都是"冲回的减值属于非经常"，与计提减值有关的条款只有"因不可抗力因素，如遭受自然灾害而计提的各项资产减值准备"，也就是说，除了这一项，其他的减值都是经常性的。减值损失的定义是"资产未来现金流的现值小于当前账面价值的部分"，背后是公司过去经营决策的失误或者未来经营环境的变化，两种情况均对公司的盈利能力有系统性影响，显然不能算非经常。

3. 营业外收支

营业外收支，顾名思义，一看就属于非经常，没有异议。但是，怎么定义营业外收入和营业外支出，就是另一个问题了。营业外收入一般比较少，主要就是卖资产或者中彩票，而且存在模糊空间时，上市公司不愿意记营业外收入，能记主营业务收入的一定记主营业务收入，再不济也要记成其他业务收入。很多公司的主营业务收入明细中，往往还藏着一个"其他"，关注一下这个"其他"，可能别有洞天。

相比之下，营业外支出的类型就多了，打雷把楼劈了、遇到小偷等不可预见事件，各种说不清道不明的成本，都有可能放进营业外支出，毕竟放进去就不影响扣非业绩了。假设有一辆货车，开着开着车胎爆了，如果是正常磨损，就算主营业务成本，如果是被人蓄意扎了，就算营业外支出。现实中，要实事求是地进行区分。

营业外支出与减值损失也可能存在模糊空间，还以这个货车为例加以说明。假设物流公司之前预计主营业务是运送干散货，买了一套运送干散货的车胎，但是实际接的业务却是运送大宗商品，之前买的车胎不能用，"未来现金流的现值小于当前账面价值"，应该计提减值损失。但是现实中，很可能按异常报废处理，算作营业外支出，大家要注意。

还有一类营业外支出，比如给山区修一所小学，给村里修一条公路，这些慈善支出属于营业外支出。但是实际上很多支出是开展主营业务的必要条件，比如公司想开发村里的矿山，通常需要先给村里修一条路。虽然在会计上通常算作营业外支出，但是更准确的方式应该是记为资本开支的一部分或者主营业务成本。

综上所述，营业外收入一般没啥问题，凡是记在营业外收入里的，一般都是实在不能记为主营业务收入的；但是营业外支出需要格外留意，很多营业外支出并没有那么"非经常"。

1.5.3　资产负债变化生成的损益：谨慎原则下的配平副产物

除了经营性收益外，利润表中还有一些科目，本质上是资产负债表中的部分资产和负债按照公允价值计量，公允价值变化后，会计恒等式（资产 = 负债 + 所有者权益）不再平衡，需要同步调整所有者权益。

调整所有者权益有两种方法：一种是调整其他综合收益，主要用于公允价值变幻莫测或者过于依赖主观判断的情况，如表 1-4 中列举的场景；另一种是同步影响利润表，进而影响结转的未分配利润，主要用于公允价值主观性因素较少或者监管层认为比较重要的情况，最典型的情况有汇兑损益、公允价值变动损益和减值损失三种。

减值损失本质上也是一种公允价值变动损益，只不过在会计科目上，减值损失主要针对非金融资产，后者主要针对金融资产。此前章节对减值损失已有较多讲解，本节不再赘述。

1. 汇兑损益

汇兑损益的产生途径主要有两类：一类是外币兑换，另一类是外币折算。外币兑换产生的汇兑损益一般都是汇兑损失，如公司账上有 1 美元现金，美元兑人民币汇率为 1∶7，公司资产负债表上应列示 7 元人民币。假设公司去银行将 1 美元现金换成人民币，因为银行还要获得收益，公司可能只能收到 6.9 元人民币，差额 0.1 元人民币就要记汇兑损失，列入财务费用的二级科目。通常情况下，外币兑换产生的汇兑损失金额都不大，相当于一笔手续费。

真正影响利润表，而且可能是巨额影响的，是外币折算带来的汇兑损益。外币折算就是将外币项目在报表中折算为人民币计价，汇兑损益的产生只与资产负债表有关，和收入、成本无关。比如，公司在美元兑人民币汇率 1∶6 时获得 1 美元收入，利润表中就记 6 元人民币收入；如果美元兑人民币汇率涨到了 1∶7，不会对上一笔收入产生任何影响，利润表是流量表，发生一笔记一笔，如果再有新收入按照 1∶7 的汇率折算即可，自始至终都不会产生汇兑损益。

外币折算损益与资产负债表相关，本质上也是"公允价值变动损益"。会计准则将资产分为三类，分别是货币性资产（货币资金、应收账款、持有至到期的债券等）、一般非货币性资产（固定资产、无形资产等）和以公允价值计量的非货币性资产（交易性金融资产等）。负债一般都是货币性负债（还本付息是还现金，不是还实物）。

其中，外币货币性资产和负债发生汇率变动时，都会产生汇兑损益，汇兑损益＝资产或负债净额 ×（期末汇率－期初汇率）。比如，公司拥有 1 美元负债，期初美元兑人民币汇率为 1∶6，期初资产负债表上按 6 元人民币列示，假设期末美元对人民币汇率上升至 1∶7，资产负债表上就要按 7 元人民币列示，负债增加 1 元人民币，在报表配平要求下，产生 1 元人民币汇兑损失。

一般非货币性资产按照初始入账时的汇率计量，后续的汇率变化没有影响。比如，公司用 1 美元购买设备，购买时美元对人民币汇率为 1∶6，资产按照 6 元人民币入账，后续汇率变化没有影响。

以公允价值计量的非货币性资产处理相对复杂，但是汇率发生变化时都会影响损益。主要科目及影响方式见表1-6。

表 1-6　常见外币资产负债在汇率变动时影响的利润表科目

外币资产负债类型	具体资产负债科目	汇兑损益计入科目
货币性资产	货币资金、应收账款、持有至到期投资	财务费用——汇兑损益
一般非货币性资产	固定资产、无形资产等	历史成本计量，不产生汇兑损益
按照公允价值计量的非货币性资产	交易性金融资产（FVPL）	公允价值变动损益
	其他权益工具投资（FVOCI）	其他综合收益
	存货（可变现净值以外币确定）	资产减值损失
货币性负债	负债一般都是货币性负债	财务费用——汇兑损益

由于与资产和负债联动，汇兑损益没有则已，一旦有，就可能动辄影响利润几十亿元。现实中，最常见的外币组合是借货币性负债买非货币性资产，

但是会计准则只认负债不认资产，两者并不对等，在发生汇率变化时，会产生以下三种情况（以外币升值为例）。

（1）公司借美元负债买美元资产，资产产生美元收入。如果美元升值，折算规则只认负债不认资产，公司负债变多，产生汇兑损失。但是，由于通常资产＞负债，虽然产生了汇兑损失，理论上公司是受益的，资产产生的收入可以折算成更多的人民币，增加营业收入。

（2）公司借美元买资产，无论资产用什么币种计价，资产产生的收入是人民币。美元升值意味着负债变多，产生汇兑损失，公司也是受损的，未来要用更多的人民币还债，这更符合汇兑损失的本意。

（3）还有一种很特殊但很常见的情况，主要发生在离岸市场，如港股公司在海外发行的、以港币计价的人民币债券（类似 A 股公司以人民币计价美元债），相对于港币，人民币就是外币，如果人民币升值，港币计价的负债就会变多，港股公司就需要用更多的港币换人民币，从而产生汇兑损失。

但是港股公司业务都在内地，资产产生的收入也是人民币，实操中可能就是人民币还人民币，只是在会计记账上，要视为"人民币先换成港币，然后用港币还人民币"，会计准则只认逗号后面的半句，不认逗号前面的半句，所以人民币升值会产生汇兑损失，但是没有任何实质影响。

需要强调一点，只有在海外发行的、以港币计价的人民币债券才会产生汇兑损益，港股公司在内地银行的借款不会产生汇兑损益。

可以看出，由于汇兑损益对货币性负债、非货币性资产组合的确认规则不对等，导致虽然计提了汇兑损失，但既可能是正影响也可能是负影响，甚至还可能没有影响，这点值得留意。

除此之外，还有一个与汇兑损益相近的概念，即"外币财务报表折算差额"。该科目不针对具体某一项外币资产或负债，而是公司直接拥有一个境外运营的子公司。子公司并表时，资产和负债按照期末资产负债报表日的汇率折算，利润表及结转的未分配利润，按照报告期加权平均的汇率折算，两者的折算差值就计入"外币财务报表折算差额"，该科目列入其他综合收益中。

子公司未来分红时，公司收到的钱要按照分红时的汇率折算，所以这部分其他综合收益未来会重分类进损益。

2. 公允价值变动损益

公允价值变动损益是更典型的"资产负债表配平副产物"，主要发生在交易性金融资产、交易性金融负债、公允价值套期工具、以公允价值计量的投资性房地产等科目中。公允价值变动损益与经营活动无关，是公司报告期内相关投资获得的浮盈。需要注意的是，除了股票、债券等流动性极佳的品种，很多投资是没法快速出售变现的，所谓的浮盈可能永远是浮盈，典型如投资性房地产。

1.5.4 利润总额的流向：所得税、少数股东损益和归母净利润

所得税、少数股东损益和归母净利润可以统称为利润总额的流向，它决定了报告期经营成果的分配。利润表中的每一项都是基于权责发生制原则的，这三项也不例外，尤其容易被忽略的是所得税。

1. 所得税

所得税全称为"所得税费用"，是权责发生制原则下确认的"应该在本期确认的所得税费用"，和"本期应该交的所得税"是两个概念，因为还有递延所得税。会计报表和税务报表存在差异，很多科目财报规则和税法规则的确认时间点不一致，还有些科目税法规则根本就不认可。

确认时间点不一致的科目如坏账准备。会计报表在"公司'觉得'可能是坏账"时提前计提减值，而税法只认可"真正收不回来"时确认损失。损失确认的时间点不一样，导致当期会计报表和税务报表中的利润不一样。

税法不认可的情况如超过标准的业务招待费，税法规定业务招待费占营业收入的比例不能超过一定百分比，超过的部分不能税前抵扣。再如权益法核算的投资收益和政府补助，前者已经在对方报表处扣过税了，税法不二次扣税，后者则直接规定不用交税。

税务报表和会计报表有时间差的科目会生成"递延所得税资产"和"递延

所得税负债"，税法不认可的科目在计算所得税时直接扣掉。所以，利润表中的"所得税费用"计算方法非常简单，直接等于（利润总额－不征税收入＋不抵税费用）× 所得税率，不征税收入和不抵税费用就是上述税法不认可的科目。

但是本期实际应交所得税的计算方法非常复杂，需要通过规则完全不同的税务报表重新计算应纳税所得额。利润表中的"所得税费用"和税务报表中的"本期应交所得税"（也叫当期所得税费用，影响资产负债表和现金流量表）的差额称递延所得税费用。

综上所述，利润表中的所得税费用＝当期所得税费用＋递延所得税费用（未来年份再交），递延所得税费用＝本期新增的递延所得税负债－本期新增的递延所得税资产。用会计分录理解如下：

借：所得税费用 ［＝（利润总额－不征税收入＋不征税费用）× 所得税率］
　　递延所得税资产（由税务报表和会计报表的差异产生）
　贷：应交所得税（又称当期所得税费用，根据税务报表计算，非常复杂）
　　递延所得税负债（由税务报表和会计报表的差异产生）

利润表中的所得税费用非常好算，对权益投资者比较友好；现金流量表中的所得税支出非常难算，对债券投资者很不友好。我们在做未来报表配平时，一般是简化处理，假设递延所得税资产和负债不变，但是在研究历史报表时，递延所得税资产和负债是非常好的帮助我们识别上市公司财务调节的工具，具体方法见 4.8 节。

2. 少数股东损益和归母净利润

少数股东损益就是净利润中归属于少数股东的部分，等于每个控股子公司的净利润乘以少数股东持股比例，净利润减去少数股东损益就得到归母净利润。因为少数股东损益分布在不同的子公司中，因此少数股东损益占净利润的比例不是恒定值，正是这个特性使得少数股东损益成为一个非常重要的工具，很多时候公司并非只有一项业务，但是没有披露分部业绩，我们可以通过少数股东损益进行推算。

例如，假设某公司有两个业务板块，分布在 X 和 Y 两个子公司中，季报一般不会披露 X 和 Y 分别的利润，但是我们知道公司持有子公司 X 的比例是 a，持有子公司 Y 的比例是 b，可以利用少数股东损益联立方程求出 X 和 Y 分别的利润：

$$\begin{cases} aX+bY= 归母净利润 \\ (1-a)X+(1-b)Y= 少数股东损益 \end{cases}$$

如果更复杂一点，比如有三家子公司 X、Y、Z，那么两个方程就不够了，但是可以采用资产组的方式，将其中两个公司视为一个，求出资产组的利润，再根据经验判断。

1.6　现金流量表：收付实现制下的现金收支

现金流量表基于收付实现制，记录了公司每一笔资金往来。在现实中编制报表时，由于企业一个报告期内的现金往来过于复杂，一笔一笔梳理实在太耗时间，企业一般也是先得出利润表，然后再梳理一下自己新增了多少资产和负债，根据三张报表的逻辑关系"推算"出自己的现金流。

经营性现金流是企业经营行为下实现的现金往来，"推算"过程有直接法和间接法两种，两套体系同样重要，不能厚此薄彼。投资性和筹资性现金流是企业长期资产和投入资本的形成过程，有助于帮助我们进行未来业绩预测与估值。

1.6.1　经营性现金流：直接法与间接法，两套体系同样重要

推算经营性现金流量，有直接法和间接法两种。

简单来说，直接法是从利润表的营业收入开始，自上而下一直梳理到净利润，跳过利息费用（视为筹资性）、投资收益（视为投资性）及减值损失、

公允价值变动等不涉及现金的项目。收现类科目再加上增值税销项税额就是报告期内"应该收到的钱"，付现类科目再加上增值税进项税额就是"应该支付的钱"。

　　然后梳理资产负债表中除货币资金以外的所有资产和负债科目，跳过与投资性和筹资性活动有关的科目及公允价值计量的科目，其余的资产项目增加就是"没有收到的钱"和"提前支付的钱"，其余的负债类增加就是"没有支付的钱"和"提前收到的钱"。

　　最后将利润表和资产负债变化进行归类，经营活动现金流入 = 应该收到的钱 - 没有收到的钱 + 提前收到的钱，经营活动现金流出 = 应该支付的钱 - 没有支付的钱 + 提前支付的钱，如图 1-8 所示。过程虽然看起来非常复杂，但我们做预测时可以简化处理，假设增值税一进一出没有结余，不考虑增值税，剩下的就是细心地逐个科目对利润表和资产负债表进行梳理，且保证不遗漏。

A股标准化利润表

营业收入
　- 营业成本
= 毛利
　- 销售费用
　- 管理费用
　- 研发费用
　+ 利息收入
　- 利息费用　×
　+ 其他收益
　+ 投资收益　×
　+ 减值损失　×
= 营业利润
　+ 营业外收支
= 利润总额
　- 所得税
= 净利润
　- 少数股东损益
= 归母净利润

直接法现金流量表

经营活动现金流入=
　+ 应该收到的钱（营业收入 +营业外收入 +增值税销项税 + 利息收入 +与当前收入相关的其他收益）
　- 没有收到的钱（应收账款、合同资产、应收利息净增加）
　+ 提前收到的钱（预收账款和合同负债的净增加）
　+ 其他经营活动收到的现金（实际收到的政府补助等）

经营活动现金流出=
　+ 应该支付的钱（需要付现的营业成本 +需要付现的除利息费用以外的期间费用 +需要付现的营业外支出 +本期采购的存货结余 +增值税进项税 +各类税金及附加）
　- 没有支付的钱（应付账款、应付票据、应付职工薪酬、应交税费的净增加 +递延所得税费用）
　+ 提前支付的钱（预付账款净增加）

经营活动现金流量净额=流入-流出

图 1-8　标准化利润表与直接法经营性现金流量

直接法现金流量表的形成过程看起来很直观，但是最终呈现的结果不会披露"没有收到的钱"和"没有支付的钱"，我们只能看出实际收到多少钱和实际支付多少钱，很难直接看出现金流量净额与净利润的差别出在哪里。而且可能流入和流出的量级都非常大，净额的量级却非常小。

为了解决这个问题，间接法应运而生。用间接法推算经营性现金流量的思路是从净利润入手，把投资收益扣掉、利息费用加回，然后再把没有付现的成本加回去，没有收现的收入减掉。但是需要注意的是，扣掉的投资收益是利润表里权责发生制的投资收益，而非实际收到的分红；同理，加回的利息费用是利润表里的应计利息，而非实际支付的利息。利息收入一般视为经营性流入，间接法计算时不用调整。

整个过程非常的不直观，初学的时候很多人会有疑惑，为什么在现金流量表里，不用实际收支的现金。之所以这么不直观，是因为正如我们在1.5.1节中所述，A股标准化的利润表与其他两张报表不匹配，如果用重构后的利润表，间接法就会很直观。之所以要加回利息费用、扣掉投资收益，是因为间接法真正的起点并非净利润，而是经营性EBITDA，对利息费用、投资收益、折旧摊销等科目的处理，都是为了算出EBITDA。

然后从EBITDA入手，先扣掉实际交的所得税，再减去营运资本的净增加（相当于直接法里"没有收到的钱""没有支付的钱""提前收到的钱"和"提前支付的钱"）；再扣掉利润表中不涉及现金的变化，如公允价值变动损益、资产减值损失等；最后再加上不进利润表、直接计入资产负债表的经营性项目，如收到的与资产相关的政府补助、增值税结余等，得到经营活动的现金流量净额，如图1-9所示。

在与净利润的衔接方面，间接法比直接法更直观，直接展示了从净利润如何调整到经营性现金流量净额，以及经营性EBITDA和经营性现金流量净额的关系，更方便我们对公司进行盈利预测和估值。但是，如果我们手里只有标准化的利润表，间接法现金流量表确实不好搭，建议先通过直接法算出"标准答案"，然后再用间接法把答案凑出来。

重构后的利润表

营业收入

　－不含折旧摊销的营业成本

　－不含折旧摊销的营业支出

　＋其他收益

　＋减值损失

　＋营业外收支

＝**经营性EBITDA（息税折旧前利润）**

　－折旧摊销

＝**经营性EBIT（息税前利润）**

　＋投资收益

＝**息税前利润总额**

　－所得税

　－利息费用

＝　净利润

　－少数股东损益

＝**归属于母公司所有者的利润**

间接法经营性现金流量表

净利润

　＋利息费用（并非实际支出）

　＋所得税（利润表中的所得税）

　－投资收益（利润表中确认的投资收益）

　＋折旧摊销

＝**经营性EBITDA**

　－实际交的所得税

　－营运资本的净增加

　－公允价值变动损益

　－减值损失

　－其他不涉及现金流的利润表项目

　±直接计入资产负债表的经营性项目

　　（如递延收益、待抵扣进项税结余等）

＝**经营性现金流量净额**

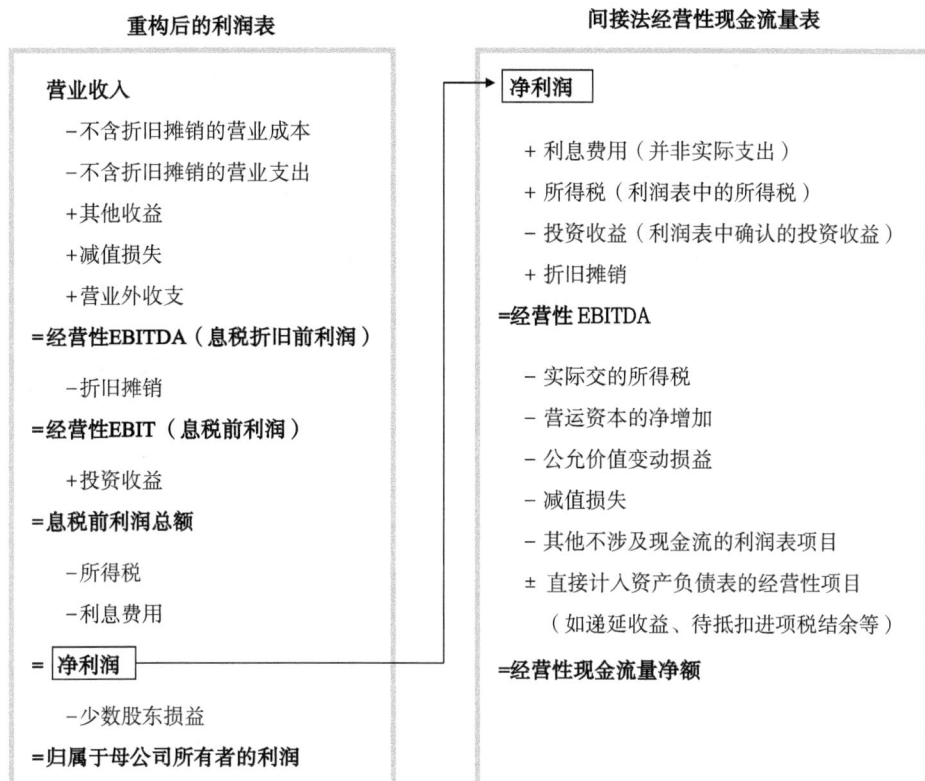

图 1-9　重构后的利润表与间接法经营性现金流量表

A 股市场要求上市公司在财务报表正文中披露直接法现金流量表，并且在附注中补充间接法经营性现金流。港股市场对现金流量表的披露方式没有明确规定，大部分公司只披露间接法现金流。从本质上说，间接法计算现金流量属于"净额法"，而直接法属于"总额法"，总额法虽然直观度不足，但是信息量要大于净额法。如果只看间接法，我们不知道公司单向分别流入和流出了多少现金。

直接法现金流量的优点在于回顾，"销售商品、提供劳务收到的现金"与营业收入对应，"购买商品、接受劳务支付的现金"与营业成本及期间费用对应，如果想让经营性现金流量净额与净利润匹配，必须让现金的流入和流出都匹配，这极大地增加了财务舞弊的难度。因此，直接法现金流量更方便我们判断营业收入的质量和进行财务舞弊的识别。直接法和间接法缺一不可，都很重要，不能厚此薄彼。

1.6.2 投资性和筹资性现金流：长期资产和投入资本的形成过程

现金流量表剩余两部分是投资活动现金流量净额和筹资活动现金流量净额，都属于直接法计算，通过流入和流出得到净额。

投资活动现金流量的流入和流出是不对等的，不考虑处置固定资产这种非经常性情况，一般只有与金融资产有关的现金流入，如投资收益收到的分红、卖出金融资产才算投资活动现金流入。但是对于投资活动现金流出，只要不是支付给股权人或债权人，然后不归类为经营活动现金流出的，一律算投资活动现金流出，如买入金融资产、固定资产、资本化的研发支出、对外股权投资等，范围比投资活动现金流入要大。一个典型案例如下。

假设有一个现成的固定资产，每年可以产生一定的收入和现金流入。

情景1：公司直接把固定资产买过来。

情景2：卖家成立一个空壳子公司，把固定资产装到子公司里，公司把子公司买过来。

情景3：卖家成立一个空壳子公司，把固定资产装到子公司里，公司只买一部分股权。

在情景1中，买入固定资产的支出算"购建固定资产、无形资产和其他长期资产支付的现金"，属于投资性现金流出，固定资产产生的收益算经营性现金流入。情景2中，买入股权的支出算"取得子公司及其他营业单位支付的现金净额"，也属于投资性现金流出，但是收购的子公司要并表，产生的收益也算经营性现金流入。只有在情景3中，买入股权的支出算"投资支付的现金"，收到的分红算"取得投资收益收到的现金"，归入投资活动流入的现金范围非常窄。

此外，现行规则下的投资活动现金流有一个很大的弊端，很多公司喜欢对金融资产进行频繁交易，以赚取买卖价差，导致"收回投资收到的现金"和"投资支付的现金"都非常多，使得投资活动的单向流入和流出金额失去意义。

因此，在实际研究中，投资活动现金流中值得关注的科目主要就两个，分别是"购建固定资产、无形资产和其他长期资产支付的现金"和"取得投资收益收到的现金"。前者就是公司的资本开支，它决定了公司未来固定资产、无形资产的增长，乃至远期的利润表。后者反映了投资收益的质量——是实实在在能收到分红还是单纯的应收挂账。

筹资活动现金流量就是公司与股权人和债权人发生的现金往来，是公司获得的投入资本及投入资本获得的现金回报，具体包括四大部分：债权人给的钱（新增/偿还银行贷款及债券的本金）、股权人给的钱（增发股份）、给债权人的收益（利息支出）和给股权人的收益（分红）。

需要注意的是，我们看的一般都是合并财务报表，少数股东也是股权人，"吸收投资收到的现金"中包括少数股东给的钱。通常情况下，母公司募来钱后，要对子公司增资，少数股东一般都会等比例跟进。分红时也一样，母公司用于分红的钱一般是子公司先分给母公司的，子公司分红时也有少数股东的份。对于债务的利息支出，相当一部分债务是子公司借的，母公司和子公司各自的债务，谁借的谁还。

我们在图 1-6 中展示了有多层嵌套子公司情况下的股权结构，股权结构就是股东出资形成的。图 1-10 展示了有多层嵌套子公司情况下股利分配和利息支出，分配股利时，一个层级一个层级地分，每一个层级内部人人平等。

除了现金流量表中的三种活动现金流外，还要掌握一个概念即自由现金流。自由现金流是企业经营活动收到的现金流扣除必要的资本开支后，留给股权人和债权人的净额合计。我们将在 2.2 节中详细讲解自由现金流。这里先强调一点，自由现金流不等于筹资活动现金流量净额，自由现金流是给予回报的能力，而筹资活动现金流量净额是实际给了多少净回报。

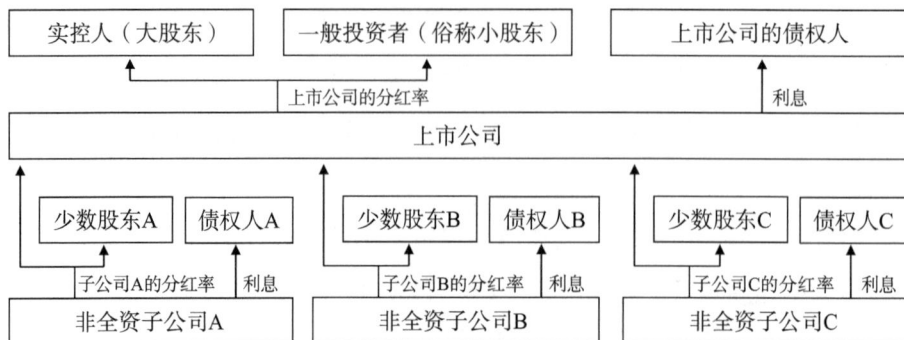

图 1-10　合并报表中的股利分配和利息支出示意图

在现金流量表中，可以将自由现金流近似理解为经营活动现金流量净额＋投资活动现金流量净额，或者等于年度现金及现金等价物净增加额－筹资活动现金流量净额。

第 2 章

回归统一的估值体系：
相关不等于因果，切忌刻舟求剑

    本章我们介绍估值体系。在本书的架构中，估值体系部分处于承上启下的位置。我们在第 1 章讲解了财务报表的基本原理，但是真实投研是一个动态博弈的过程，我们看到的可能是上市公司想让我们看到的。

    识别上市公司的财务调节细节，首先需要理解估值体系。每种估值方法都有特定的适用范围和潜在陷阱。上市公司可能正是利用这些局限性，在财务报表中对我们进行"定向投喂"。相关不等于因果，切忌刻舟求剑。

2.1 第一性原理：归纳总结不能代替逻辑推理

从底层逻辑上看，估值体系主要分为两个流派，一个是"归纳总结"，另一个是"逻辑推理"。我们上学时学的估值方法如资本资产定价模型（Capital Asset Pricing Model，CAPM）、DCF、股利折现模型（Dividend Discount Model，DDM），以及各种衍生变体基本都属于"逻辑推理"，先给定一组假设，得到未来现金流，再根据课本上的一套公式算出股票值多少钱。笔者在做第一份实习的时候，曾经满怀期待、摩拳擦掌，准备把学校学的东西用于实战，但是发现带我的人根本不用这些东西，学校学的估值体系和大家实战用的估值体系之间存在一个无比宽阔的鸿沟。

实战用的估值体系大多属于另一个流派——"归纳总结"。每个行业都有不同的估值方法，每种估值方法都看重不同的指标，比如我们经常听到的，某某行业主要看市盈率（Price Earnings Ratio，PE），另一个行业主要看市净率（Price-to-Book Value，PB），多高增速的公司应该给多少倍 PE，周期股跌到多少倍 PB 就算见底。可以试着通过寥寥几个参数来判断公司当前的估值水平是高估还是低估，比如看一下 PE、PB 的历史分位数，对比一下业绩增速、利率环境。

笔者认为这些所谓的体系其实都是历史经验的"归纳总结"，都是现象，严格来说并不能称为"体系"（虽然往往更实用）。

大部分"归纳总结"都有假设条件和适用范围，但是由于现实中的干扰项实在太多，我们有时候可能都不知道结论所依赖的隐含假设是什么，所以直接将结论推广就非常容易刻舟求剑。归根结底，证券研究有两个天然死敌，第一个是时间序列，第二个是有限样本，它们使得绝大部分归纳总结都无法获得数学意义上的"严格证明"。

时间序列是指证券研究用的大部分数据，包括股价在内都是时间序列数据。时间天然有先后，人类的大脑会下意识地将两个前后发生的事情及同时发生的事情理解为因果关系。其实两者的关系可能只是相关，而非因果。

例如，我小时候发现我在长高的同时，门口的树也在长高，因此我得出结论，树长高导致了我长高，我还可以画出两条曲线"证明"这个结论。这个结论一时半会还没法证伪，过了一段时间，树长高了，我也确实长高了。直到过了很长很长的时间，树继续长高，我不再长高时，预期才会破灭。

有限样本是指我们都是凡人，没法做到全知全能，我们能观察到的样本是有限的。最常见的两种偏误是幸存者偏差和自选择偏误。

幸存者偏差是说，我们有时候只能看到硬币的一面，如一场战斗后检查飞机的中弹部位，发现机翼上的弹孔多、油箱上的弹孔少，但是不能说明机翼容易中弹，因为机翼中弹的飞机都飞回来了，油箱中弹的飞机并没有飞回来。

自选择偏误是说解释变量不是随机的，而是选择的结果，如考试之后统计成绩，发现不上补习班的人成绩更好，由此认为上补习班会导致成绩下降，但是事实恰恰相反，上补习班的人成绩差，是因为只有成绩差的人才会上补习班。

回到估值体系，归纳总结出来的结论总会有时代的烙印，烙印里就有属于这个时代的一连串外生假设，身处其中可能感受不到。但是时代会变化，当版本更新时，很多一直充当背景板的假设就变了，很多之前被视为金科玉律的结论不再有效，玩法也必须转变。相比之下，基于逻辑推理的估值体系，只要逻辑本身没有瑕疵，就不会受到版本更新的影响，理论上可以做到以不变应万变，这就是为什么课本上讲的都是逻辑推理。

然而在实际应用中，课本上最原始的 DCF 模型及相关变体（所有逻辑推理的起点）都有一个缺陷：虽然逻辑足够严谨，但是实际算出来的结果敏感性非常高，基本没法用。因此，很多人就认为课本上讲的东西没什么用。

笔者认为，导致这一现象的根本原因在于很多教科书的编写有问题，DCF 模型最有价值的地方是告诉我们什么决定了股价、需要讨论哪些参数、每个参数的重要性及敏感性如何，哪些是强假设、哪些是弱假设，以及通过 DCF 模型推导 PE、PB、EV/EBITDA（企业价值倍数）等相对估值法时，需要固定住哪些条件，什么时候这些条件会发生变化，导致相应的估值指标失效。

也许是基于考试目的，我们的课本里很少讲这些更本质的、有启发性意义的东西，反而喜欢直接给定一串假设的数值，考察我们利用公式计算推导的能力。相比之下，这些更有意义的思考就显得有些次要了，注册会计师、特许金融分析师中更少涉及，毕竟不方便标准化考试。

在本章中，笔者尽可能坚持第一性原理，坚持从逻辑推理出发，探讨 DCF 模型带给我们的启示及 DCF 模型中存在的问题；然后过渡到相对估值法，从核心假设入手，探讨 PE、PB 估值的局限性，以及可能存在的陷阱；最后以长江电力为例，复盘公司估值体系的变化及背后的基本面背景。

在本书的整体架构中，本章估值体系部分处于承上启下的位置。第 1 章整体上属于"静态分析"，假定报表是客观存在的。第 3 章和第 4 章分别介绍非法的财务造假与合法的财务调节，涉及与上市公司的互动，只有理解估值体系才能更好地理解上市公司如何调节报表。从第 3 章开始，本书将回归财务报表主线，内容正式由"静态分析"升级至"动态博弈"。

2.2 一切估值体系的起点：DCF 模型告诉了我们什么

DCF 模型是所有估值体系的起点，PE、PB 等相对估值法都是在 DCF 模型的基础上，引入一些额外假设后简化处理得到的。虽然现实中直接适用 DCF 估值的公司少之又少，但是 DCF 模型的启发意义是至高无上的。

2.2.1 从财务报表到估值体系：账面价值与内在价值概念回顾

DCF 模型是证券估值中最基础的理论，地位堪比数学中的"公理"。投资者购买证券，无论是股权类还是债权类，唯一目的就是获得经济回报，而经济回报的最终体现形式就是分钱。DCF 模型就是用一定的折现率将公司"未来预期的现金流"全部折现到现在，得到公司的内在价值。

在具体展开之前，我们先回顾两个概念，即权益的账面价值与内在价值。

首先看会计恒等式即资产＝负债＋所有者权益，公式左边描述公司有多少资产，右边描述资产属于谁。但是正如我们在第 1 章所说，更准确的表达式其实是所有者权益＝资产－负债。资产的记账以历史价值为主，以公允价值为辅，公允价值主要针对少数有公开市场价格的金融资产和投资性房地产，当然，固定资产的减值测试也属于广义的公允价值计量。

然而，一方面，除了少数变现能力极强的交易性金融资产外，大部分金融资产和投资性房地产的公允价值都是"报价"，和实际出售时的价格可能相差甚远；另一方面，减值测试只能将资产的价值往下调，不能往上调，资产的增值部分无法体现在资产负债表中。因此，根据作价差额得出的所有者权益，账面价值是很不准确的，既有水分，也有被低估的部分。

进一步看所有者权益自身的构成，期末归属于母公司普通股东权益的账面价值＝上一期期末的账面价值＋本期发股＋本期归属于母公司普通股东的净利润＋不进入利润表的其他综合收益变化－本期分红。如果不考虑发股和其他综合收益变化，影响期末权益账面价值最主要的因素就是利润表里赚了多少钱。利润表是基于权责发生制原则的，一方面收入成本的确认方法存在操作空间，另一方面钱能不能收回来及什么时候收回来都是不确定的。

与账面价值对应的是内在价值，内在价值是未来预期现金流的折现值，毕竟只有到手的钱才是真的钱，内在价值是基于收付实现制原则的。最终，我们需要比较的是内在价值与市场价值（当前股价）的相对高低，和账面价值无关。

但是，账面价值是内在价值的显现形式，绝大部分资产的价值创造能力是有限的，过高的超额收益很难长期持续，所以内在价值无法过度偏离账面价值。内在价值与账面价值的比值就是预期的合理 PB，PB 没法太高。反过来，如果一个公司长期拥有极高的 PB，并且得到市场认可，那么一定是公司的账面价值本身有问题，例如历史价值严重偏离公允价值，或者很多影响公司盈利的关键因素不满足会计上的资产确认条件，没有体现在资产负债表中。

至此，我们可以从估值体系的角度重新审视三张报表。收付实现制是最符合人们朴素观念的记账方式，影响企业内在价值的现金流，最终也要落到收付实现制。但是会计报表，尤其利润表却是基于人为规定出来的权责发生制，中间特意绕了一下。

之所以采用这种安排，是因为现实中的资金往来过于复杂：本期收到的钱可能是上一期赚的，本期赚的钱可能下一期才能收到，而且更关键的是，现金往来的具体时间点可能不可控，不考虑坏账的情况，公司只能说本期赚的钱"早晚"能收到，但是具体是本期还是下期还是下下期收到，公司自己都不知道，何况投资者。

在这种情况下，净利润就要比现金流平滑得多，现金流很难直接预测，稍微远期一点的，就只能假设权益现金流近似等于净利润，或者再对一些折旧占比高、可预测性强的公司进行微调。从长周期来看，只要这个周期长到能够覆盖所有的经营性周转、长期资产使用年限、浮盈浮亏最终兑现，权益现金流将严格等于净利润，换句话说，净利润本身就是对权益现金流的一种平滑处理，更方便我们对公司的未来进行估值，实现"模糊的正确"。

2.2.2 DCF 模型带来的思考：什么决定了股价及其涨跌

既然大家都是等着最后分钱，那么把需要定价的现金流按照一定的折现率折现到现在就好。在式（1）中，CF（cash flow）表示被定价资产的净现金流，它可以是股权现金流、股息、利息、公司整体自由现金流等中的任何一个，r 表示与现金流匹配的折现率。对于每种现金流的计算方法及对应的折现率的讨论我们放在下节，本节主要从整体角度探讨 DCF 模型的特点。

$$P = \frac{CF_1}{(1+r)^1} + \frac{CF_2}{(1+r)^2} + \frac{CF_3}{(1+r)^3} + \frac{CF_4}{(1+r)^4} + \frac{CF_5}{(1+r)^5} + \cdots \qquad 式（1）$$

DCF 模型之所以被称为绝对估值法，是因为 DCF 模型里的所有参数都与公司自己有关，不依赖其他可比公司的估值。理论上，只要我们知道公司未来每一期的现金流，再给一个折现率，就可以精确求出每一种证券的价值。但是在现实中，固定收益类证券还好，想知道权益类证券的准确现金流几乎是不可能的，我们只能根据有限的信息去"展望"。以下为三种常见的现金流变化趋势假设，现金流走势如图 2-1 所示。

式（2）是零增长模型：假设未来的现金流保持不变，公司等价于永续债，股价化简后的结果就是现金流除以折现率，或者反过来说，折现率就是投资者可以接受的股息率，股价根据合理股息率倒推得到。

式（3）是永续增长模型：假设未来现金流以一个恒定的增速永续增长，股价化简后的结果＝现金流 ÷（折现率－永续增长率）。然而在现实中，永续增长的企业基本是不存在的，而且估值结果对永续增长率过于敏感。

式（4）是更加贴近实际的三阶段增长模型：第一阶段是显性期，根据详细模型预测出未来几年的准确业绩；第二阶段是半显性期，假设一个增速和增速的持续时间，最终到达第三阶段稳定期。

很多课本会给出一个非常复杂的三阶段模型化简公式，但是笔者认为这些公式只有考试意义，所以不必非得是三阶段，也可以是四阶段。三阶段只是一个虚指，这个模型的意义在于说明，任何企业都是有天花板的，高速增长不可持续，最终一定会过渡到一个平台期，进入零增长阶段，甚至逐步衰退。

$$P = \frac{CF}{(1+r)^1} + \frac{CF}{(1+r)^2} + \frac{CF}{(1+r)^3} + \cdots = \frac{CF}{r} \qquad \text{式（2）}$$

$$P = \frac{CF}{(1+r)^1} + \frac{CF \times (1+g)}{(1+r)^2} + \frac{CF \times (1+g)^2}{(1+r)^3} + \cdots = \frac{CF}{r-g} \qquad \text{式（3）}$$

$$P = \frac{CF}{(1+r)^1} + \frac{CF \times (1+g_1)}{(1+r)^2} + \frac{CF \times (1+g_1)^2}{(1+r)^3} + \cdots + \frac{CF \times (1+g_2)^{n-1}}{(1+r)^n} + \cdots \qquad \text{式（4）}$$

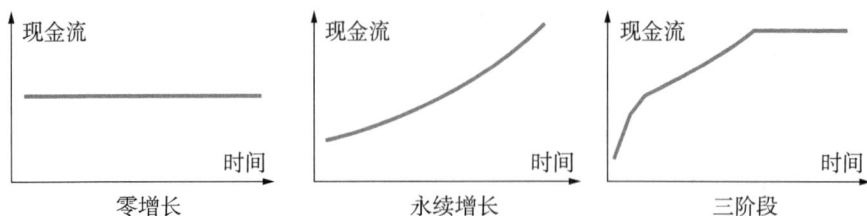

图 2-1　三种常见的简化模型

三阶段增长模型可以适用于绝大部分公司，虽然我们可能很难预测准确的参数，但是三阶段增长模型可以告诉我们哪些参数决定了股价，以及股价对这些参数的敏感性。以一个简单的三阶段增长模型为例。

假设某公司未来三年的权益现金流可以精确预测，分别为 33.6 亿元、61.5 亿元和 81.7 亿元（随便假定的数，有零有整，表示是精确预测），这一阶段称显性期；第 4 年开始进入第二阶段半显性期，预期权益现金流可以保持每年 10% 的增速，持续 5 年；第 9 年开始进入第三阶段稳定期，直至永续。

假设公司权益现金流的折现率为 5%，我们可以将公司未来的现金流全部折现，三个阶段的现金流折现值及占比见表 2-1、图 2-2 和图 2-3。

表 2-1　典型的三阶段增长模型现金流及折现值分布

（折现率取 5%，10 年之后的部分不再显示）

年份	第 1 年	第 2 年	第 3 年	第 4 年	第 5 年	第 6 年	第 7 年	第 8 年	第 9 年	……
每年权益现金流（亿元）	33.6	61.5	81.7	90	99	109	120	132	132	132
同比增速		83.0%	32.8%	10%	10%	10%	10%	10%	0	0
所处阶段	显性期（精确预测）			半显性期（预测增速和持续时间）					稳定期	
现金流折现值（亿元）	32.0	55.8	70.6	73.9	77.5	81.1	85.0	89.1	84.8	1 696.3

	价值分布	百分比
显性期价值（亿元）	158.4	6.7%
半显性期价值（亿元）	406.6	17.3%
稳定期价值（亿元）	1 781.2	75.9%
总价值合计（亿元）	2 346.1	100.0%

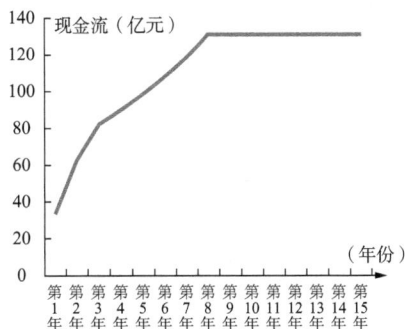

图 2-2　典型三阶段增值模型现金流情况

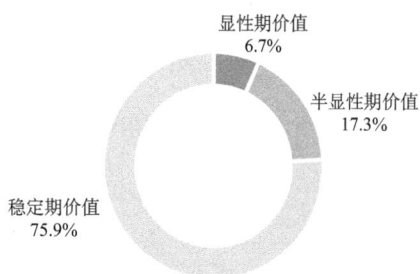

图 2-3　典型三阶段增值模型现值分布

可以看到，按照 5% 的折现率折现后，公司股权价值为 2 346.1 亿元，但是其中显性期价值占比仅为 6.7%，半显性期价值占比为 17.3%，稳定期价值占比高达 75.9%。这个结果非常令人沮丧，我们费了这么大力气，又是做模型，又是上下游产业链交叉验证，最终预测出来的未来三年现金流，价值占比居然只有百分之个位数，甚至未来 10 年的现金流加起来，也不到总价值的 1/4，真正值钱的是看不见摸不着、远在天边的稳定期。

那么什么决定了稳定期的价值？"九层之台，起于累土"，如图 2-2 所示，决定稳定期高度的最主要是半显性期这段爬坡曲线，我们可以将其进一步拆成半显性期的增速和增速的持续时间两个参数，两者对稳定期高度的影响呈 (1+a) 的 b 次方关系，其中 a 是增速，b 是持续时间。

至于两个参数哪个更重要，可以对上述关系取对数，得到 b × ln (1+a)，对数运算法则实际上是给较大的数降权，给较小的数升权，因此可以定性得出结论：当增速较小的时候，增速更重要；但是当增速较高的时候，持续时间将成为决定性因素。

定量来看，表 2-2 列示了两个参数的假设对最终估值结果的敏感性分析，表中间的数值为新参数组合下的估值结果与上述 5 年、10% 增速组合下的估值结果的比值。可以看到，如果增速的预期较低，单纯提高持续时间的效果非常有限，如增速在 10% 时，持续时间预期从 5 年调高到 25 年，估值结果也仅仅提高到 3.4 倍；但是当增速预期较高时，持续时间的力量将迅速放大，如增速预期在 30% 时，持续时间的预期每提高一点，估值结果就有天壤之别。

表 2-2　案例中的半显性期增速及持续时间对最终估值结果的敏感性分析

		半显性期持续时间（年限）					
		5	8	10	15	20	25
半显性期增速（%）	10%	1.0	1.2	1.4	1.9	2.6	3.4
	15%	1.2	1.7	2.1	3.4	5.5	8.8
	20%	1.5	2.3	3.0	6.0	11.8	23.1
	25%	1.8	3.1	4.4	10.6	25.3	60.3
	30%	2.1	4.1	6.3	18.4	53.4	154.2

注：中间的数值为新参数组合下的估值结果除以 5 年、10% 增速组合下的估值结果。

第三个参数是折现率，按照最基本的 CAPM 模型，股权折现率等于无风险利率再加上一定放大倍数的市场风险溢价，其中，市场风险溢价等于市场平均预期回报减去无风险利率，放大倍数叫作 β，定义是市场平均预期回报率与公司预期回报率的协方差除以公司预期回报率的方差。

$$r_e = r_f + \beta (r_m - r_f), \quad \beta = \frac{Cov(r_m, r_i)}{Cov(r_i, r_i)}$$

其中，r_e 为股权折现率，r_f 为无风险利率，r_m 为市场平均预期回报率，r_i 为公司预期回报率。

公式看似比较复杂，但是如果假设公司的 β 恒定不变，市场预期回报率取沪深 300 或者类似宽基指数，无风险利率取 10 年期国债收益率，根据公司历史股价可以很轻易地算出 β（Excel 里直接就有内置公式）。然而问题在于，一家公司的 β 并非恒定不变，折现率是对未来现金流折现，历史不能代表未来。市场走势瞬息万变，可能市场自己都不知道自己预期的回报率是多少，更何况与公司预期回报率的协方差。

因此，笔者认为，CAPM 只有学术意义，没有太多现实意义。现实中的股权折现率，更多是参考 CAPM 做定性分析：

股权折现率 = 无风险利率 + 公司固有风险溢价 - 市场风险偏好

公式中，股权折现率可以拆成三部分：第一项无风险利率与 CAPM 模型一致，无须赘言。第二项和第三项对应 CAPM 模型的乘积部分，将复杂的学术模型拆成两个参数。公司固有风险溢价是指由公司的商业模式、资产性质、资本结构等决定的，不受资本市场主观偏好影响的风险溢价。

市场风险偏好受市场情绪的影响，符号为负，可以认为是对公司固有风险溢价的冲抵项，即便一个公司的风险很高，只要市场说我不在乎，最终的风险溢价也可以很低。判断风险偏好是一门艺术，由于在估值分母上，对结果的影响极大，因此也是市场波动的根源之一。

回到上述三阶段增长模型，就数学意义而言，折现率的本质是给不同时期的现金流进行赋权，折现率越高，远期的现金流就越不值钱，相反，近期的现金流就相对值钱一点。

因此，折现率可以改变公司三个阶段的价值分布，在原模型 5% 的折现率基础上，我们将折现率分别调到 3% 和夸张一点的 20%，得到图 2-4 和图 2-5。当折现率为 3% 时，稳定期的价值占比上升到 84.6%（5% 折现率时为 75.9%）；当折现率为 20% 时，"只有眼前的苟且，没有诗和远方"，稳定期的价值占比仅有 33.6%。

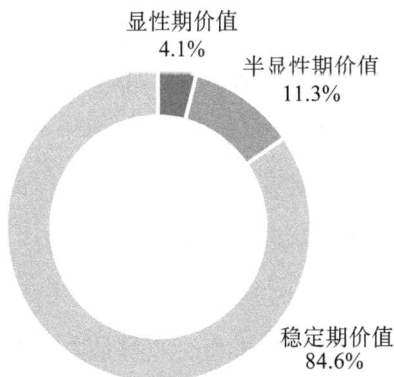

图 2-4　3% 折现率下的价值分布

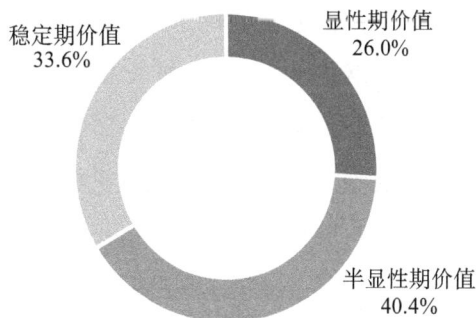

显性期价值 4.1%
半显性期价值 11.3%
稳定期价值 84.6%

图 2-5　20% 折现率下的价值分布

稳定期价值 33.6%
显性期价值 26.0%
半显性期价值 40.4%

该结论可以解释和指引以下两个现象。

第一，对于一个短期利空、长期利好的信息，股价应该涨还是应该跌？这个问题取决于折现率，如果折现率很低，远期的现金流值钱，股价就会涨，而且涨幅可能不小；反之，如果折现率很高，远期的现金流不值钱，股价就会跌，但是一般跌不多。进一步看折现率的构成，不考虑固有风险溢价，影响股价方向的主要是无风险利率和市场风险偏好，简单来说，流动性宽松、市场亢奋的时候会涨，反之会跌。

第二，当折现率变化时，哪一类公司最受益或最受损？引发折现率变化的因素无非还是无风险利率和市场风险偏好，其中无风险利率是公平的，对所有公司一视同仁；市场风险偏好则起伏不定，来如影去如风，固有风险越高的公司，市场风险偏好变化的上下限往往越宽。

因此，如果折现率下降主要由无风险利率下降驱动，在市场仍然比较保守（风险偏好没有大幅上升）时，最受益的是第三阶段价值占比较高，同时无风险利率占折现率的比例较大的公司，这类公司往往风险小、确定性强、增速一般但持续时间很长，典型如面向消费者的消费品公司，以及各个行业的龙头。

表现在配置上，流动性宽松＋风格保守的组合往往还伴随着资产荒（钱多，能买的资产少），龙头公司可以获得溢价，如我国 2016—2017 年的白马行情、美国 70 年代初的"漂亮 50"行情等行情中的龙头公司。为了配合行情，市场可能还会涌现出诸如消费升级、龙头集中等各种故事，正所谓这世上本没有阿尔法收益，贝塔收益赚得多了，便以为有了阿尔法收益。

如果折现率下降主要由风险偏好上升带来，比如受到某些因素刺激，市场异常亢奋，那么最受益的便是想象空间大、失败风险高的公司，这类公司的折现率由风险溢价主导，无风险利率占比有限，典型的公司如中小盘公司、科技公司甚至各种概念股公司。情绪亢奋＋流动性偏紧的组合下科技龙头占优，情绪亢奋＋流动性宽松的组合可能就是各种概念股"群魔乱舞"的时刻。

值得注意的是，折现率和增速、增速持续时间的预期之间并非完全独立的变量，绝大部分公司都呈负相关性，只是程度多少而已。当市场情绪亢奋时，不仅折现率会下降，市场对公司未来的增速和持续时间的预期往往也会上修，多重因素共振带来估值水平飙升，反之亦然。因此，把握市场情绪成为投资中的终极难题，重要性往往不亚于基本面研究。

除此之外，三阶段增长模型各要素的组合还可以帮助我们理解美林时钟。经济复苏、通货膨胀升温时，市场往往比较亢奋，利好短期高增长的科技类公司；经济进入稳态后，市场情绪回落，利好长期慢增长的消费类公司；经济低迷、市场信心不足时，风险偏好大幅下降，利好银行等稳定类资产及确定性较强的周期股；当经济进入衰退期时，一切可变收益的证券都会暴跌，固定收益的债券成为首选。

当然，以上只是理想情况，现实中的美林时钟极其不准且变幻莫测，故而常常被戏称为"美林电风扇"。

2.2.3　都不实用，但是 FCFF 还是战胜了 FCFE 和 DDM

具体的现金流折现模型主要包括三种，分别是股权现金流折现模型（Free Cash Flow of Equity，FCFE）、自由现金流折现模型（Free Cash Flow of Firm，FCFF）和 DDM，其中前两种统称为 DCF 模型。

无论分子分母怎么变，只要是折现模型，现实中的适用面就会比较窄。一方面是因为并不是所有公司的业绩都可以线性外推，大部分公司的远期现金流很难预测；另一方面是因为折现模型对参数过于敏感，导致最后算出来的数上下限极大，难以直接指导投资。

然而，即便绝对估值法都不实用，在三种折现模型中，FCFF 最终还是战胜了 FCFE 和 DDM，成为了相对更常用的绝对估值法。解释这个问题，需要我们从原理上分析每种绝对估值法。

FCFF 和 FCFE 都是从公司整体层面入手，DDM 则是从股东实际收到的分红入手。在公司整体层面，归属于母公司普通股东的现金流 FCFE= 可供债权人和股权人自由分配的现金流－归属于债权人现金流－归属于优先股和永续债所有者的现金流。

可供债权人和股权人自由分配的现金流又称自由现金流 FCFF。如果与现金流量表衔接，那么自由现金流 FCFF 可以近似等于经营活动现金流量净额与投资活动现金流量净额之和（标准定义更复杂，需要再减掉利息税盾）[①]，或者等于本期现金及现金等价物净增加值加上筹资性现金净流出。

在折现时，FCFE 法是对归属于母公司普通股东的现金流直接折现，

普通股东的权益价值＝对归属于母公司普通股东的现金流折现＝对"企业经营层面产生的净现金流－资本开支－债务利息支出－偿还债务本金净支出－永续债支出－少数股东分红"折现

FCFF 法是对自由现金流折现，再减去不属于普通股东的价值，

普通股东的权益价值＝对自由现金流折现－不属于普通股东的部分＝对"企业经营层面产生的净现金流－资本开支"折现－债务余额－永续债价值－少数股东权益价值

如果市场定价准确，那么债务余额＝未来债务本息净支出的折现值，永续债价值＝未来永续债利息支出的折现值，少数股东权益价值按照少数股东持股比例折算。因此，对不属于普通股东的部分，理论上无论是在引号里面折现还是在引号外面直接减掉余额，两种 DCF 模型的计算结果应该相等。DDM 模型更加简单，直接将未来的分红金额进行折现，分红金额＝净利润 × 分红率。用数学理解如下：

---

① 按照自由现金流 FCFF 的标准定义，自由现金流 FCFF=净利润＋折旧摊销＋利息支出 ×（1－所得税率）－营运资本净增加－资本开支－其他非现金调整。用间接法计算经营性现金流量净额时，利息费用直接加回，不考虑税盾的影响。

$$\text{FCFE 法} = \text{对归属于母公司普通股东的现金流折现} = \sum_{t=1}^{\infty} \frac{FCFE_t}{(1+r_e)^t}$$

$$\text{FCFF 法} = \text{对自由现金流折现} - \text{非普通股价值} = \sum_{t=1}^{\infty} \frac{FCFF_t}{(1+r_{wacc})^t} - \text{非普通股价值}$$

$$\text{DDM 法} = \text{对分红金额折现} = \sum_{t=1}^{\infty} \frac{Dividend_t}{(1+r_e)^t}$$

可以看出，除了分子不一样外，三种折现方法采用的折现率也不一样，FCFE 法和 DDM 法都是直接针对股权现金流，采用股权资本成本折现；FCFF 法是对自由现金流，采用加权资本成本折现，如果不考虑税盾，r_{wacc}[①]=权益占比 × 股权折现率+债务占比 × 债务综合利率；考虑税盾后，r_{wacc}=权益占比 × 股权折现率+债务占比 × 债务综合利率 ×（1- 所得税率）。

先对比三种折现方法的分子，FCFE 和 FCFF 都扣除了资本开支，但是 DDM 模型中没有资本开支，暗含的假设是不分红的部分就是资本开支及应收应付的变化。然而，企业的重大资本开支往往不是连续的，分红率也并非恒定，例如公司宣布现在有一个非常好的投资项目，本期暂不分红，DDM 模型的分子就归零了，但是公司的内在价值其实是增厚的，此时模型就失效了。因此，在三种折现方法中，DDM 模型是最不稳定的，第一回合便出局了。

对 DDM 模型的另一个质疑是股利无关论。有一种理论认为，公司赚的钱无论分不分，早晚都是投资者的，投资者只需要关心公司再投资回报率是否高于股东预期回报率即可，如果公司放弃好的投资机会强行分红，内在价值反而是减损的。

不过，股利无关论非常理想化，需要建立在两个非常强的假设下：其一是不存在信息不对称，并且利润是真实的；其二是公司大股东、管理层与小

---

① wacc 为英文 weighted average cost of capital 加权资本成本的首字母缩写。

股东三方利益一致。现实中的股利一般不是无关的，市场更喜欢高分红的公司，高分红率可以降低财务舞弊嫌疑，同时让投资者落袋为安，减少不确定性。

至于两种 DCF 模型，FCFE 在 FCFF 的基础上减去了付给债权人的现金流，包括本金和利息。但是除了利息兑付较为刚性外，企业可以在一定程度上自由选择偿还多少债务本金，提前偿还债务导致资产和负债同时减少，这对权益部分的内在价值影响很小，但是对 FCFE 影响较大。因此，FCFE 的稳定性不如 FCFF，既然两种折现方法最终结果等价，那么应当选一个更稳定的。

再看分母端，FCFE 法采用股权现金流折现，正如上节所讨论的，股权现金流可以通过学院派的 CAPM 模型计算，也可以定性拆成"无风险利率 + 公司固有风险溢价 - 市场风险偏好"。FCFF 法采用加权资本成本 r_{wacc} 折现，如果不考虑税盾，加权资本成本 = 权益占比 × 股权折现率 + 债务占比 × 债务综合利率。由于股权折现率一般都高于债务综合利率，所以乍一看公式，容易给人一种债务占比越高，加权资本成本越低的感觉。

但是实际上，加权资本成本要比股权折现率稳定得多，可以从以下两个角度加以理解。

一方面折现率是对现金流风险的评价，加权资本成本对应企业的自由现金流，自由现金流是企业经营层面创造的、可供股权人和债权人分配的现金流之和，是一个造蛋糕的过程。而资本结构决定了怎么分蛋糕，分蛋糕的方式不影响造蛋糕的过程，因此如果不考虑利息税盾，加权资本成本不受资本结构影响 [①]，股权折现率反而会受到资本结构的影响。

另一方面从数学上理解，股权折现率体现的是股权现金流的风险，资产负债率越高，股权现金流的波动性越大。假设某公司的自由现金流在宏观环

---

① 更学术的说法是无税 MM 定理，它是指由美国莫迪格利安尼（Modigliani）教授和米勒（Miller）教授于 1958 年发表的资本结构无关论。

境较差时为 80 元，较好时为 100 元，如果公司的资产负债率较低，每年付给债权人的钱是固定的 40 元，那么股权现金流的波动区间将是 40 ~ 60 元，上限比下限高 50%；如果资产负债率较高，每年付给债权人的钱变成固定的 60 元，股权现金流的波动区间将变成 20 ~ 40 元，上限比下限高 1 倍，波动性显著扩大，即便不考虑破产风险，股权折现率也应该更高。

因此，在等式"加权资本成本 = 权益占比 × 股权折现率 + 债务占比 × 债务综合利率"中，加权资本成本反而是最稳定的，股权折现率和权益占比存在内生性。当我们用公司当下的股权折现率、债务利率和资本结构算出一个加权资本成本时，如果公司未来的资产负债率发生了变化，那么股权折现率会跟着变化，但是加权资本成本继续保持稳定。

至此，对比 FCFF 法和 FCFE 法可以看到，FCFF 法无论是分子还是分母，都比 FCFE 法更稳定，这也就解释了为什么在三种现金流折现模型中，最常用的是 FCFF 法。FCFF 法是先算自由现金流，再算股权折现率和债务综合利率，得出加权资本成本，然后对自由现金流折现后得到企业价值，再减去有息负债余额、永续债余额即可得到权益价值。

这里还需要补充的是自由现金流（Free Cash Flow）概念。自由现金流顾名思义是可供投资者自由支配的现金流，也就是如果投资者躺平了，能从企业获得多少现金流。自由现金流是在经营性现金流的基础上扣减资本开支得到的。资本开支有两种类型：一种是维持性资本开支，另一种是扩张性资本开支。

维持性资本开支是说，如果公司不花这笔钱，公司的业务就不能持续，因此必须扣减，比如抵消自然折旧的支出、很多公司迫于竞争压力而进行的改良支出等。扩张性资本开支则不然，如果公司不花这笔钱，公司至多是维持现状、没有增长而已，因此扩张性资本开支本质上也是自由现金流的一部分，只不过投资者"选择"将这笔钱用于再投资，以获取业绩的持续增长，这两者有本质区别。

如果我们换一种翻译方式，将 Free Cash Flow 翻译成"免费现金流"，可能更加便于理解。世界上只有一种东西是真正"免费"的，那就是税收，我们可以将每种商业模式都想象成一个独立的小王国，所谓"自由现金流"，就是投资者在这个独立小王国里收税的能力。超额收税能力会引来敌国的征伐，于是我们就需要城墙，城墙的坚固性决定了我们超额收税能力的持续性。维持性资本开支，就是修缮已有的城墙；扩张性资本开支，则是开疆扩土，扩大收税区域。

2.2.4　对敏感性的妥协：从绝对估值法到相对估值法

然而，归根结底，DCF 模型的指导意义大于实际意义，DCF 模型可以告诉我们哪些参数决定股价，这些参数即折现率、半显性期增速、增速的持续时间，以及稳定期的永续增长率（如果有的话）。模型还可以告诉我们这些参数的敏感性，但是正是由于这些参数太敏感了，DCF 模型很难算出一个稳定的数，增速则相对好预测，但增速的持续时间很多时候纯粹是主观推测，折现率相对也更加见仁见智。

而且，计算自由现金流或股权现金流时，都需要预测公司未来经营期内的资本开支。市场环境瞬息万变，公司未来可能遇到竞争格局恶化、行业技术升级、政策环境变化、管理层投资失误等种种干扰，需要追加额外的资本开支。由此导致很多情况下，我们事前假设的资本开支金额是被严重低估的，很多我们以为的扩张性支出，事后证明可能只是维持性支出，甚至都没维持住。

从分母端来看，万物皆有周期，任何公司、任何行业都有衰退期，永续稳定甚至永续增长的假设过强，从而导致 DCF 结果进一步高估。

但是除了业绩着实难以预测的周期股外，笔者认为，对于大部分公司，正是因为 DCF 结果容易高估，所以即便算不准，DCF 估值结果仍然是有参考意义的。如果一个估值很贵的公司，连 DCF 各种假设都算不出来它值这么多钱，那么大概率它是被高估了，因此 DCF 虽不一定是一个买入理由，但一定可以是一个卖出理由。

DCF 模型的另一种应用方法是先假设现有股价是合理的，再根据现有股价倒算 DCF 假设，判断核心假设是否合理，从而在大方向上判断公司是被高估了还是被低估了。因此，就某种意义而言，DCF 也是一种"相对估值法"，相对的是公司自己当前的股价，更多用于判断方向。

板块性、系统性的机会一定是 DCF 驱动的，这源于模型的关键参数发生了重大变化。此时，相对估值法是无法定价的，毕竟低估的时候大家一起低估。写报告时也一样，如果发现可比公司估值都太低了，手里的票没法推，遇事不决，那么可采用 DCF。

但是在平常计算目标价时，由于 DCF 结果过于敏感，因此使用相对估值法成为一种无奈的选择，包括市盈率、市净率、市销率等在内，市值等于某个指标的一定倍数。很多培训教材甚至一些课本都将绝对估值法和相对估值法看成两个独立的体系，但是正如我们在 2.2.2 节所述，DCF 模型是一切估值体系的起点，相对估值法与绝对估值法必须是统一的，所有的相对估值法都是在 DCF 模型的基础上，固定住某些参数后的化简结果。

除此之外，相对估值法还有一个重要的暗含假设，即世界是线性的。只要两个公司影响估值最重要的几个参数大致相等，估值结果（公司的内在价值）与特定指标（净利润、净资产、营业收入等）的比值就大致相等，这个比值呈现"规模无关性"。

然而很多时候，估值结果并不是严格的"规模无关"。为了解决这个问题，基于诸如"龙头溢价""中小盘溢价"等自相矛盾的理论，我们可能会再给模型进行花式"打补丁"。总之，谁都认为自己和别人不一样，应该有格外的溢价。

每种估值方法都有特定的缺陷。在研究中，我们需要记住的是，相对估值法存在的意义是为了解决绝对估值法不稳定的缺陷，但是为了解决这个缺陷，我们额外引入了很多很强的假设，导致每一种相对估值法都有严格的适用区间，一旦相关假设不再成立，坚持固有经验下的相对估值倍数就变成了刻舟求剑。

因此，即便最终完全基于相对估值法做出的估值结果，我们头脑中也必须时刻思考这个结果对应绝对估值法采用的是哪种参数（我们将在 2.3 节和 2.4 节具体讲解 PE 和 PB）。

2.3　PE：简单直观但缺陷极大的估值方法

2.3.1　谨记 PE 的推导过程与核心假设

继续从最原始的 DCF（FCFE 法）入手：

$$P = \frac{CF_1}{(1+r)^1} + \frac{CF_2}{(1+r)^2} + \frac{CF_3}{(1+r)^3} + \frac{CF_4}{(1+r)^4} + \frac{CF_5}{(1+r)^5} + \cdots \qquad 式（5）$$

因为预测每一期的现金流实在太复杂，所以我们对式（5）进一步化简：

$$P = \frac{E}{r-g} \qquad 式（6）$$

其中，E 是净利润，g 可以理解为全生命周期加权平均增速。

式（6）没有用每一期的现金流，而是用了两个参数代替，分别是公司的净利润和净利润的全生命周期加权平均增速。第一步我们用净利润代替了权益现金流，正如我们在 2.2.1 节所述，在足够长的时间维度内，权益现金流将严格等于净利润，净利润的本质就是对权益现金流的平滑处理；第二步我们用净利润的全生命周期加权平均增速代替了每一期的现金流增速，加权平均增速由两个子参数决定，分别是增速和增速的持续时间。

进一步地，我们将式（6）变形可得：

$$P = E \times P/E = E \times \frac{1}{r-g}$$

等式两边再同除以 E，可得 $PE=\dfrac{1}{r-g}$。

至此，我们得到一个至关重要的定义式，PE 只取决于两个参数，即折现率和净利润的全生命周期加权平均增速。PE 估值的暗含假设是，增速（g）大致相当、风险（r）大致相当的两个企业，应该有大致相当的 PE。PE 是最常用的估值方式，只要不是亏损或处于盈亏平衡点的公司，基本都可以套用。由 PE 进一步延伸出的估值方法是 PEG（市盈率相对盈利增长比率）估值法，也就是给定市场偏好下，每一档增速对应一个"合理"的 PE。

但是，PE 和更激进的 PEG 估值法有一个非常容易被忽略的核心缺陷，定义式中的 g 是全生命周期加权平均的增速，既不是某一年的增速，也不是未来几年的复合增速，无论复合期有多长，3 年、5 年还是 10 年。如表 2-2 所示，20% 增速维持 10 年还是维持 15 年，乍一听似乎差不多，DCF 估值结果却差出 1 倍，合理 PE 也差出 1 倍。

因此，使用 PE 估值时，要时刻检验两个基本假设：权益现金流是否能够短期收敛到净利润；当增速已经较高时，决定全生命周期加权平均增速最关键的因素是持续时间。

2.3.2　分子端的错觉：净利润未必能代替现金流（兼论 EV/EBITDA）

上述两个基本假设出问题的时候就是 PE 估值失效的时候。首先看分子端，我们在化简时使用净利润代替了权益现金流，理由是从资产的全生命周期来看，净利润等于权益现金流。但是这里有两个问题：其一是有些资产的全生命周期非常长，净利润可以在很长的时间内偏离权益现金流；其二是被估值的现金流不一定涵盖全生命周期，估值是面向未来的，不用考虑沉没成本，而净利润通过折旧摊销考虑了沉没成本。

对于应收应付周转很慢的公司、资产重且已成为沉没成本的公司、折旧期限与资产使用寿命偏离较大的公司，PE 估值失效更为典型。先以典型重资产公司折旧政策为例。

【例】甲乙两个高速公路公司，固定资产原值均为100亿元，贷款70亿元，道路可使用年限均为10年，每年营业收入均为40亿元，利息费用均为5亿元。假设折旧是唯一成本，没有其他期间费用，不考虑所得税，不还债务本金，加权资本成本为8%。唯一区别是甲的折旧年限为5年，折旧到期后继续使用，乙的折旧年限为10年，与使用年限相等。

甲的折旧期限短，前5年每年计提的折旧为20（100÷5）亿元，后5年没有折旧。因此，甲首年的净利润为15［40（营业收入）-20（折旧）-5（财务费用）］亿元。由于没有付现成本，自由现金流=营业收入=40亿元，权益现金流=自由现金流-债务利息=35亿元。

乙的折旧期限长，10年间折旧均匀分布，均为10（100÷10）亿元。乙首年净利润为25［40（营业收入）-10（折旧）-5（财务费用）］亿元。由于折旧政策不影响现金流，自由现金流还是40亿元，权益现金流还是35亿元。

因为现金流完全一样，所以甲和乙的内在价值一样，按照8%的折现率将自由现金流折现后，两者的企业价值均为268.4亿元，扣掉债务余额后，权益价值均为198.4亿元（见表2-3）。站在首年来看，乙的净利润、净利率、ROE都远远高于甲，但是合理PE只有甲的六成，如图2-6、图2-7所示。如果现实中两个公司的PE一样，显然甲被低估了。

该案例是一个非常经典的反例，我们经常可以听到这样的观点，"某某公司的ROE非常高，可以给一个高一点的PE"，或者"某某公司的ROE好低呀，凭什么PE这么高"。回顾PE的定义式，PE=1/（r-g），里面根本就没有ROE的存在，换句话说，ROE和PE没有任何关系。甲的合理PE之所以比乙高，是因为甲的净利润在第6年将迎来一轮跃升，全生命周期加权平均增速比乙高。

表 2-3　PE 分子端错觉案例——净利润可能在较长时间内不能收敛到权益现金流

金额单位：亿元

	年份	第1年	第2年	第3年	第4年	第5年	第6年	第7年	第8年	第9年	第10年
甲	营业收入	40	40	40	40	40	40	40	40	40	40
	折旧	20	20	20	20	20	0	0	0	0	0
	利息费用	5	5	5	5	5	5	5	5	5	5
	净利润	15	15	15	15	15	35	35	35	35	35
	自由现金流	40	40	40	40	40	40	40	40	40	40
	折现值	37.0	34.3	31.8	29.4	27.2	25.2	23.3	21.6	20.0	18.5
	企业价值	268.4									
	债务余额	70									
	股权价值	198.4									
	PE（倍）	13.23									
	EV/EBITDA（倍）	6.71									
乙	营业收入	40	40	40	40	40	40	40	40	40	40
	折旧	10	10	10	10	10	10	10	10	10	10
	利息费用	5	5	5	5	5	5	5	5	5	5
	净利润	25	25	25	25	25	25	25	25	25	25
	自由现金流	40	40	40	40	40	40	40	40	40	40
	折现值	37.0	34.2	31.8	29.4	27.2	25.2	23.3	21.6	20.0	18.5
	企业价值	268.4									
	债务余额	70									
	股权价值	198.4									
	PE（倍）	7.94									
	EV/EBITDA（倍）	6.71									

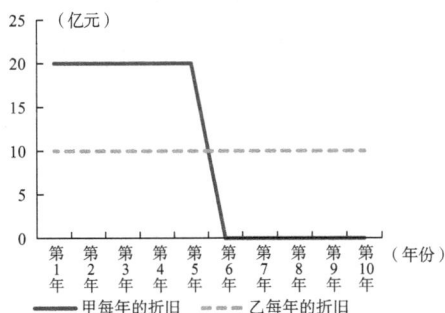

图 2-6　甲乙两公司的折旧变化

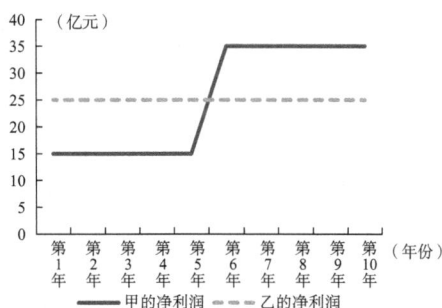

图 2-7　甲乙两公司的净利润变化

97

现实中，高 ROE 的公司往往确实伴随着高 PE，两者存在一定的相关性，但是正如我们在 2.1 节中讲的树和我一起长高的例子，相关性不等于因果性。一个公司有较高的 ROE，可能是因为公司所在的赛道好、自身竞争力强，这些因素导致了公司同时有更高的全生命周期加权平均增速，进而拥有更高的 PE。但是，这几个参数之间的传导没有必然性，高 PE 的公司并不一定需要高 ROE，高 ROE 也不一定意味着高 PE。

解决因折旧政策带来的现金流和净利润不匹配问题有一个简单的方法，即用 EV/EBITDA 代替 PE。EBITDA 是息税折旧前利润，用公司的预测 EBITDA 乘以行业平均的 EV/EBITDA 倍数，可以得到公司的企业价值 EV，再减去债务余额、永续债余额等，即可得到权益价值。本案例中，虽然甲乙的 PE 相差将近 1 倍，但是两者的 EV/EBITDA 都是 6.71，用 EV/EBITDA 估值可以轻易排除因折旧政策不同而产生的 PE 陷阱。

因此，从某种意义上说，EV/EBITDA 是比 PE 更加科学的估值方式，因为 EBITDA 比净利润更加接近现金流。但是，为什么在现实中我们很少用 EV/EBITDA 估值呢？因为市场永远是对的，问题的答案是用 EV/EBITDA 估值有一个很严重的缺陷：不如 PE 稳定。

举个例子，假设某公司的净利润是 10 亿元，若给予 10 倍 PE，那么市值是 100 亿元，若给予 12 倍 PE，那么市值是 120 亿元，估值结果与 PE 倍数呈线性关系。但是对于 EV/EBITDA，假设某公司的 EBITDA 是 10，有息负债余额是 70 亿元，若给予 10 倍 EV/EBITDA，那么先得到企业价值 EV=100 亿元后，再减去有息负债余额，得到的目标市值为 30 亿元；如果给予 12 倍 EV/EBITDA，那么 EV=120 亿元，有息负债余额还是 70 亿元，目标市值则变成了 50 亿元，EV/EBITDA 倍数提高 20%，目标市值提高 66%。EV/EBITDA 是一个自带杠杆的估值方式。

至此，回到使用 PE 的初衷，DCF 是最科学的估值方式，在所有估值方法中具有至高无上的地位，但是我们之所以不用 DCF 而转用 PE，就是因为 DCF 不稳定。因此，EV/EBITDA 处在一个很尴尬的位置，拼科学拼不过

DCF，拼稳定拼不过 PE。但是笔者认为，EV/EBITDA 仍然是一个非常重要的估值方式，其定位不是用来算目标市值，而是用来初筛标的。对于上述案例，假设甲乙的 PE 一样，那么用 EV/EBITDA 可以轻易地将低估的甲公司筛出来。

2.3.3　分母端的错觉：股价涨幅与利润增速的关系

由于股价 =EPS（每股盈余）× PE，如果 PE 不变的话，股价和 EPS 呈线性关系，因此 PE 估值容易给人一种错觉，即股价涨幅可以等于利润增速，我们经常听到一种说法，"假设市盈率不变，赚利润增速的钱"。然而，问题就在于，市盈率凭什么不变，如果从 DCF 入手，可以严格推导出，股价涨幅和利润增速没有必然联系。下面以一个动态三阶段增长模型为例。

【例】假设某公司 T_0 年的净利润为 10 亿元，市场预期公司可以按照 20% 的增速增长 10 年，第 11 年开始进入稳定期，直至永续。假设公司权益现金流等于净利润，股权折现率为 6%。

如表 2-4 所示，DCF 折现可以得到公司 T_0 年的股权价值为 787 亿元，预期市盈率（股权价值除以 T_1 年的利润）为 65.6 倍。假设过了一年市场预期完全兑现，净利润确实增长了 20%，去年的 T_1 变成今年的 T_0，整个坐标轴向右平移了一格。此时，市场的预期将变成公司可以按照 20% 的增速增长 9 年，DCF 折现后公司股权价值变成 834 亿元（包含本年赚的、尚未分红的 12 亿元）。

用新一年的股权价值除以上一年的股权价值，可以得到赋权股价涨幅（包含分红收益率）为 6%。这个数值严格等于折现率，如果折现率取 8%，那么股价涨幅即为 8%，它与净利润增速无关，无论增速是 20% 还是 200%。

因为每个公司都有天花板，只要天花板没有上移，公司每增长一年就离天花板更进一步，全生命周期加权平均增速就会降低，PE 下降对冲掉 EPS 增长，会导致股价涨幅与利润增速脱钩，如图2-8、图2-9所示。由于全生命周期加权平均增速在PE定义式的分母上，所以笔者将"希望PE不变"称为分母端的错觉。

表2-4 动态三阶段增长模型——如果预期完全兑现，那么股价涨幅严格等于折现率

核心假设																
利润增速	20%															
增速持续时间（年）	10															
折现率	6%															
年份	第0年	第1年	第2年	第3年	第4年	第5年	第6年	第7年	第8年	第9年	第10年	第11年	第12年	第13年	第14年	…
净利润=现金流（亿元）	10	12.0	14.4	17.3	20.7	24.9	29.9	35.8	43.0	51.6	61.9	61.9	61.9	61.9	61.9	61.9
年增长率		20%	20%	20%	20%	20%	20%	20%	20%	20%	20%	0	0	0	0	0
折现值（亿元）		11.3	12.8	14.5	16.4	18.6	21.1	23.8	27.0	30.5	34.6	32.6	30.8	29.0	27.4	456
股权价值（亿元）	787	PE=股权价值÷T_1年的利润														
PE（倍）	65.6															

情景1：过了一年，去年的T_1变成今年的T_0，坐标轴右移一格，增速持续时间预期变成9年																
增速持续时间（年）	9															
年份	第-1年	第0年	第1年	第2年	第3年	第4年	第5年	第6年	第7年	第8年	第9年	第10年	第11年	第12年	第13年	…
净利润=现金流（亿元）	10	12.0	14.4	17.3	20.7	24.9	29.9	35.8	43.0	51.6	61.9	61.9	61.9	61.9	61.9	61.9
年增长率		20%	20%	20%	20%	20%	20%	20%	20%	20%	20%	0	0	0	0	0
折现值（亿元）		12.0	13.6	15.4	17.4	19.7	22.3	25.3	28.6	32.4	36.6	34.6	32.6	30.8	29.0	484
股权价值（亿元）	834															
PE（倍）	57.9	股价涨幅=今年总价值÷去年总价值，股权价值中包含分红，股价涨幅为赋权价涨幅														
股价涨幅	6.0%															

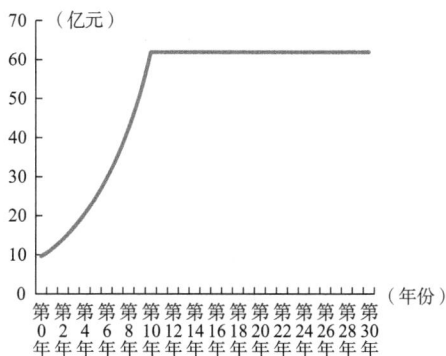

图 2-8　公司净利润走势

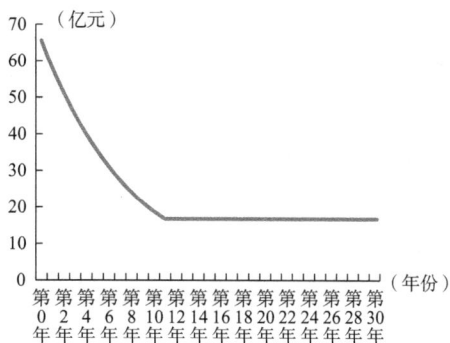

图 2-9　公司 PE 理论走势

但是，这个结论与我们的日常经验似乎并不完全相符，很多时候股价涨幅可以等于业绩增速，问题出在哪里？从数学模型来看，问题出在增速的持续时间上。

就像"三人行，必有我师"中的"三"，小学老师告诉我们这里的"三"并不是精确的三个，而是多个的意思。同理，在现实投资中，没有人事前知道公司真正的天花板有多高，市场预期的"公司可以持续增长 10 年"也仅仅是一个模糊的概念。

如表 2-5 中的情景 2，当公司实现了 1 年预期增速后，市场对公司增速剩余持续时间的预期可能不会下修到 9 年，而是继续保持 10 年，相当于增速持续时间的预期滚动上修了 1 年，只有这样 PE 才不会下降，股价涨幅等于利润增速＋股息率。

然而，股价涨幅等于利润增速是一种非常危险的情形，需要持续滚动上修增速的持续时间。虽然我们可能不知道公司的增速真正能维持多久，但是持续时间显然不能无限上修，每上修一次就积累了一次风险。

在公司发展初期天花板足够高时风险可能不大，但是当公司滚动几次之后，业绩就必须精准兑现，一旦增速低于预期，持续时间预期就可能跟着下修，由此风险瞬间释放，股价崩盘。如表 2-6 中的计算，在上述案例中，假设过了一年，公司业绩确实实现了 20% 的增速，但是基于某种担忧，市场认为公司只能再增长 5 年，股价因此直接下跌 40%。

表 2-5　增速持续时间预期滚动上修 1 年对公司股价涨幅的影响

情景 2：过了一年，增速持续时间预期还是 10 年，相当于上修了 1 年

增长持续时间（年）	10															
年份	第-1年	第0年	第1年	第2年	第3年	第4年	第5年	第6年	第7年	第8年	第9年	第10年	第11年	第12年	第13年	⋮
净利润=现金流（亿元）	10	12	14	17	21	25	30	36	43	52	62	74	74	74	74	74
年增长率		20%	20%	20%	20%	20%	20%	20%	20%	20%	20%	20%	0	0	0	0
折现值（折现率6%）（亿元）		12	14	15	17	20	22	25	29	32	37	41	39	37	35	581
新的股权价值（亿元）	956	股价涨幅=新的股权价值 ÷ 表 2-4 中一年前的股权价值 -1														
PE（倍）	66.4															
股价涨幅	21.5%															

表 2-6　增速持续时间预期大幅下修对公司股价涨幅的影响

情景 3：之前太乐观了，过了一年增速持续时间预期从剩余 9 年下修到 5 年

增长率	20%															
增长持续时间（年）	5															
年份	第-1年	第0年	第1年	第2年	第3年	第4年	第5年	第6年	第7年	第8年	第9年	第10年	第11年	第12年	第13年	⋮
净利润=现金流（亿元）	10	12	14	17	21	25	30	30	30	30	30	30	30	30	30	30
年增长率		20%	20%	20%	20%	20%	20%	0	0	0	0	0	0	0	0	0
折现值（折现率6%）（亿元）	0	12	14	15	17	20	22	21	20	19	18	17	16	15	14	233
新的股权价值（亿元）	472	股价涨幅=新的股权价值 ÷ 表 2-4 中一年前的股权价值 -1														
PE（倍）	32.8															
股价涨幅	-40.0%															

这就解释了为什么很多高估值成长股，业绩可能只低于预期一点点，或者仅仅是一些不利传闻，股价就会出现剧烈波动。根本原因在于，高估值的

股票往往预期过强，缺乏容错率，一旦业绩低于预期，无论哪个参数下修对股价都是致命的。根据笔者的观察，当市场过于关注短期高频数据而非长期逻辑时，相关板块一般就快见顶了，因为此时市场已经意识到了估值风险，关注高频数据可能就是为了提前跑路。

不过，模型也是对称的，复利的力量异常强大，增速持续时间预期上修将带来拔估值行情。在上述案例中，假设过了一年，市场忽然觉得之前太保守了，将公司增速持续时间的预期从剩余 9 年上修到剩余 12 年，虽然 9 年和12 年听起来差不多，但股价可以直接获得接近 60% 的涨幅（见表 2-7）。

表 2-7　增速持续时间预期大幅上修对公司 PE 及股价涨幅的影响

情景 4：之前太保守了，过了一年增速持续时间预期从剩余 9 年上修为 12 年

		第0年	第1年	第2年	第3年	第4年	第5年	第6年	第7年	第8年	第9年	第10年	第11年	第12年	第13年	⋮
增长持续时间（年）	12															
年份		第0年	第1年	第2年	第3年	第4年	第5年	第6年	第7年	第8年	第9年	第10年	第11年	第12年	第13年	⋮
净利润=现金流（亿元）	10	12	14	17	21	25	30	36	43	52	62	74	89	107	107	107
年增长率		20%	20%	20%	20%	20%	20%	20%	20%	20%	20%	20%	20%	20%	0	0
折现值（折现率6%）（亿元）	0	12	14	15	17	20	22	25	29	32	37	41	47	53	50	836
新的股权价值（亿元）	1251	股价涨幅=新的股权价值 ÷ 表 2-4 中一年前的股权价值 −1														
PE（倍）	86.9															
股价涨幅	59.0%															

综合以上 4 种情景，我们可以做一个总结。影响 PE 最关键的因素是净利润的全生命周期加强平均增速。它可以进一步分解为增速和增速的持续时间两个参数，增速可以随时验证，一般很难有特别大的预期差，但是持续时间很难证实和证伪，预期差可能很大。

股价超额收益的唯一来源就是预期差，与公司是否优质没有必然联系，业绩增速可以决定股价的绝对值，但是不能决定股价的涨跌。如果折现率不变且没有新的预期差，那么理论上只要公司存在一天，PE 就应该下降一天，

PE 的历史分位数没有意义（合理分位数就应该是 0），股价涨幅将严格等于折现率。

如果涨幅不等于折现率，那么关键参数一定存在预期差，尤其是增速的持续时间。想要股价涨幅等于利润增速，持续时间就需要滚动上修 1 年；想要股价大涨，持续时间就需要大幅上修；反之亦然，持续时间一旦下修，股价将可能直接腰斩。

因此，笔者并不认同"找到优质资产并长期持有"的观点，而是应该"找到预期差并拿到预期兑现"。超额收益来自预期差，持续的超额收益来自持续的预期差，但是随着二级市场竞争越来越激烈，预期差一旦出现很快就会被消灭，市场不会让预期差逐步修正的。

对于"核心资产"，为什么复盘历史往往头头是道，展望未来却捉襟见肘？这是因为，"核心资产"在成为"核心资产"之前，市场研究不充分，可能存在持续的预期差。但是一旦成为了"核心资产"，预期差就不存在了，无论资产多么优质，都无法获得超额收益了。

而且在 A 股只能看多的机制下，在成为"核心资产"的过程中可能会过度上修增速持续时间的假设，为后续股价回调埋下伏笔。由此可以解释一个魔咒，即上一年市场热捧的"核心资产"，下一年大概率表现不佳，甚至很不佳。

这也许就是成长股的宿命，人性的弱点使得我们很难跳出怪圈。图 2-10 和图 2-11 为某真实成长股股价和 PE 走势。当公司处于高速增长期时，只要增速没有下滑迹象，市场对增速持续时间的预期可能非但不下修，反而逐年上修，估值业绩双升带来了丰厚的超额收益。直到预期被过度上修后，某个季度业绩可能只是稍微出现点波动，股价就会出现大幅回撤。

图 2-10　典型成长股股价走势

图 2-11　典型成长股 PE 走势

2.4　PB：时刻扪心自问"高于净资产的溢价来自哪里"

2.4.1　谨记 PB 的推导过程与核心假设

除了 PE（以及与之类似的 EV/EBITDA），PB 是另一种常用的相对估值法。除此之外，笔者认为其他的估值方法，诸如 PS（市销率）、单位产能市值、单位销量市值等，都是常规估值法下的结果太难看，实在没法给估值了，强行找一个比值的产物，这些方法所依赖的假设过多。本书接下来仅对 PB 进行展开讲解。

继续从最原始的 DCF（FCFE 法）入手：

$$P = \frac{CF_1}{(1+r)^1} + \frac{CF_2}{(1+r)^2} + \frac{CF_3}{(1+r)^3} + \frac{CF_4}{(1+r)^4} + \frac{CF_5}{(1+r)^5} + \cdots \qquad 式（5）$$

参照 2.3.1 节中的方法对式（5）进一步化简，得到：

$$P = \frac{E}{r-g} \qquad 式（6）$$

其中，E 是公司的净利润，g 为全生命周期和加权平均增速。

进一步地，我们将式（6）变形可得：

$$P=B \times P/B=B \times \frac{E}{r-g}/B$$

等式两边再同除以 B，可得 $PB=\frac{1}{r-g} \times ROE$。

由此，可以得到另一个关键的定义式，其中 PB 取决于三个参数，分别是折现率（r）、净利润的全生命周期加权平均增速（g）及 ROE，其中 $1/（r-g）$就是 PE，因此 PB 还可以写成 PE × ROE。

PB 是公司市值或内在合理价值与净资产的比值。从定义式上看，如果两个公司有大致相同的风险（r）、增速（g）和盈利（ROE），那么两个公司应该有大致相同的 PB。理论上，除了传媒等极度轻资产行业，PB 估值对周期股、稳定股和成长股都适用，适用面可能还高于 PE。

首选 PB 的第一种情况是 ROE 稳定的成熟期资产。PB-ROE 框架就是假设在风险和增速大致相同的情况下（成熟期资产一般也没有太高增速），一档 ROE 对应一档 PB。但是这个假设本身偏强，一方面涵盖了 PE 估值的全部假设，另一方面还多了一个参数，要求公司的 ROE 长期稳定，不能有大幅波动。因此，PB-ROE 框架往往只适用于经营状况稳定、偏重资产的制造业公司、消费类公司、水电公司等。

首选 PB 的第二种情况是各类周期股业绩上下起伏，完全无法用 PE 或者 DCF 估值，但是 PB 可能相对稳定。内在原理在于，虽然周期股的 ROE 起伏不定，但是 ROE 变化也会带来全生命周期加权平均增速的变化（算增速的基数发生了变化），两者的合计影响是基本稳定的。

周期股之所以为周期股，就是因为很多因素没法事先预期，但是这个行业能够长期存在，说明社会有需求，一笔资产趴在那里，有亏钱的时候也有赚钱的时候，在非常长的周期内，市场将给予这笔资产合理的回报。至于当前业绩，则无所谓了。

不过，这里有一个至关重要的暗含假设，即社会真的还有需求，比如猪肉，行业再不景气也很难跌穿。但是，如果一个行业的技术路线、政策导向、竞争格局发生了根本性变化，需求端的逻辑不存在了，公司的净资产就没有意义了，此时就不要幻想荣光重现。

2.4.2　PE 踩过的坑 PB 都会碰到，PB-ROE 框架照样有陷阱

由于 PB 可以写成 PE×ROE，因此 PE 的问题在 PB 上都存在。例如，2.3.1 节例子中的甲乙两个高速公路公司，两者的净资产、现金流和内在价值都一样，所以两者的 PB 一样。但是，甲前 5 年的 ROE 只有乙的 60%，之所以能够和乙保持相同的 PB，就是因为甲的净利润的全生命周期加权平均增速更高。

而且如我们之前所述，计算 ROE 的分子（净利润）和分母（净资产）都可能有水分，前者基于权责发生制原则，后者通过资产和负债作差得出，准确性都需要额外注意。

除了会计确认方式干扰外，PB-ROE 框架还有一个重要前提，即参数的平稳性，它要求经营过程是连续的，不能干一半没了。大部分公司是满足永续经营假设的，但是一方面并不是所有公司都满足永续经营假设，另一方面很多公司的资本开支不是连续的，两次重大资本开支之间的时间间隔可能很长，关键参数会发生变化，不能用现在的净资产、现在的 ROE 线性外推未来的净资产、未来的 ROE，导致 PB-ROE 框架失效。

【例】某项目固定资产总投资 500 亿元，可使用 10 年，自有资金占 30%，贷款占 70%，利率为 5%，10 年等额本息模式还款。不考虑建设周期，投产后每年获得营业收入 100 亿元，采用直线折旧法，折旧是唯一成本，所得税税率为 20%，现金流及净利润情况将发生背离。

该案例是一个非常经典的案例，条件非常少，建议全文背诵。如表 2-8 所示，首先，公司借贷投资，总投资 500 亿元，70% 资产负债率对应的贷款额为 350 亿元，5% 利率 10 年等额本息还款，类似房贷按揭，通过 Excel 公式

PMT( )可以求出未来每年需要还款的本息合计为45.3亿元。每年营业收入100亿元，采用直线折旧法，每年折旧额为50亿元，毛利为50亿元。

进一步计算利息费用，首年年初贷款余额为350亿元，5%的利率对应利息费用为17.5（350×5%）亿元，由此可以将首年偿还的本息合计45.3亿元拆成利息17.5亿元和本金27.8亿元，年底待偿还本金变成322.2（350-27.8）亿元。第2年利息费用减少到16.1（322.2×5%）亿元，偿还本金29.2（45.3-16.1）亿元。如此循环，得到完整表格，第10年末所有贷款偿还完毕。可以看到，在利润表中，随着本金的逐年偿还，公司的利息费用逐年减少，净利润逐年增加。

表 2-8　典型等额本息还款案例——净利润和现金流走势背离

金额单位：亿元

年份	第1年	第2年	第3年	第4年	第5年	第6年	第7年	第8年	第9年	第10年
营业收入	100	100	100	100	100	100	100	100	100	100
营业成本	50	50	50	50	50	50	50	50	50	50
利息费用	17.5	16.1	14.6	13.1	11.5	9.8	8.0	6.2	4.2	2.2
税前利润	32.5	33.9	35.4	36.9	38.5	40.2	42.0	43.8	45.8	47.8
所得税	6.5	6.8	7.1	7.4	7.7	8.0	8.4	8.8	9.2	9.6
净利润	26.0	27.1	28.3	29.5	30.8	32.2	33.6	35.1	36.6	38.3
债务余额及利息计算										
债务期初余额	350	322.2	293.0	262.3	230.1	196.2	160.7	123.4	84.3	43.2
利息费用	17.5	16.1	14.6	13.1	11.5	9.8	8.0	6.2	4.2	2.2
等额本息还款	45.3	45.3	45.3	45.3	45.3	45.3	45.3	45.3	45.3	45.3
偿还本金	27.8	29.2	30.7	32.2	33.8	35.5	37.3	39.2	41.1	43.2
债务期末余额	322.2	293.0	262.3	230.1	196.2	160.7	123.4	84.3	43.2	0.0
权益现金流	48.2	47.9	47.6	47.3	47.0	46.6	46.3	45.9	45.5	45.1

但是从权益现金流来看，每年的现金流入不变，都是100亿元，每年支付给债权人的现金也不变，都是45.3亿元，由于净利润逐年增加，每年交给税务局的钱在变多，因此权益现金流是在逐渐减少的，见表2-8和图2-12、图2-13。

由此出现了一个很诡异的现象，净利润越来越好，现金流越来越差，请问站在公司股东的角度，公司的经营情况到底是变好了还是变差了？肯定是

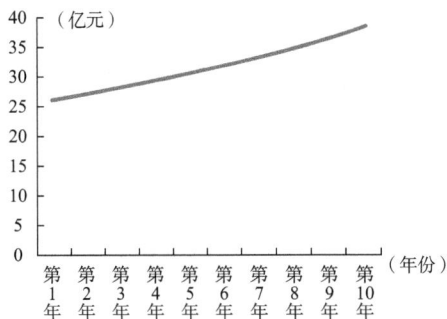

图 2-12　净利润走势

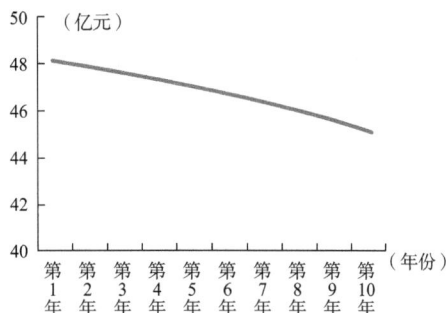

图 2-13　权益现金流走势

变差了，净利润只是一种意见，而现金流却是一个事实，净利润与现金流结论不一致时，以现金流为准。

在这个案例中，ROE= 净利润 ÷ 净资产，已知净利润会缓慢上升。净资产的走势需要看公司的分红政策，如果公司按照 100% 的净利润分红，那么净资产不会变化，但是由于公司的权益现金流大于净利润，公司分红率可以超过 100%，由此导致净资产减少。分子增加、分母减少，ROE 可能会上天。那么按照 PB-ROE 框架，一档 ROE 对应一档 PB，PB 会不会跟着上天？

显然不会，根据 PB=ROE ÷（r-g），问题的答案还是出在全生命周期加权平均增速 g 上。这个项目的寿命是有限的，10 年后就没了，可以假设还存在第 11 年，第 11 年的业绩增速是 -100%，所以公司每存在一年，距离第 11 年就更近一步，全生命周期加权平均增速就会降低，从而把 PB 拉下来。

因此，一个处于寿命初期的项目和一个处于寿命末期的项目，即便后者的 ROE 可能更高，显然还是前者更值钱，机械地使用 PB-ROE 框架，最终筛选出来的可能都是处于寿命末期的项目。

PB-ROE 模型的另一个挑战是沉没成本问题。权益现金流中不包括沉没成本，而净利润中包含折旧等沉没成本。以上述案例为例，如果项目投资成本由 500 亿元变成 1 000 亿元，贷款金额不变，还是 350 亿元，多出来的投资额由资本金补齐。这样，每年的折旧变成 100 亿元，利息费用不变，净利润直接为负，而且全生命周期都是负的。但是，净利润为负后因祸得福，不用交所得税了，权益现金流反而更好。用 DCF 折现可知，负 ROE 的情况下，公司的内在价值反而变高。

负 ROE 的资产对应负估值，需要有一个重要的前提，就是公司为满足永续经营假设，资产使用寿命到期后追加资本开支，新资产的 ROE 继续为负。但是现实中这显然是不成立的，公司又不傻，新的资本开支肯定有新的回报率要求。

我们经常可以听到一种说法即先发优势或先发劣势，笔者认为，所有的优劣判断，都必须落实到竞争格局、技术路线等实体层面，而不是停留在报表层面。例如，某些行业的技术进步速度很快，新产能的投资成本迅速下降，先发者投资额高、折旧高、ROE 低，后发者投资额低、折旧抵、ROE 高，单纯从利润表来看，貌似存在先发劣势。

但是从实体层面来看，所有的投资额都已经是沉没成本了，新产线和旧产线的现金流可能一样，内在价值是一样的。至于未来的产能，双方站在同一个起跑线上，如果设备都是外购的，谈何优劣。

2.4.3 从 DCF 看 PB：净资产的估值溢价来自哪里

通过联系 DCF 模型，我们可以思考一个问题，即净资产的估值溢价来自哪里，投下去 1 元钱，为什么公司的内在价值会大于 1 元钱。以一个单项目模型为例，与上节案例基本类似，为了方便纸质化展示，我们简化处理，将项目的使用年限缩短到 5 年，不考虑所得税。

【例】某项目固定资产总投资 200 亿元，可使用 5 年，自有资金占 30%，贷款占 70%，利率为 5%，5 年等额本息模式还款。不考虑建设周期，投产后次年开始盈利，每年获得营业收入 60 亿元，采用直线折旧法，非折旧成本每年为 5 亿元，不考虑应收应付及所得税问题，假设股权预期回报为 10%。

如表 2-9 所示，项目自有资金 60 亿元，贷款 140 亿元，5% 利率 5 年等额本期还款，每年还本付息额为 32.3 亿元，根据逻辑关系可以得出利润表和权益现金流，方法见 2.4.2 节，此处不再赘述。

表 2-9　5 年期项目的利润表和现金流计算

金额单位：亿元

年份	第 0 年	第 1 年	第 2 年	第 3 年	第 4 年	第 5 年
营业收入		60	60	60	60	60
折旧成本		40	40	40	40	40
其他付现成本		5	5	5	5	5
利息费用		7.0	5.7	4.4	3.0	1.5
净利润		8.0	9.3	10.6	12.0	13.5
债务余额及利息计算						
债务期初余额		140.0	114.7	88.1	60.1	30.8
利息费用		7.0	5.7	4.4	3.0	1.5
等额本息还款		32.3	32.3	32.3	32.3	32.3
偿还本金		25.3	26.6	27.9	29.3	30.8
债务期末余额	−140.0	114.7	88.1	60.1	30.8	0.0
权益现金流	−60.0	22.7	22.7	22.7	22.7	22.7

通过权益现金流可以算出项目的资本金内部收益率（IRR）[1]，如表2-10所示，该项目资本金 IRR 为 26%。按照 10% 的折现率将第 1 年到第 5 年的现金流折现到现在，可以算出项目投产后的内在价值为 85.9 亿元。再除以净资产，也就是权益投资额 60 亿元，可以得到项目的合理 PB 为 1.4 倍。

PB 之所以高于 1 倍，是因为项目的资本金 IRR 高于折现率，如果将折现率调到 26%，项目的合理 PB 将严格等于 1 倍。单项目 PB 只取决于三个参数，分别是项目的资本金 IRR、股权折现率和项目期限，资本金 IRR 高于股权折现率是 PB 大于 1 倍的前提，项目期限可以理解为资本金 IRR 和股权折现率差值的放大系数。

---

[1]　Excel 公式为 IRR（现金流 1，现金流 2……）。

表 2-10 5 年期项目的 IRR、折现值及合理 PB 计算

年份	第 0 年	第 1 年	第 2 年	第 3 年	第 4 年	第 5 年
单项目权益现金流（亿元）	-60	22.7	22.7	22.7	22.7	22.7
项目资本金 IRR	26%					
投产后现金流折现值（折现率10%）（亿元）		20.6	18.7	17.0	15.5	14.1
T_0 期末内在价值（亿元）	85.9					
合理 PB（倍）	1.4					

如果认为折现率是市场的平均预期回报，项目资本金 IRR 高于折现率，那么本质上是项目存在一定壁垒。单项目 PB 大于 1 倍的部分，可以理解为项目本身的溢价，包括项目特有的资源、商业模式、劳动价值等。

但是与单个项目不同，公司的假设是永续经营，公司可以将存量项目的一部分现金用于分红，剩余资金用于投资新的项目，只要新项目的资本金 IRR 继续高于折现率，再投资就是有价值的，因此公司的 PB 应该大于单项目 PB。

以上述案例为基础拓展，假设公司每年将净利润的 30% 用于分红，剩余的权益现金流用于再投资，假设再投资项目的单位投资额参数与基期项目完全一致，现金流和净利润参照基期项目，根据投资额等比例折算。

如表 2-11 所示，初始投资 60 亿元资本金，基期项目第 1 年的净利润为 8 亿元、权益现金流为 22.7 亿元，公司将净利润的 30% 用于分红，可用于再投资的权益现金流还剩 20.3（22.7-8×30%）亿元。由此产生 T_1 期的再投资项目，该项目在 T_2 期产生净利润 2.7（20.3÷60×8）亿元，权益现金流 7.7（20.3÷60×22.7）亿元。此时基期项目仍然创造效益，公司整体净利润等于基期项目的净利润 +T_1 期再投资项目的净利润，继续保持 30% 分红率，剩余现金流再投资，产生 T_2 期的再投资项目，由此实现滚雪球式发展。

假设公司第 6 年开始不再追加投资，现金流全部用于分红，第 10 年所有的项目均到期，公司注销。我们将公司未来10年所有的分红金额折现到现在，

可以算出公司的内在价值为 144.9 亿元，再除以初始权益投资 60 亿元，可以得到公司合理的 PB 为 2.4 倍。

表 2-11　5 年期项目用富余资金作为资本金再投资，滚雪球式发展后的内在价值及 PB

金额单位：亿元

年份	第0年	第1年	第2年	第3年	第4年	第5年	第6年	第7年	第8年	第9年	第10年
公司净利润合计		8.0	12.0	17.3	24.4	33.9	31.4	30.7	28.0	22.6	13.7
分红金额（净利润 30%）		2.4	3.6	5.2	7.3	10.2	71.7	64.0	53.9	40.6	23.1
用于再投资的资本金		20.3	26.7	35.2	46.4	61.1	0	0	0	0	0
基期项目净利润		8.0	9.3	10.6	12.0	13.5					
基期项目权益现金流	−60.0	22.7	22.7	22.7	22.7	22.7					
T_1 期项目净利润			2.7	3.1	3.6	4.1	4.5				
T_1 期项目权益现金流		−20.3	7.7	7.7	7.7	7.7	7.7				
T_2 期项目净利润				3.6	4.1	4.7	5.3	6.0			
T_2 期项目权益现金流			26.7	10.1	10.1	10.1	10.1	10.1			
T_3 期项目净利润					4.7	5.4	6.2	7.0	7.9		
T_3 期项目权益现金流				−35.2	13.3	13.3	13.3	13.3	13.3		
T_4 期项目净利润						6.2	7.2	8.2	9.3	10.4	
T_4 期项目权益现金流					−46.4	17.5	17.5	17.5	17.5	17.5	

（续表）

年份	第0年	第1年	第2年	第3年	第4年	第5年	第6年	第7年	第8年	第9年	第10年
T_5期项目净利润							8.1	9.4	10.8	12.2	13.7
T_5期项目权益现金流						−61.1	23.1	23.1	23.1	23.1	23.1
公司分红金额折现值		2.2	3.0	3.9	5.0	6.3	40.4	32.8	25.1	17.2	8.9
公司内在价值	144.9										
公司合理PB（倍）	2.4										

公司的合理 PB 为 2.4 倍，而单项目合理 PB 只有 1.4 倍，公司 PB 大于单项目 PB 的部分是公司的"拓展价值"，包括企业家精神溢价，以及单项目壁垒的可复制性。公司的一切超额盈利能力均来自壁垒，但是并不是所有的壁垒都可以复制，只有可复制的壁垒才有拓展价值，进而带来公司的 PB 溢价。

例如，一家饭店生意红火，ROE 很高，如果高盈利是由地理位置带来的，那么这个 ROE 就没有拓展价值，PB 不会很高。但是，如果高盈利是由菜品创新带来的，老板可以开分店，具备拓展价值，那么即便 ROE 稍微低一点，市场也会给予更高的 PB 溢价。

由此可以引申出一个推论，项目的合理 PB 和公司的合理 PB 是两个不同的概念，所谓"低价收购项目带来 EPS 增厚"，是否"低价"，不能用公司自己的估值作为标尺。比如我们经常可以看到，一个 2.4 倍 PB 的公司，按照 2 倍 PB 收购了一个同类项目，实现 EPS 增厚，市场往往将其视为利好。

然而，公司自身的 2.4 倍 PB 中，是包含"拓展价值"的，比如对公司政商资源及创始人能力的溢价，而收购来的资产可能只是单个项目，现金流折现后只值 1.4 倍 PB，如果用 2 倍 PB 收购就显然是买贵了。如果用 PE 来解释就是，虽然收购后公司的 EPS 实现了增厚，但是利润基数变高后，公司的"拓展价值"没有等比例提升，全生命周期加权平均增速下降，PE 减少，股价应该下跌。

案例中的情形，在 2014—2015 年牛市期间经常出现。比如，一家游戏公司一开始旗下只有 1 个游戏，估值 50 倍 PE，公司用 10 倍 PE 的价格从外面又买了一个游戏，公司利润翻倍，股价也同步增长。

然而问题在于，即便游戏公司的 50 倍 PE 是合理的，这 50 倍 PE 也不是给某个游戏的，而是给这家公司源源不断创造新游戏的能力的，毕竟一个爆款游戏的生命周期一般也就几年。公司收购了一个游戏后，利润翻倍，但是创造新游戏的能力显然没有翻倍，因此牛市过后，股价全部打回原形。

另一个推论是如何判断公司再投资是增厚价值还是毁灭价值，我们经常听到一种说法，即"为什么公司要投资一个 ROE 低于自己的项目，拉低自己的 ROE 呢"。从上述模型中可以推导出，判断再投资是否增厚价值的唯一标准，是新项目的资本金 IRR 是否高于股权折现率，与存量项目的 IRR 及 ROE 都没有任何关系。估值是面向未来的，归根结底是看新项目的净现值（Net Present Value，NPV）是否为正，它取决于预期收益率和预期折现率孰高。在 2.2.2 节中我们讨论过折现率取决于很多因素，但是因素里没有 ROE。

还有一个推论是有关分红率和内在价值关系的。两者到底是正相关还是负相关？如果公司的利益和小股东的利益是一致的，那么分红率和内在价值负相关，因为分红率高说明再投资率低，公司的滚雪球能力差。很多课本上都有一个公式即公司利润增速 =ROE ×（1- 分红率），并由此得出一个并不正确的结论：ROE 越高利润增速越高，利润增速越高 PE 越高，ROE 和 PE 正相关。

然而，正如我们在 2.3.2 节已经给出的反例，ROE 和 PE 没有关系。上述公式的实际意义是，如果公司不依赖股权融资，且权益现金流大致等于净利润，在一定的分红率下最高可以支撑多高的利润增速。

一方面，理想情况下的最高增速和公司的实际增速是两个概念，从企业价值最大化的角度看，是先有预期增速，后有投资额和分红率，钱不够的话分红率可以为负，也就是再融资。预期增速是由行业市场空间、企业拓展能力决定的，不是有钱就能解决的，和存量项目的 ROE 无关，ROE 归根结底是钱的问题。

另一方面，影响 PE 的不是短期增速，而是全生命周期的加权平均增速，根据 PE=1/（r-g），全生命周期加权平均增速一定小于折现率，否则估值不收敛。而折现率也一定小于 ROE，否则企业没有存在的意义，所以 ROE 一定大于全生命周期加权平均增速，根本不会对后者构成制约，也不会影响到 PE。

2.5 长江电力：透明但是门道很多的公司，是估值基础必修课

长江电力可能是全球范围内商业模式最简单、基本面最透明的公司之一，凭借稳定的现金流收获众多粉丝，被誉为"稳定价值类投资之锚"。

然而，从财报分析和估值方法的角度来说，长江电力看似简单，实则门道很多，公司上市至今经历了两次估值体系的切换，每一次切换都有自身基本面的深刻变化，同时也伴随着整个 A 股市场估值方法论的进化。每次估值体系切换周期都是公司超额收益最丰厚的时候，长江电力作为穿越多次牛熊的常青树，是我们练习财报分析和估值方法的绝佳样本。

长江电力是全球最大的水电公司，上市主体只负责电站运营，不负责前期建设，旗下电站均由集团先建设，等集团建完后，再以资产注入的形式注入上市公司。截至 2022 年年底，长江电力旗下拥有葛洲坝、三峡、向家坝、溪洛渡 4 座电站，集团建设的乌东德、白鹤滩已经完工，预期 2023 年注入公司，届时公司管理的水电站将增至 6 座。6 座电站资产质量举世无双，其中 5 座规模位居世界前十（见表 2-12），正所谓"世界水电看中国，中国水电看长电"。

表 2-12　长江电力旗下水电资产

电站	所在地区	装机容量（万千瓦）	投产时间（年）	注入时间（年）	电站定位
葛洲坝	湖北宜昌	273.5	1981—1988	初始资产	三峡电站的反调节电站
三峡	湖北宜昌	2 250	2003—2011	2004—2012	全球第一大综合水利枢纽，世纪工程
向家坝	四川宜宾	640	2012—2014	2016	全球第十大水电站，金沙江下游第四级
溪洛渡	云南永善	1 386	2013—2014	2016	全球第四大水电站，金沙江下游第三级
乌东德	四川会东	1 020	2020—2021	2023	全球第七大水电站，金沙江下游第一级
白鹤滩	云南巧家	1 600	2021—2022	2023	全球第二大水电站，金沙江下游第二级

　　水电的商业模式非常简单，自身就是产业链全部上游，发电过程没有边际成本，16 字概括就是"拦河蓄水、来水发电、发电上网、坐等收钱"。发电量多少主要取决于降雨，但是大型水电一般都配有水库，具备流域来水调节能力，可以平滑降雨的丰枯波动，因此只要电价稳定，水电公司的盈利能力可以做到与宏观经济完全脱钩，水电公司的商业模式约等于一次性投资买一笔债券，然后每年获得稳定回报。

　　由于绝大部分成本都是来自沉没成本的折旧，长江电力的经营性现金流量净额远高于净利润。如图 2-14 所示，公司现金流与利润体量主要受装机规模影响，2016 年溪洛渡、向家坝注入完成后，公司经营性现金流量净额整体在 400 亿元量级，而净利润只有 220 ～ 260 亿元。

　　我国水电公司的折旧政策都极为保守，如水利部明文规定大坝的最低设计使用寿命是 150 年，三峡总工程师接受采访时称三峡大坝使用寿命长达500 年，但是水电公司一般按照 40 年折旧。电站内部的水轮机组使用寿命长达 30 ～ 40 年，水电公司一般按照 18 年折旧，由此导致水电公司的净利润普遍失真，现金流才是真实的利润。

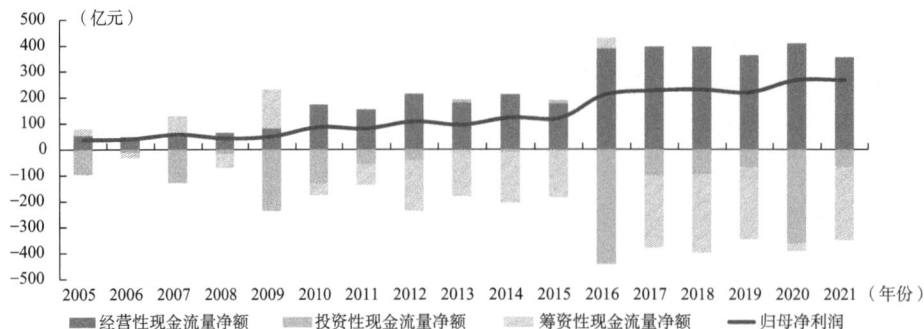

图 2-14　长江电力现金流及归母净利润情况

然而，正如此前几节所述的，公司资产优质与否和股价能否获得超额收益没有必然联系，如果没有持续的预期差，"资产优质"结论本身已经完全反映在股价里了，收益率只能等于折现率。长江电力作为风险极低的公司，折现率显然不会太高。但是如图 2-15 所示，长江电力股价表现出了极强的超额收益，远远跑赢沪深 300。

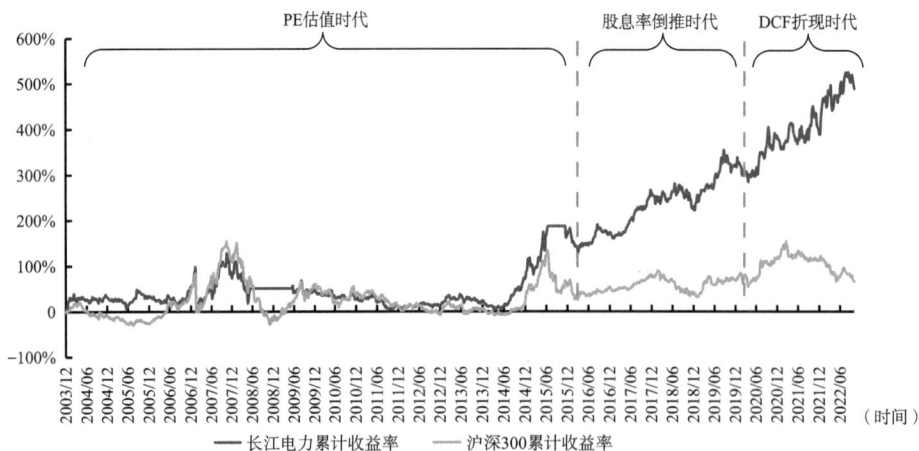

图 2-15　长江电力自上市以来累计收益率情况（根据前复权股价计算）

不过，观察长江电力的 K 线可知，公司的超额收益基本都出现在 2016 年之后。2016 年之前，公司的股价走势和沪深 300 相关性较高，鲜有超额收益。2016 年之后，公司仿佛一夜之间脱胎换骨了，股价走势和沪深 300 脱钩，一条直线上涨，任凭风吹雨打，胜似闲庭信步。

与波澜壮阔的股价走势相比，公司的净利润走势（如图 2-14 所示）只能用波澜不惊来形容。从股价 =EPS×PE 来看，公司 2016 年之后的股价涨幅，主要是通过拔估值实现的，而且几乎每一年的 PE 都创历史新高。

究其原因，公司的估值体系在 2016 年经历了一次重塑，其实还有一次从 K 线中不太容易察觉的重塑，发生在 2020 年。也就是说，公司自上市以来，估值体系经历了三个阶段、两次重塑，估值体系重塑是公司超额收益的来源，而不是资产本身有多么优质（当然，资产优质是估值体系能够重塑的前提）。

接下来，我们将视角挪回 2016 年，看看这一年发生了什么。2016 年之前，公司只有三峡和葛洲坝两座电站，2016 年年初公司完成了溪洛渡、向家坝两座电站的注入，旗下电站变成了 4 座。

溪洛渡和向家坝两座电站的注入是一个里程碑性事件，至此公司基本面发生了两点重大变化：其一是电站数量由二变四，且彼此呈上下游关系，从而极大增强了公司对流域来水的联合调度能力；其二是公司在定增预案中承诺 2016—2020 年分红金额不低于 0.65 元 / 股，2021—2025 年分红比例不低于 70%。

与高速公路的分流效应相反，水电具有多级增厚效应。通俗理解就是，水电站的发电量主要取决于降雨，假设一座电站单位时间内的满发电量是 100 亿度，如果上游流下来能发 200 亿度电的水，电站的库容不够大，多出来的水只能白白放掉。这时候如果上游还有一个电站，可以帮下游把水暂时存起来，等不下雨的时候再放下来，那么水资源的利用效率将显著提升。

但是从估值的角度看，"四库联调"最大的意义不在增发电量，而在提高发电量的稳定性及业绩的可预测性。以公司剔除金融性资产和投资收益后的经营性 ROE 为标准[①]，自 2009 年三峡机组整体注入到 2016 年溪洛渡和向家坝两座电站注入之前，公司盈利能力受降雨丰枯影响极大，业绩稳定性并不理想，此时市场基本将公司视为普通大盘蓝筹股，使用 PE 法估值，股价被长期低估，直到 2014—2015 年借助牛市实现了一轮估值修复。

---

① 此处定义的经营性资产 ROE=（归母净利润 − 投资收益）÷（公司合计净资产 − 金融类资产）。

但是与大部分一轮游股票不同，长江电力在牛市中的高点成为了新周期的起点。在 2016 年溪洛渡和向家坝两座电站注入后，"四库联调"大幅降低了降雨波动的影响，公司业绩稳定性获得质变。从盈利预测准确性来看，2016 年之后公司每年归母净利润预测的 Wind 一致预期中位数呈逐季上调趋势，且除 2019 年之外最终业绩均略超市场预期，如图 2-16、图 2-17 所示。

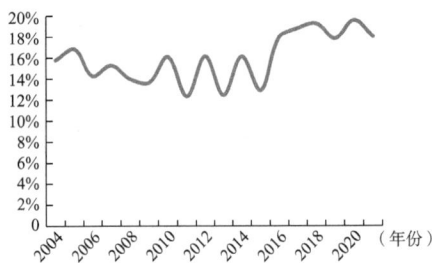

图 2-16　长江电力经营性资产 ROE 情况

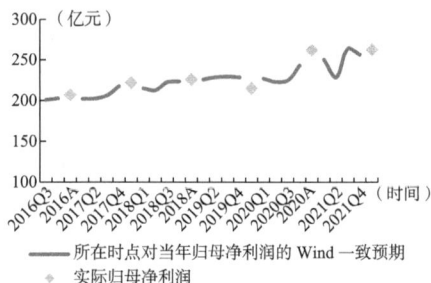

　　所在时点对当年归母净利润的 Wind 一致预期
　◆　实际归母净利润

图 2-17　长江电力盈利预测准确性

注：2016A、2018A、2020A 中的"A"表示当年实际的归母净利润。

除此之外，公司还公布了长达 10 年的分红承诺，尤其前 5 年还是绝对值承诺。站在 2016 年的时间点，公司未来 5 年最低分红承诺对应每年分红金额 143 亿元，而每年归母净利润预期超过 200 亿元，经营性净现金流预期超过 300 亿元。实在想不出公司的分红有什么风险，因此市场可以参照债券定价模型，采用股息率倒推的方式直接得出公司的合理股价。

如图 2-18 所示，从公司股息率与我国 10 年期国债收益率走势对比图中，我们可以更清晰地看出股息率倒推定价机制的形成过程。

2016 年下半年至 2017 年年底为公司估值体系切换的过渡阶段。2016 年之前，市场不是特别关注公司股息率，而是盯住 PE，2016 年二三季度时公司股息率高出 10 年期国债收益率 2 个百分点。四季度起，随着股息率倒推定价方式逐渐受到市场认可，公司股息率与国债收益率的差距迅速收窄。即便 2017 年国债收益率转而上行，公司股息率继续稳定下行，仍然带动股价及估值水平快速提升。

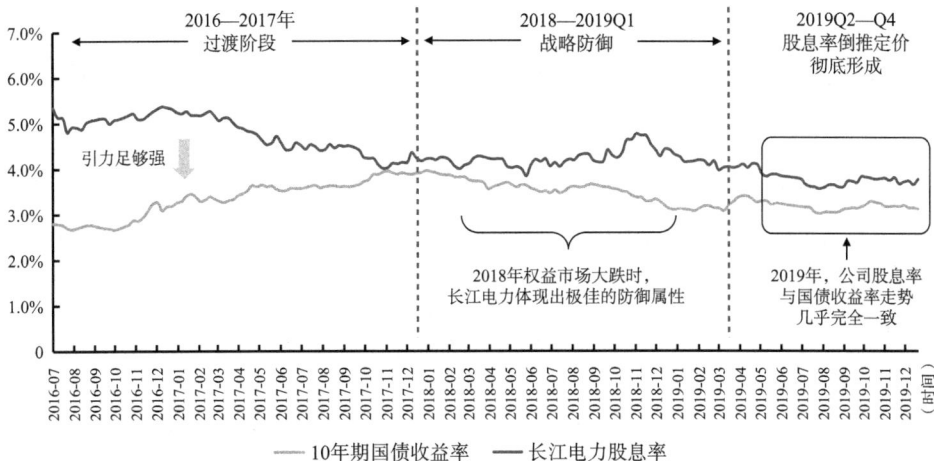

图 2-18　长江电力股息率与 10 年期国债收益率走势对比（2016—2019）

经历 2017 年的一轮估值提升后，2018 年年初公司股息率与 10 年期国债收益率的差值已收窄至 0.5 个百分点以下，因此在 2018 年一季度市场相对亢奋的行情中公司股价上涨乏力。随后 2018 年 4 月中兴事件拉开了中美贸易摩擦的帷幕，A 股估值中枢整体大幅下移，但是受国债收益率下行支撑，公司估值水平在二三季度市场回撤最迅速的阶段仍然保持稳定，保障了投资者至少获得股息率收益。

经历大跌洗礼后，2019 年长江电力业绩的稳定性、可预测性及弱势环境下的绝佳防御属性得到市场一致认可。但是，由于估值体系切换已经完成，公司在 2019 年的市场反弹中再次表现乏力。从公司股息率与 10 年期国债收益率的对比中可以看出，2019 年两者细微波动的走势都完全一致，市场彻底将公司视为债券的替代品。

然而，股息率倒推定价有一个很重要的暗含假设，即公司的业绩长期保持稳定，没有增长。2016 年公司归母净利润为 208 亿元，2019 年为 215 亿元，三年涨了 7 亿元，确实好像没咋增长。但是问题来了，如果把折旧加回来，公司每年权益现金流高达 350 亿元，每年实际分红金额才 150 亿元，剩下的钱去哪了，股息率倒推体系并没给这部分钱定价。

其实，2016 年之后公司把剩下的钱都用于还债和进行二级市场股权投资了。首先，公司在 2016 年收购溪洛渡、向家坝时，承接了集团约 500 亿元的代垫工程款，在资产负债表中体现为"长期应付款"，这笔贷款的利率很高，2016—2019 年公司基本保持了每年还 100 亿元的节奏（含部分置换），导致财务费用迅速下降，如图 2-19、图 2-20 所示，图中财务费用陡峭程度远高于有息负债降幅。

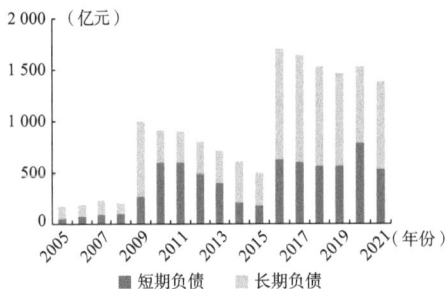

图 2-19　长江电力有息负债情况

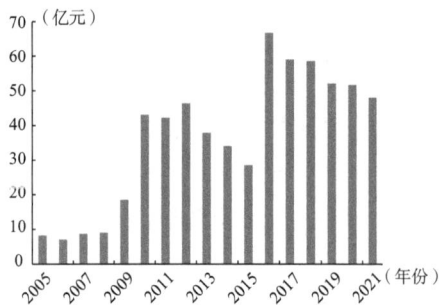

图 2-20　长江电力财务费用情况

其次是进行二级市场股权投资。凭借对水电行业的深刻理解，公司一直认为包括自己在内的我国整个水电板块市值被严重低估，所以从 2016 年开始就在二级市场疯狂"扫货"，把 A 股市场上的水电公司几乎都买了一遍，长期股权投资规模逐年增加。在权益法核算下，投资收益＝所投公司归母净利润 × 持股比例，不受所投公司股价波动影响，所以随着持股比例提升，公司的投资收益稳步增长，如图 2-21、图 2-22 所示。

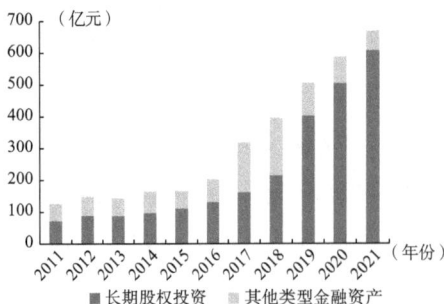

图 2-21　长江电力金融资产情况

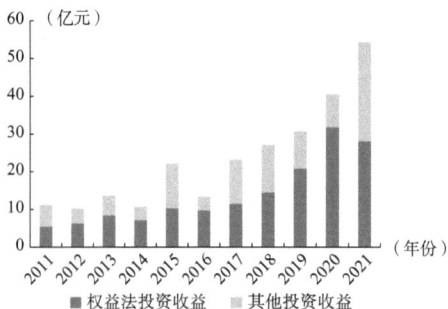

图 2-22　长江电力投资收益情况

而且从长江流域水电站拓扑图来看，长江电力的电站整体位于流域下游，公司买的水电公司多位于流域上游。如上文所说，上游可以帮助下游进行联合调度，靠着在二级市场持续增持，公司顺利拿到了上游公司的董事会席位，有力地推动了流域联合调度工作。

然而，一面是财务费用持续下跌、投资收益高速增长，另一面却是归母净利润岿然不动，问题出在了税收优惠上。我国水电行业享受的税收优惠主要有两个，分别是大型水电增值税退税①和电站投产后所得税"三免三减半"②。

其中，大型水电增值税退税属于会计意义上的"政府补助"，2016 年及之前计入"营业外收入"科目，2017 年及之后计入"其他收益"科目，公司按照收付实现制原则，在实际收到补助时确认收益。但是这项政策于 2017 年到期，公司 2017 年其他收益尚有 22.9 亿元，2018 年仅剩部分尾款 7.2 亿元，2019 年则完全归零。

所得税"三免三减半"不属于会计意义上的"政府补助"，直接减少所得税费用。公司的溪洛渡、向家坝两座电站大部分机组于 2013 年投产，由此可知 2016 年所得税"三免"到期，2019 年"三减半"到期。可以看出，公司从 2013 年到 2019 年，每三年到期一个税收优惠，这吃掉了公司全部的内生增长，让公司显得"业绩稳定"（见表 2-13）。

时间来到 2020 年，公司所有的税收优惠都到期了，不再有边际负影响，但是公司的财务费用、投资收益仍然持续贡献增长动能，市场忽然发现公司并不是债券，应该给没分红的现金流进行价值重估。公司的商业模式可以简化为，4 座电站每年贡献 350 亿元权益可支配现金，然后至少分红 150 亿元，剩下的钱用于再投资（偿还贷款相当于投资债券）。乌东德、白鹤滩注入后，预计公司每年权益现金流将达到 500 亿元。

---

① 根据财政部、国家税务总局 2014 年发布的《关于大型水电企业增值税政策的通知》，装机容量超过 100 万千瓦的水力发电站销售自产电力产品，自 2013 年 1 月 1 日至 2015 年 12 月 31 日，对其增值税实际税负超过 8% 的部分实行即征即退政策；自 2016 年 1 月 1 日至 2017 年 12 月 31 日，对其增值税实际税负超过 12% 的部分实行即征即退政策。

② 前三年免征，第 4 年～第 6 年减半征收。

表 2-13　长江电力 2016—2021 年归母净利润及利润表关键科目变化

金额单位：亿元

年份	2016 年	2017 年	2018 年	2019 年	2020 年	2021 年
营业收入	489.4	501.5	512.1	498.7	577.8	556.5
－财务费用	66.8	59.0	58.5	52.1	49.9	47.5
＋投资收益	13.3	23.1	27.1	30.8	40.5	54.3
＋其他收益		22.9	7.2	0	0.1	0
＋营业外收入	29.1	0	0.1	0.3	0.5	0.3
－所得税	42.2	43.8	43.6	50.6	59.5	59.2
归母净利润	207.8	222.6	226.1	215.4	263.0	262.7

我国大部分水电公司的 ROE 都低于长江电力，但是如 2.4.3 节所述，再投资是否增厚企业价值，判断标准是再投资的净现值是否为正，与存量资产的 ROE 无关。理论上，只要二级市场定价是公允的，也就是没有超额收益的情况下，无论是投资其他公司还是回购自家股票，二级市场投资的净现值严格来说等于 0（预期收益率就是折现率）。但是考虑到潜在的流域联合调度，长江电力的股权投资净现值至少大于 0。因此，可以直接对再投资之前的权益现金流进行折现，而不是仅仅盯住分红金额。

如图 2-23 所示，长江电力在 2020 年启动了第二次估值体系的切换，2019 年公司尚处于股息率倒推定价体系中，股息率走势与 10 年期国债收益率走势完全一致，但是 2020 年起两者逐渐脱钩，尤其从 2020 年二季度到 2021 年一季度，10 年期国债收益率持续上行，而公司的股息率继续下降，反推的结果便是公司股价继续上涨。公司的股息率一度低于 10 年期国债收益率，显然是股息率以外的东西参与了定价，即公司的估值体系从股息率倒推升级到了权益现金流折现。

因此，看似 2016 年之后公司的股价呈一条直线上涨，其实中间发生了很多故事。而且之所以是"一条直线"，是因为估值体系第二次切换时，10 年期国债收益率持续上行，吃掉了股息率倒推定价下的涨幅。如果没有这次估值体系的切换，公司 2020 年的股价可能会有较大的回调压力。反之，如果当时

10 年期国债收益率不反弹，公司的股价可能会有向上的拐点，从而可以更清晰地在 K 线中看出估值体系切换。

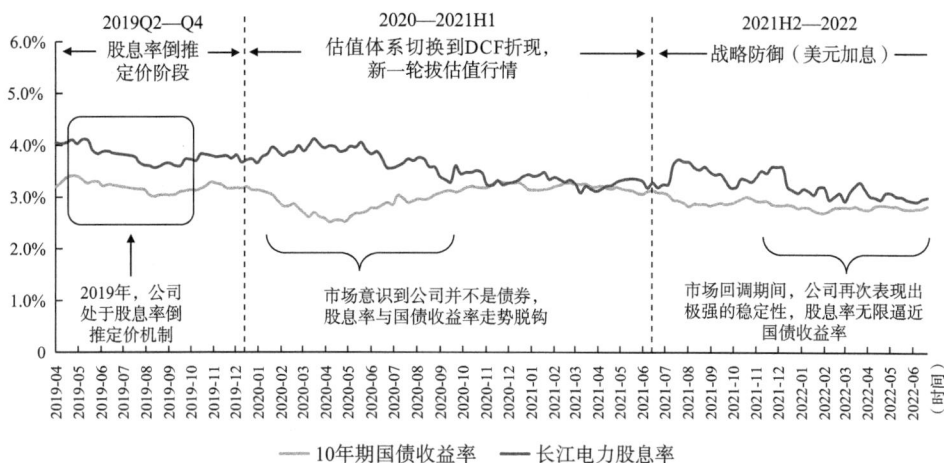

图 2-23　长江电力股息率与 10 年期国债收益率走势对比（2019—2022）

第3章

识别非法的财务舞弊：
合理怀疑，有罪推定

特别声明

为了更清晰地让大家辨别常见的舞弊手法，本章将涉及大量案例，这些案例均来自证监会下发过的《行政处罚决定书》中的有定论案件，数据来自权威且公开的渠道，真实性有保障。

本章内容主要是站在投资者角度，讲解如何在事中对舞弊进行识别，以避免投资踩雷，且笔者不对个案进行任何感情性评价。为了避免敏感性问题，书中做了一些处理，隐去了公司的真实名字，并对财务报表数据进行了等比例缩放。在案例讲解中，本章以典型案例为模板，对类似手法进行扩充，分析的手法未必完全是原案例中采用的手法。

特此声明。

3.1 维护市场风气是每个从业者的共同责任

对于绝大部分投资者而言，财务报表是我们了解一家公司经营状况最重要的方式，也是所有估值方法的基础，前面两章介绍了财务报表的基本原理和常见的估值陷阱，但是这一切的前提是报表是真实的。若是报表本身有问题怎么办？这就要求投资者掌握识别财务造假这项必备技能。

作为二级市场投资者，我们没有能力跟踪上市公司的具体经营过程，精力、人力、财力都不允许我们采用类似浑水做空瑞幸的方式来判断公司是否造假，更不可能采用证监会的入场调查手段。我们能做的只是合理怀疑，当公司有多项指标异常、彼此不能自圆其说时，就可以远离了。毕竟在只能做多的 A 股市场，识别出公司造假以后，没法通过做空获利，只能远离之。

不过从证据的力度上看，浑水需要找到足够多的证据让市场相信其做空的标的确实在造假，证监会需要有足够实锤的、具有法律效应的证据给上市公司定罪，而二级市场投资者需要的只是避免踩雷。值得强调的是，法律的原则是"疑罪从无"，而投资的原则却可以是"疑罪从有"，自证清白是上市公司的责任，责任不能倒置。

笔者认为，当前国内二级市场研究中有一个不太好的风气，那就是"责任倒置"。每一个明星股都可能有众多的机构拥趸，遇到问题的公司还可能是某个卖方分析师的爱票甚至标签票。因此，每当上市公司的财报出现指标异常后，在上市公司自己开电话会（往往在第二天）"辩解"之前，市场在前一天晚上的点评里，可能就已经帮公司写好辩解词了。

笔者身为二级市场从业者，深知从基本的正义观出发，维护资本市场积极向上的风气、让财务舞弊的上市公司得不偿失，是每一个二级市场从业者的共同责任。

财务舞弊、报表粉饰分为很多种类型。由于基于权责发生制原则的利润表本身就是一种意见，因此报表粉饰也有很多合法的手段。整体上看，合法手段往往是利用会计分期确认的原则，在不同会计期之间"挪利润"，把未来的利润挪到现在，或者把现在的利润挪到未来，这么做更加灵活但也更加复杂。财务舞弊一般是指采用非法手段——往往是"无中生有"，在报表中平白无故多出来一块利润。

三张报表和复式记账法是一个伟大的发明，任何财务调节手段都会在三张报表中留下痕迹。但遗憾的是，很多舞弊手段非常难以识别，舞弊和正常经营之间并非时时泾渭分明，如期末销售冲业绩、期初再退货，本期加价出售、承诺下一期打折优惠等。本章主要教大家识别相对明显的、具备一定普遍性的财务舞弊手段，这些手段均为非法手段。合法的财务调节手段涉及更多估值技巧和心理博弈，这些内容主要放在第 4 章分析。

3.2　为什么要造假：贪欲的驱使，用虚假业绩迎合市场期待

识别财务造假的第一步是了解财务造假的动机，即企业为什么要造假。从近年来监管机构通报的案件来看，很多公司并不是一上来就弄虚作假的，在创业初期或者上市初期，反而格外有情怀。只是后来，面对各种内外部需求，实控人的胃口变得越来越大，不满足条件也要通过各种手段"假装"自己满足条件，给投资者提供虚假信号。本质就是赌一把，赌别人看不出来。

然而，这是一条不归路，等公司上了船之后就会发现，为了圆之前的谎言，需要一个又一个更大的谎言，导致泡沫越吹越大，直到最终公司一切归零、实控人身陷囹圄。那么，上市公司在发展过程中，需要满足哪些要求，面临哪些诱惑呢？总结来看，主要包括三点。

1. 满足监管要求

（1）很多公司需要跳一跳才能满足上市条件。我国主板上市要求公司最

近三个会计年度净利润累计不低于 3 000 万元，创业板上市要求公司连续两年盈利，净利润累计不低于 1 000 万元。但是在实际操作中，在全面注册制之前，证监会不仅要审核净利润的绝对值，还要审核净利润的变化趋势及利润率（反映公司的竞争力），只满足纸面上的利润要求是远远不够的。

因此，在做材料的时候，净利润多一点，利润率高一点，总归不是坏事。所以，虽然上市公司的招股书往往是公司有史以来披露信息最详细的一份公告（很多公司的重要信息只在招股书里出现过一次，后续的年报、季报中再也没出现过），但是招股书本身也是利润注水的重灾区。当然，满足监管要求不一定都是非法的"财务造假"，有不少是合法的"财务调节"。

（2）上市公司连续亏损，面临退市风险，前一年财务"大洗澡"，后一年虚增利润摘帽。上市公司连续亏损要被标注 ST，而很多公募基金的合规部门要求不得投资被标注 ST 的股票，因此持续亏损的公司非常有动力虚增利润摘帽。所以，突然摘帽的上市公司需要格外注意。

同样地，上市公司连续亏损，可能还面临退市风险，它们会使出浑身解数来"保壳"。因此，突然扭亏的上市公司也需要格外注意。

2. 实现股价诉求

股价诉求是上市公司财务舞弊、粉饰报表的常见动机，具体包括炒作股价高位套现、压低股价定向增发，以及大股东股权质押后避免被平仓等。

需要注意的是，除了股权质押后避免被平仓外，大股东是不能靠股价浮盈获利的。如果没有股权买卖，股价上涨只能让大股东纸面上的身价暴增，大股东的股价诉求一定要落实到高位减持、低价增发等具体操作上才有实际意义。

但是对于经营权与所有权分离的公司，如采用职业经理人模式（所有的国企都可以视为广义的职业经理人模式）的公司，管理层的绩效奖金可能与经营业绩或者股价表现相关，或者管理层直接享有股权激励，该情况下管理层也有动机通过舞弊做高股价，因为有浮盈即可获利。这也是值得大家注意的。

3. 利益输送

利益输送主要是指利用关联方（通常是隐性关联方）掏空上市公司，薅小股东羊毛。例如，公司业绩低于预期，可能并不是因为经营情况较差，而是源于"跑冒滴漏"，高价采购、低价出售。再如，一些公司通过虚标在建工程造价、虚报并购标的对价等方式，让现金走投资性现金流流出，短期内不影响利润表，直接注水资产负债表。这些对小股东的危害都非常大。

利益输送的识别手段与财务造假类似，本章将利益输送与财务造假纳入一个框架中共同探讨。

3.3　为什么能造假：权责发生制下，利润表本身就是一种意见

理解企业为什么要造假后，需要思考的第二个问题是企业为什么能造假。苍蝇不叮无缝的蛋，企业之所以能造假，就是因为基于权责发生制的利润表本身就是一种意见，容易被用心不良的人钻空子。

从本质上说，会计是一种账簿编制方式，是对经营活动的总结和对过程的控制。所有的会计制度设计均是为了完成这两个目标，但是这两个目标不完全兼容，必要的时候需要妥协，而最大的妥协就是权责发生制。在现行会计制度下，利润表记录的是企业"应该"赚多少钱，而不是实际收到了多少钱。

收入的确认、成本的计提、公允价值判断等涉及大量的会计估计，很多时候天然具有模糊空间，而且不同会计制度下结果差异也很大，例如 A+H 股两地上市的同一家公司，A 股和港股两张报表的净利润就不一样。因此有这么一个观点：利润表是一种意见，现金流量表是一种事实。基于此观点，部分投资者认为现金流量表更能反映公司的实际经营业绩。

然而，笔者认为该观点有本末倒置的嫌疑。从会计制度的设计初衷上看，之所以采用三张报表，而且规定利润表采用权责发生制，就是因为虽然权责发生制有种种弊端，但是已然是最能反映给定会计期经营业绩的呈现方式了。

与利润表相比，现金流量表虽然看起来更加"真实"，但是无法准确描述

具体会计期的经营"成果"，如本期的销售可能还没有收到现金，本期实际收到的现金可能来自上一期的销售。

而且从利润表的英文来看，无论是更常用的 income statement 还是相对少见的 profit statement，都要比现金流量表 cash flow 更加贴近字面意义上的"经营业绩"。利润表就是利润表，是不能够被任何一张表代替的，换句话说，三张表中的任何一张表都是不可或缺的。

要想了解财务造假的原理，就需要正视利润表的缺点，而利润表的缺点基本上也就是权责发生制的缺点，缺点就是"没收到的钱可以算利润，实际支付的钱也可以不进利润表"。积极的说法是让会计报表更加反映经营实质、更具前瞻性，消极的说法就是确实为财务造假提供了便利。

为了理解"没收到的钱可以算利润"，我们可以将净利润拆解为三部分：

净利润＝（收现收入－付现成本）＋（应记收入－应记成本）＋（浮盈－浮亏）

（1）收现收入与付现成本就是实实在在收到钱的收入、实实在在付出钱的成本，造假空间相对较小。但需要警惕的是，企业"收到"的钱可能并不一定源自营业收入，也可能是负债（包括表外负债、预收账款、合同负债等），还可能是营业外收入（如出售资产获得的一次性损益）。

（2）应记收入与应记成本是财务造假最重要的切入点，也是权责发生制被人诟病的根源。应计收入就是在权责发生制下，虽然现在还没有收到钱，但是公司觉得未来"应该"能收到钱的收入，体现在应收账款等上面。应记成本是虽然现在还没付钱，但是未来"需要"付钱的成本，包括应付账款，也包括折旧。

折旧是一种很特殊的成本，也是最重要的非付现成本。虽然在计算折旧时，我们往往以资产的账面价值为基础（反映资产的历史投资成本），但是折旧既可以是历史成本，也可以是未来成本。当我们回顾业绩的时候，折旧就是历史成本。当我们展望未来的时候，折旧的本质是重置成本，意思是企业每年必须存多少钱用于维护性资本开支，企业才能满足永续经营假设，此时它是一种远期需要支付的成本（再投资）。

（3）浮盈和浮亏是指因会计准则规定而产生的盈亏，本质上都是提前确认损益，调节空间较大但是往往过于明显，造假收益有限。具体调整内容包括公允价值变动损益、资产减值损失、坏账准备、汇兑损益等，从本质上来说这些都是未来发生的事情，基于会计核算的审慎性原则，在当期提前确认了。换个角度看，这些都是和资产负债表关联的项目，由资产负债表配平引发的利润表变动（详见 1.5.2 节）。

"实际支付的钱也可以不进利润表"，主要是指当期支出根据作用期限长短，可以走经营性现金流进利润表，也可以直接资本化进资产负债表，不进当期利润表。

如图 3-1 所示，会计准则允许公司将当期支出按性质分为三类，即支付

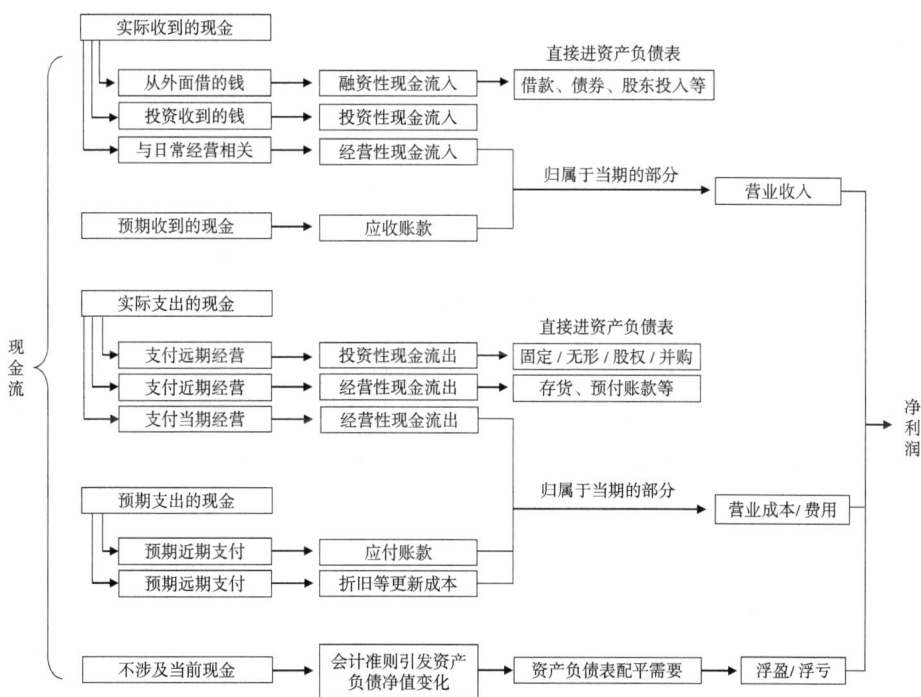

图 3-1　从现金流到利润表示意图

当期经营、支付近期经营和支付远期经营。只有支付当期经营的部分影响利润表，支付近期经营的部分虽然也属于经营性现金流出，但是不影响利润表，直接进资产负债表形成存货、预付账款等营运资本。支付远期经营的部分即对外投资，通过投资性现金流出，形成在建工程、固定资产、无形资产、股权投资、并购商誉等生产资料。

在现实中，支出性质的划分存在一定的主观性，故意利用这种主观性是上市公司实施财务舞弊的另一个重要抓手。一种屡见不鲜的造假手段就是"高价卖出后再高价买回"，卖出去的时候配合利润表走经营性现金流入，买回来的时候直接进资产负债表变成存货。甚至有的公司更激进，买回来的时候走投资性现金流出，作为工程物资进在建工程，这样经营性现金流量净额与净利润可以做到完全匹配，常规的收现比指标就失效了。

反过来也一样，从外面借的钱应该属于融资性现金流入，进入资产负债表变成长短期借款、应付账款或者预收账款等，但是一些公司为了配合做账，就直接按经营性现金流入处理了，做出和利润表一致的假象。然后这笔借款就变成了表外负债，公司未来再想办法还掉，包括虚构投资、虚增报价、虚假采购等。

有这么一句话，"你可以骗一个人很长时间，也可以骗所有人一段时间，但是你不能骗所有人很长时间"。然而，这句话对财务分析没有意义，因为对造假公司而言，根本不需要骗所有人很长时间，只要达到阶段性目的就可以了。

不过也不用过于担心，现代监管机构及会计规则制定者已经尽了最大努力，把很多规则特意设计得特别复杂，使得大部分看似天衣无缝的操作，都会在三张报表的各种细节里留下蛛丝马迹。这些蛛丝马迹很难消除，甚至可能越描越黑，这恰恰就是现代会计规则设计的精妙之处，复杂自有复杂的道理，只是需要我们睁大眼睛，辛苦一点罢了。

3.4　重视审计报告，警惕非标准事项段

正是考虑到财务报表中涉及大量的主观判断和操作空间，为防止企业过度自我发挥，全球监管机构一致采取了审计制度，如 A 股要求上市公司的年报必须经过审计（中报和季报不做要求，这侧面说明年报的可信度高于中报和季报）。

关于审计的准确定义，此处引用美国会计学会 1972 年颁布的《基本审计概念公告》中给出的描述，即"审计是指为了查明有关经济活动和经济现象的认定与所制定标准之间的一致程度，而客观地收集和评估证据，并将结果传递给有利害关系的使用者的系统过程"。简单来说，审计就是一套查账流程，通过引入第三方监督，维护财务信息披露的严肃性。

不过需要强调的是，虽然审计是监管机构强制的，但是从制度的演化来看，审计需求最初却是市场自发形成的。现代企业一个常见的架构及趋势是所有权与治理权的分离，企业所有者并不必然直接管理企业，尤其是上市公司的中小股东，由此产生了代理成本问题。

为了缓解这个矛盾，审计师成了资本的"眼睛"。聘请审计师可以为投资者带来至少三方面的益处：其一，审计师通过执行审计程序检查财务报表的真实性，复核报告期内的经营成果；其二，审计师可以在审计过程中进行控制测试，检验企业内部控制的有效性，提升公司治理的效率；其三，审计师定期入场本身也是对管理层的一种威慑，一定程度上可以防止管理层侵占股东利益。

因此，在监管实践中，企业内部有权决定会计师事务所聘请的层级非常高，这通常由董事会直接下设的审计委员会负责，审计机构可以绕过管理层，直接对接董事会。

审计工作的最终成果是出具一份审计报告。审计报告从强到弱依次为标准

无保留意见报告、带强调事项段的无保留意见报告、保留意见报告、无法表示意见报告和否定意见报告。除第一项外，其余几项都属于"非标准报告"。

图 3-2 展示的是 A 股典型的标准无保留意见审计报告，措辞非常模板化，结论是："我们认为，后附的某某公司的财务报表，在所有重大方面按照《企业会计准则》的规定编制，公允反映了公司的财务状况、经营成果和现金流

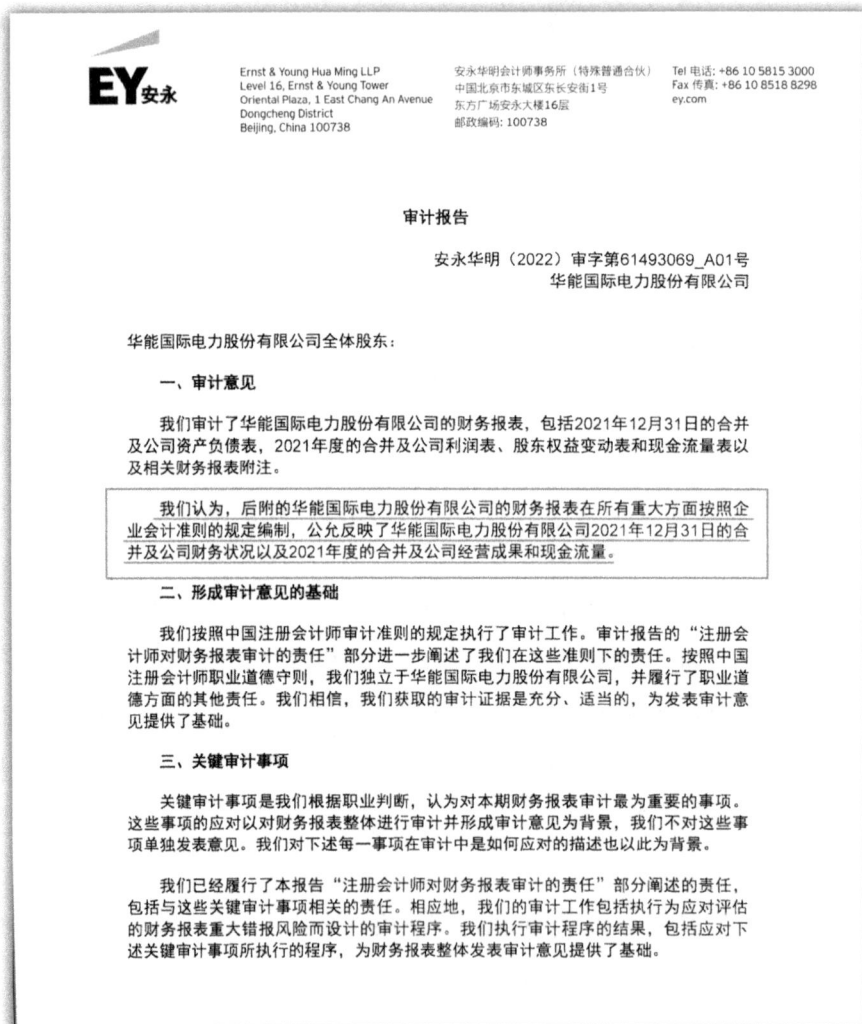

图 3-2　典型的标准无保留意见审计报告截图

量"。这段话看似枯燥无味、毫无亮点，但是这就是最好的报告，这里我们可以套用托尔斯泰的一句名言："幸福的报告都是相似的，不幸的报告各有各的不幸。"

从二级市场投资的角度看，如果审计师出具的是标准无保留意见审计报告，基本上看到标题就可以了，没有进一步点开的必要。但是如果是非标准报告，哪怕仅仅是带强调事项段的无保留意见报告，都可能是一种强烈的预警，有问题的概率极大。

现实中，"评级通胀"情形屡见不鲜。一般情况下，很难见到"无法表示意见报告"和"否定意见报告"。"保留意见报告"，这可以说是审计师能够发表意见的下限了，报告中的"保留"约等于"否定"。不过，还有一个更强烈的预警指标，上市公司无故更换负责审计的会计师事务所，可以理解为审计单位在"用脚投票"。

然而，即使审计师出具了标准无保留意见报告，也不意味着就可以高枕无忧了，因为审计流程存在局限性，难以做到天衣无缝，有漏网之鱼不可避免。

一方面从原理上看，如图 3-3 所示，典型的审计流程包括初步业务活动、审计计划（包括总体审计策略和具体审计计划）、执行风险评估程序（确定企业的风险等级）、识别和评价错报风险（包括财务报表层次的风险和具体认定层次的风险）。

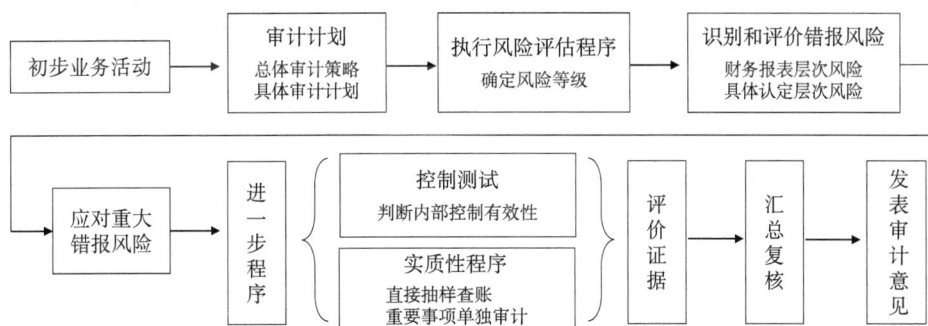

图 3-3　典型审计流程

然后为应对重大错报风险，审计师需要实施进一步程序，包括控制测试和实质性程序，前者即再次确认企业内部控制的有效性，提高审计效率；后者就是直接查账。因为考虑到工作量和时效性，审计机构不可能一个账本一个账本地查，只能抽样。既然是抽样，自然就受到抽样方法和抽样密度的影响，存在百密一疏的风险。

另一方面，很多类型的造假确实难以发现，不少经典案例的东窗事发都要归因于"内鬼"举报。实质性程序的查账主要还是查六大循环。原则上，每一个循环都要形成从决策到订单到实物再到现金的证据闭环（见表3-1）。

以采购付款循环为例，审计人员需要检查采购部门的请购单，请购单的申请人和审批人必须分离，批准文件上要有主管人员的签字，编号要连续；然后进一步检查订购单、验收单、存货、应付账款及已付账款的银行流水，同时需要和生产存货循环的原材料取用单相互印证，要求做到"三流合一"，即信息流、物流和资金流相互印证。

整个流程看起来完美无瑕，但是在实操过程中，如果企业有意隐匿成本，则审计师发现的难度很高。审计准则规定应收账款必须函证，除非有证据证明函证可能失效，但是应付账款不必函证，原因就在于，函证只能验证真伪，不能找出缺失。

表3-1　造假常用的循环和涉及科目

	资产负债表	利润表	现金流量表
销售收款循环	应收账款及票据（必须函证，除非无效）、货币资金、预收账款、存货	营业收入、营业成本、期间费用	经营性现金流入
采购付款循环	应付账款（不是必须函证）、存货	营业成本、期间费用	经营性现金流出
生产存货循环	存货（存货监盘，生物类资产重灾区）、应付职工薪酬、固定资产折旧	营业成本（含折旧）	经营性现金流出
投资筹资循环	银行存款（必须函证）、货币资金、在建工程、固定资产、无形资产、长期股权投资、商誉、各类贷款	财务费用、投资收益（依赖对方报表的真实性）	投资性现金流、筹资性现金流

例如，假设公司真实拥有 10 份应收账款、10 份应付账款，公司为了虚增收入，伪造了 2 份应收账款，那么只要审计师足够勤奋，给所有 12 份应收账款都发一份询问函，是可以找出 2 份伪造的。但是，如果公司为了虚减成本，将 2 份应付账款藏了起来，那么无论审计师有多勤奋，给剩下的 8 份应付账款函证都是没有用的，这 8 份应付账款根本就不怕查。

而且即便是应收账款，只要公司和客户（或者干脆就是隐性关联方）提前打好招呼，应付审计师的函证绰绰有余。审计准则要求银行存款必须函证，除非银行配合，存款很难造假，但是函证也只能证明这笔钱是存在的，甚至仅仅是在资产负债表日存在过，不能证明现金的真实归属，即是否有表外负债。

最后，很多商业模式非常复杂，收入、成本、存货、固定资产、无形资产的确认都需要极高的技术门槛，容易变成上市公司说值多少钱就值多少钱。比如生物类资产，一来没有明确的"生产成本"，二来生老病死在所难免，三来真实情况难以核查，如在水下的扇贝，就可以"非常善解人意地按时游走"。

因此，识别造假终审把关的重担就压在了二级市场分析师身上，我们不仅要熟悉每一个行业的商业模式细节，还要时刻保持足够的怀疑，尤其对于财务舞弊的"重灾行业"和"惯用手法"。一个公司只有先经得起投资者的苛刻拷问，未来才有可能经得起历史的检验。

表 3-2 为我国证监会通报的 2010—2021 年财务舞弊公司行业分布，共通报了 179 家舞弊公司（一家公司从实施舞弊到被监管部门处罚，一般存在 3 年以上的滞后期）。其中，农林牧渔业舞弊公司占比达到 9.58%，为舞弊发生概率最高的行业（不含分母过小的住宿和餐饮业）；文化、体育和娱乐业，租赁和商务服务业舞弊比例紧随其后，分别为 8.06% 和 7.69%。不过，与市场惯性认知不同，信息传输、软件和信息技术服务业并不是舞弊的重灾区，概率仅有 4.05%，甚至低于全行业平均数 4.10%（被发现的口径）。

表 3-2 2010—2021 年 179 家舞弊公司行业分布

行业类别	舞弊公司家数	上市公司家数	占上市公司比例
制造业——设备制造业	40	1 182	3.38%
制造业——一般制造业	33	802	4.11%
农林牧渔业	16	167	9.58%
信息传输、软件和信息技术服务业	15	370	4.05%
制造业——化学原料和化学制品制造业	13	306	4.25%
制造业——医药制造业	13	285	4.56%
制造业——电气机械和器材制造业	11	292	3.77%
批发和零售业	6	186	3.23%
租赁和商务服务业	5	65	7.69%
建筑业	5	108	4.63%
文化、体育和娱乐业	5	62	8.06%
电力、热力、燃气及水生产和供应业	4	128	3.13%
采矿业	4	78	5.13%
交通运输、仓储和邮政业	3	108	2.78%
房地产业	3	116	2.59%
住宿和餐饮业	1	9	11.11%
综合	1	13	7.69%
科学研究和技术服务业	1	85	1.18%
总计	179	4 362	4.10%

注：A 股上市公司家数选取 2021 年 12 月数据口径。
数据来源：叶钦华，黄世忠，叶凡，等.严监管下的财务舞弊分析——基于 2020—2021 年的舞弊样本 [J].财会月刊，2022（13）：12.

　　表 3-3 展示了 179 家舞弊公司涉及的舞弊类型，可以看到，收入舞弊、货币资金舞弊和费用舞弊最为常见。若以案件数量为分母，42.3% 的案件为收入舞弊，远超位列第二的货币资金舞弊的 16.9%。若以公司数量为分母，64.2% 的通报公司涉及收入舞弊，25.7% 的通报公司涉及货币资金舞弊。

表 3-3　2010—2021 年证监会通报的 179 家舞弊公司舞弊类型分布

舞弊类型	舞弊案件数	占比（以案件数量为分母）	占比（以公司数量为分母）
收入舞弊	115	42.3%	64.2%
费用舞弊	32	11.8%	17.9%
货币资金舞弊	46	16.9%	25.7%
成本舞弊	20	7.4%	11.2%
资产减值舞弊	29	10.7%	16.2%
营业外收支舞弊	12	4.4%	6.7%
投资收益舞弊	12	4.4%	6.7%
其他舞弊	6	2.2%	3.4%
合计	272	—	—

注：一家公司可能涉及多种舞弊类型，故舞弊案件数大于舞弊公司数。

数据来源：叶钦华，黄世忠，叶凡，等 . 严监管下的财务舞弊分析——基于 2020—2021 年的舞弊样本 [J]. 财会月刊，2022（13）：13.

数量较少的是投资收益舞弊及其他舞弊，尤其是商誉舞弊，由于数量特少只能归入其他舞弊。然而，并不是因为投资收益舞弊和商誉舞弊天然较少，恰恰相反，这两种舞弊非常常见，但是客观上难以发现，或者难以找到法律意义上实锤的证据，按照通报案件进行统计存在非常大的幸存者偏差，所以我们要格外重视这两种舞弊。

3.5　收入舞弊：解析三步循环造假，找出藏在资产里的水分

3.5.1　基本原理：虚增利润归根结底都是虚增资产

本节我们开始引导大家识别常见的舞弊手法与迹象。首先回顾一下为什么能造假：在权责发生制下，没有收到的钱可以算利润，实际支付的钱也可以不进利润表。进一步地，根据会计恒等式即资产＝负债＋所有者权益，可得：

期初资产 ＝ 期初负债 ＋ 期初所有者权益

期末资产 ＝ 期初负债 ＋ 本期负债净增加 ＋ 期初所有者权益 ＋

本期所有者权益净增加

＝ 期初负债 ＋ 本期负债净增加 ＋ 期初所有者权益 ＋

收入 － 成本费用 － 分红流出

由于资产负债表是存量表，利润表和现金流量表是流量表，为了配平，利润表的结果无论如何都要反映在资产负债表中。

（1）利润表中的任何一项变化，如果涉及现金就会影响现金流量表，如果不涉及现金就会直接影响资产负债表。

（2）资产负债表中的任何一项变化，如果涉及现金就会影响现金流量表，如果不涉及现金就会影响自身的另一个科目。

（3）最后，现金流量表根据经营性、投资性和筹资性现金流的累计变化，得出本期货币资金的净增加值，再连接到资产负债表中的货币资金中。

因此，在三张报表联动和资产负债表配平的"刚需"下，利润表虚增利润一定会导致资产负债表虚增净资产，表现为虚增资产或者虚减负债，识别造假就是要找出公司把虚增的利润藏在了资产负债表的哪里。

换言之，判断财务报表真实性的切入点应该是资产负债表，现金流量表只能作为辅助。资产负债表反映的是公司忙活一年后攒下来多少家底，财务造假说穿了就是在家底里注水。

因此，资产负债表需要得到足够的重视，甚至可能是最需要我们重视的报表。但是根据笔者的观察，目前二级市场对三张报表的重视程度是：利润表＞现金流量表＞资产负债表。

财务造假不等于财务调节。财务调节是指利用规则的合理空间，让报表更好看（虽然存在一定的灰色地带），基本套路就是提前确认收入、延后确认成本，或者反过来，本质是"挪利润"。而财务造假是无中生有，本质是"变利润"，往往需要关联交易配合。当然，这不会是报表意义上的关联交易，通常是隐藏关联方（包括串通好的客户），不会让你知道。

进一步地，将会计恒等式移项后可得：

资产 + 成本费用 = 收入 + 负债 + 期初所有者权益 - 分红流出

可以看到，如果从收入端造假，在成本费用不变的情况下，多一块收入就必须多一块资产或者少一块负债。相对来说，少一块负债比多一块资产更难操作，因为和上一期报表相比，如果本期某项负债突然大幅减少，审计师往往会和债权人复核，而且负债一般都是货币性的（需要还钱，而不是还实物），数值认定上不存在模糊空间。

但是资产就不一样了，公司努力了一年，多几块资产很正常，而且资产一般都是实物性的，公司说多少钱买的就是多少钱买的，审计师很难质疑。因此，在大多数情况下，虚增收入都是虚增资产。

同理，如果从成本端造假，在收入不变的情况下，少一块成本也必须多一块资产或者少一块负债。与虚增收入相比，虚减成本确实可能会采用少一块负债的方式，尤其是以应付账款形式存在、还没付钱的成本。

不过，通过少一块负债来虚减成本的情况不是特别常见。其一在于，通过虚增收入、多一块资产的方式造假收益往往更大，市场更喜欢"开源"而不是"节流"；其二在于，少一块负债不容易"善后"，如果债权人找上门来，会计上不好处理，反而容易露馅，相反如果是多一块资产，必要的时候计提减值就可以了。所以，虚减成本最常见的也是多一块资产。

综上所述，不管公司采用什么手法、怎么折腾，财务舞弊的最终结果一般都是多一块资产，否则报表配不平，因此识别财务舞弊要格外注意资产端的变化。至此我们不得不感慨，三张报表和复式记账法确实是一个伟大的发明。

那么，资产负债表的哪些科目可能会藏利润？答案是所有。从造假者的角度来看，存量金额越大越好，越大越好藏；越冷门越好，越冷门越不容易引起注意。那么对于我们投资者而言，就要学会逆向思考，专门看那些存量金额大的、冷门的科目。

（1）应收账款：最简陋的造假地，不需要现金流量表配合，属于基础版本。

（2）存货、预付账款、合同资产、其他应收款、其他流动资产、其他非流动资产等各种"其他"资产：需要现金流量表配合，造假工作量大幅提升。

（3）在建工程、固定资产、无形资产、长期股权投资、并购商誉等：不仅需要现金流量表配合，还涉及虚构投资项目、注册子公司、产权交割等，更加复杂隐蔽。

对于最常见的收入舞弊，如表 3-4 所示，在 2010—2021 年证监会披露

表 3-4　2010—2021 年证监会通报案件中收入舞弊具体手法分布

收入舞弊具体手法	2010—2019 年（案件数量）	占比	2020—2021 年（案件数量）	占比
第一类：会计操纵类	38	30%	11	27%
提前确认收入	28	22%	6	15%
净额法按总额法确认收入	3	2%	2	5%
期后销售退回未调减收入	2	2%	0	0
确认已停工项目的收入	2	2%	1	2%
通过内部关联交易虚增利润	1	1%	1	2%
确认预计无法回款的客户收入	1	1%	0	0
会计政策操纵虚增收入	1	1%	0	0
将以前年度计提费用转为当年收入	0	0	1	2%
第二类：交易造假类	87	70%	30	73%
（隐性）关联方协助虚构业务收入	37	30%	9	22%
虚构非关联方协助完成收入造假	25	20%	4	10%
真实非关联方协助虚构业务及收入	16	13%	17	41%
人为调高合同单价虚增收入	7	6%	0	0
其他	2	2%	0	0
合计	125	100%	41	100%

注：一家公司可能涉及多种造假手段。

数据来源：叶钦华，黄世忠，叶凡，等.严监管下的财务舞弊分析——基于 2020—2021 年的舞弊样本 [J].财会月刊，2022（13）：13.

的财务舞弊案件中，收入舞弊分为会计操纵和交易造假两类，前者占比约为30%，后者 70%。其中，会计操纵类最主要的手法是提前确认收入，交易造假类则是虚构收入，包括利用关联方 / 隐性关联方协助虚构收入、虚构非关联方虚构收入，以及真实非关联方协助虚构收入等。

如果将数据分为 2010—2019 年、2020—2021 年两段来看，利用真实非关联方协助虚构收入的占比大幅提升，收入舞弊已经实现了从纯粹的"无中生有"升级为真实客户配合的"真假混合"，识别难度大幅提升，很多传统的从供应商入手的识别手段已经失效。造假方式进化以后，识别手段肯定就要跟着进化。本章后续内容中，笔者将结合证监会近年来通报的典型案例（已经过脱敏处理），详细介绍造假手法、报表分析、异常迹象及识别手段，帮助大家远离陷阱，守护市场正能量。

3.5.2　初级版本：应收账款造假，只见利润不见现金

通过虚增应收账款来虚增收入，手法非常简单甚至简陋，它是利用了会计准则中的权责发生制原则，没有收到的钱也可以算利润。财务舞弊的实施和识别是一个"魔高一尺，道高一丈；魔高十丈，道高百丈"的过程，因此在迭代进化下，利用应收账款造假，或者说单纯通过应收账款造假的公司已经很少了。这类造价比较好识别，财务初学者可以从这类案例入手，尝试从原始报表中观察指标是否异常。

当然不排除一些企业相信"最危险的地方就是最安全的地方"。无论如何，识别应收账款造假是识别更复杂造假的基本功。

从证监会通报的相关案例总结来看，应收账款造假基本步骤为：造假实施年份，先完成虚构销售合同、出货凭证等业务层面造假，再虚构应收账款和营业收入，完成本期造假。不考虑增值税的话，虚增的营业收入期末结转到资产负债表中的未分配利润里，其等于虚增的应收账款，资产负债表配平，利润藏在了应收账款里。

我们可以看出，应收账款造假的整个过程完全不涉及现金，因此不影响现金流量表，会计分录非常简单（本章中涉及大量的会计分录，目的是帮助读者理解造假手法影响的报表科目。为了简化处理，如不额外说明，均不考虑增值税）：

借：应收账款（资产负债表中虚增一部分应收账款）

　贷：营业收入（利润表中虚增收入，结转到资产负债表中的未分配利润里）

但是，应收账款造假的代价是，每造假一次就向应收账款里注了一次水，若干年后将导致应收账款无比臃肿，会引起人们怀疑。为了防止东窗事发，公司一般会做以下两种选择。

一种是找借口，直接计提坏账准备，将之前虚增的利润一次性冲掉，这样一来这轮造假就"落地为安"了，比如趁着某年业绩好、利润厚，偷偷销掉一点应收账款，或者某年行业整体下行，多计点坏账，这样也能说得过去。会计分录如下：

借：信用减值损失（2018 年及之前归类为资产减值损益，之后单列）

　贷：应收账款（前面年份造假虚增出来的部分）

另一种方式就是硬抗，毕竟公司造假的目的就是做高股价，如果"减持大业"还没完成，那么计提减值就功亏一篑了。此时，公司能够做的粉饰措施就是以新代旧，用新业务的款项流入冲掉老业务的应收账款，新的业务重新记一笔应收账款，实现应收账款账龄的持续刷新，防止出现"大龄剩款"。

因此，通过查看应收账款的账龄来判断是否造假及减值的可能性，经常无效（我们在 3.5.3 节中，结合案例 A 讲解更为有效的识别方法）。更新账龄的会计分录如下：

借：银行存款（新业务流入一笔资金，甚至可能就是外面借了一笔钱）

　贷：应收账款（将之前虚增的应收账款冲掉）

借：应收账款（重新记一笔应收账款，算在新业务上面）

　贷：营业收入（新业务对应的收入）

3.5.3　A 公司案例：虚增应收账款，导致周转率背离

在"魔高一尺，道高一丈；魔高十丈，道高百丈"的监管环境下，仅仅通过应收账款实施舞弊的公司并不常见，分析时需要仔细寻找，但是一旦找到了，往往就是初学者识别财务舞弊的绝佳教材。

某制造业公司（以下简称 A 公司）2014 年借壳上市，经历牛市期间一轮股价过山车后，2018 年因财务报表问题受到市场质疑，2019 年年底收到证监会的立案调查通知。从楼起到楼塌，前后仅用时 5 年，令人不胜唏嘘。

根据证监会调查结果及 A 公司后来发布的《关于前期会计差错更正专项说明的公告》，A 公司几乎是从上市的一刻起就开始了造假之路，2015—2017 年利用与多个外部主体的虚构合同，累计虚增利润约 3 亿元。

其中，2015 年半年报及年报分别虚增利润总额约 4 400 万元和 5 800 万元，分别占会计期利润总额的 16% 和 14%；2016 年半年报及年报分别虚增利润总额 1.5 亿元和 2.4 亿元，分别占会计期利润总额的 94% 和 72%；2017 年半年报虚增利润总额 5 600 万元，占利润总额的 38%。

从监管部门的通报中可以看出，A 公司财务舞弊金额最大的年份是 2016 年，从财务报表来看，2016 年也确实是最值得怀疑的年份，图 3-4 摘录了三张报表中异常程度最高的科目[①]。

---

① Wind、Choice 直接导出的报表是证监会立案通报后更正的报表，也就是真实的报表，财务舞弊的原始报表需要翻年报。从某种角度看，这也是证监会给投资者的学习礼包，对比原始披露报表与更正后的报表，就可以找出公司的舞弊手段。

资产负债表：

金额单位：亿元

	2014	2015	2016	2017	2018	2019	2020
应收账款及票据	8.84	8.88	22.1	23.58	15.22	6.62	0.64
商誉	23.66	23.66	23.66	17.24	0	0	0

应收账款大幅增加 **商誉减值**

利润表：

金额单位：亿元

商誉减值损失				−6.42	−17.2		
信用减值损失	−5.44				−6.39	−4.12	−7.68
归母净利润	−5.46	3.22	2.62	−9.77	−30.42	−21.6	−14.38

利润下滑不明显 **坏账准备**

现金流量表：

金额单位：亿元

经营活动现金流量净额	−6.76	0.12	−7.71	1.66	−1.68	1.78	0.10

现金流大幅恶化

图 3-4　A 公司 2015—2021 年原始报表关键科目异常情况

从利润表来看，A 公司 2015 年归母净利润为 3.22 亿元，2016 年回落至 2.62 亿元，下滑幅度不明显。但是经营活动现金流量净额从 2015 年的 0.12 亿元下滑到 2016 年的 −7.71 亿元，经营性现金流大幅恶化，并且与净利润出现了明显背离。同时，A 公司应收账款及票据余额从 2015 年的 8.88 亿元跃升至 2016 年的 22.1 亿元。

回头来看，A 公司 2016 年的财务报表造假概率非常高。A 公司在 2018—2020 年分别计提信用减值损失 6.39 亿元、4.12 亿元和 7.68 亿元，将 2016 年的 22.1 亿元应收账款减值殆尽，这是非常明显的先虚增再减值手法。

同时减值的还有商誉，公司 2017—2018 年分别计提 6.42 亿元和 17.2 亿元商誉减值准备，将 2016 年年底 23.66 亿元的商誉全部冲掉了。商誉的大幅减值可能也有问题，是否是当初为了协助另一笔造假而虚报了收购对价？很难说，商誉造假很难实锤，证监会通报中也仅仅实锤了应收账款造假。

不过在现实中，我们无法穿越时空，研究 2016 年年报时，我们只能看到 2016 年及之前的公告。面对净利润与现金流背离，会产生以下两种解释。

一种解释认为现金流是真实的，净利润之所以还不错，是因为通过虚增应收账款虚增了营收。

另一种解释认为净利润是真实的，现金流之所以不好，是因为有一笔比较大的应收账款没有收回，只是资金周转时间差而已。上市公司肯定会告诉市场是第二种情况。下面我们脑补一个对话：

"放心吧，邹总，我们的经营情况没有任何问题，您看我们的利润多好。

"什么，您说现金流？

"哎呀，我正想和您说呢，我们有一个客户的回款有点慢，当然，也不是他们的问题，他们的项目已经纳入政府补贴名录了，但是政府一直没给打款。我前几天刚和他们沟通过，说这笔钱已经开始走政府流程了，最晚五一到账，到账第一时间就打给我们，中报的时候应收账款就没这么多了。"

这话是不是听着还挺有道理的？仅仅通过上述信息，我们确实无法判断实际是哪种情况。

为解决这个问题，我们可以引入两个工具，分别是应收账款周转率（营业收入÷应收账款）和毛利率（1-营业成本÷营业收入）。从图3-5中可以看到，A公司2014—2016年应收账款周转率断崖式下降，从2014年的14.01下降至2015年的3.61，再到2016年的1.59；但是公司的毛利率却是上升的，从2014年的9.16%上升到2015年26.73%，再到2016年的32.63%。毛利率上升的原因很简单，就是虚增了营业收入，但是营业成本没有同比例增加。

从会计原理来看，等比例虚增营业成本的难度本身就高于虚增营收，因为在营业成本中，无论折旧还是存货，都是按照历史发生成本计量，有一个客观存在的锚，没法天马行空；而营业收入是按照"我觉得我能收到多少钱"来计量，操作空间极大。因此，如果通过应收账款来虚增营业收入，营业成本往往难以等比例增长，毛利率通常会上升。

	2014	2015	2016	2017	2018	2019	2020
应收账款周转率（次）	14.01	3.61	1.59	1.29	0.33	0.09	0.19

应收账款周转率大幅下降

	2014	2015	2016	2017	2018	2019	2020
毛利率	9.16%	26.73%	32.63%	31.64%	20.24%	−178.28%	21.93%

毛利率居然是上升的

图 3-5　A 公司 2015—2021 年应收账款周转率及毛利率情况

但是从企业经营实际来看，大多数情况下，毛利率和应收账款周转率应该正相关。应收账款周转率的本质是企业占用下游客户资金账期的能力，其数值侧面反映了企业在产业链上的相对地位。

应收账款周转率下降意味着企业回款困难，下游客户侵占公司账期，说明公司话语权下降、产品竞争力减弱，毛利率理应下降，即便偶尔反弹，也不会形成持续数年的趋势。反之，如果毛利率上升，则意味着产品销售紧俏，下游都会抢着付钱，不会产生大量应收账款，应收账款周转率也会随之提升。

因此，观察应收账款周转率与毛利率变动的一致性，是判断应收账款造假更为有效的指标，如果两者发生了背离，我们就需要格外警惕。

> **提示**：要检查应收账款周转率与毛利率的变动趋势一致性，如果相反则舞弊的概率较高，或者至少公司的风险在提升。这其中的本质就是"供需趋紧卖得更贵了，但是人家不给钱"，需要重点关注。

3.5.4　升级版本：三步循环法，现金流量表全程配合

目前，单纯通过应收账款、只见利润不见现金的造假，已经不常见了。一方面，应收账款是被审计师、分析师"重点关照"的科目，造假容易被发现；另一方面，如果公司收现比（经营性现金流量净额与净利润的比例）过低，资本市场也不会给予太高估值，导致造假收益有限。因此，目前大部分

"专业"造假都是使用三步循环法，通过现金流量表来配合的。套路都差不多，造假版本升级后，识别手段要跟着升级。

三步循环法归根结底还是利用权责发生制的漏洞——"没收到的钱可以算利润，实际支付的钱也可以不进利润表"，在初级版本上加了一个善后步骤，将利润藏在其他资产科目中。

步骤 1：和初级版本一样，先虚构销售单、出货凭证，再虚构应收账款和营业收入，完成收入造假，将虚增的利润藏在应收账款里。

步骤 2：通过关联方 / 准关联方 / 串通好的真实客户把钱先打进来，实现经营性现金流造假，通常会让现金在账上停留一段时间，比如跨年，让投资者在年报 / 季报里看到现金。

步骤 3：再虚构进货单、工程项目、投资标的等，将资金通过预付类科目（如预付账款、存货、各种其他资产）或对外投资科目（在建工程、长期股权投资、无形资产、并购商誉）转移出去，直接进资产负债表，实现三张报表联动造假。预付类科目走经营性现金流，通过采购付款循环造假，步骤相对简单；投资类科目走投资性现金流，使用投资筹资循环造假，还要配合虚构项目、注册子公司等，步骤相对烦琐。

与初级版本相比，三步循环法最终将虚增的利润藏在各类资产里，具有天然隐蔽性；整个过程有现金流配合，因此有经营性现金流入；流出的时候如果走经营性现金流变成存货、预付账款等，经营性现金流量净额可能与净利润不匹配；但是如果流出的时候走投资性现金流变成各种长期资产，经营性现金流量净额会好看一些，这种情况识别难度就要比处级版本高很多，如图 3-6 所示。造假循环的会计分录如下：

借：应收账款（和初级版本一样，先虚增应收账款）
　贷：营业收入（结转到资产负债表中的未分配利润里，报表配平）
借：银行存款（相关方配合，先把钱打进来，实现现金流造假）
　贷：应收账款（销掉应收账款，避免周转率异常）

货币资金通常会在报表中先停留一段时间，其目的是让投资者看到。

借：存货、长投、商誉、在建工程、无形资产等（巧立名目再把钱花出去）

贷：银行存款（把钱还给关联方，造假流程完成）

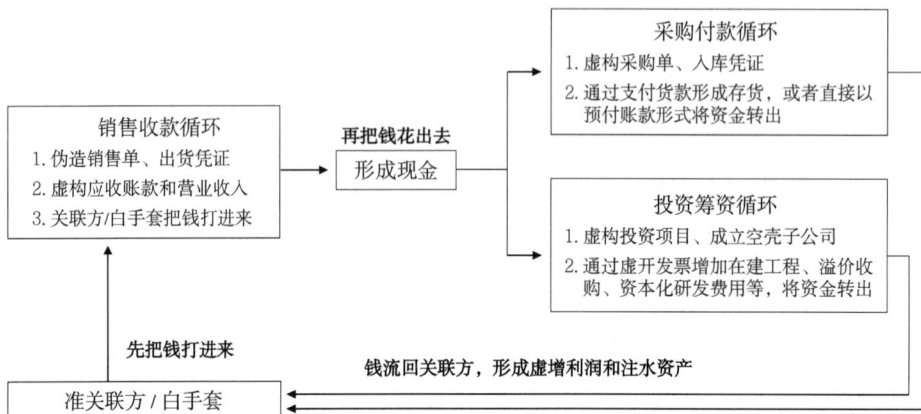

```
销售收款循环
1. 伪造销售单、出货凭证
2. 虚构应收账款和营业收入
3. 关联方/白手套把钱打进来

再把钱花出去
形成现金

采购付款循环
1. 虚构采购单、入库凭证
2. 通过支付货款形成存货，或者直接以
   预付账款形式将资金转出

投资筹资循环
1. 虚构投资项目、成立空壳子公司
2. 通过虚开发票增加在建工程、溢价收
   购、资本化研发费用等，将资金转出

先把钱打进来

钱流回关联方，形成虚增利润和注水资产

准关联方/白手套
```

图 3-6　财务造假三步循环法示意

在实际操作中，三步循环法可以衍生出多种手法，如表外金库、背靠背交易等，整个流程有时会耗时数年（有这精力，多钻研一下如何经营企业不好吗）。在建工程、固定资产、研发支出、并购股权等，往往价格很高且难以准确定价，有些公司可能会故意抬高价格入账，将多出来的资金转移到上市公司体外，形成表外金库。

需要格外警惕研发费用较高、成本构成复杂、经常并购、原材料价格天然波动较高的公司，它们对表外金库既有需求又有便利性。

背靠背交易是指与同一客户同时存在买卖双向交易，如部分处在产业链中间环节的公司，上游供应商和下游客户都是同一家。如果商业模式是来料加工，只赚取加工费，则问题不大；如果中间环节的公司承担风险，按正常购销处理，就需要注意，公司在收入确认上可能有操纵空间。例如，公司可能会先加价卖一部分货物给客户，虚增收入；再加价从对方处购买原料，虚增存货。

"高级"一点的话，如果双方业务双向条线复杂，那么卖出去的时候可能会走经营性现金流，买回来的时候可能会走投资性现金流，变成工程物资进在建工程。乍一看，公司经营不错，不仅销售回款快，还有钱投资。因此，所有存在买卖双向交易的公司，均需重点关注，因为这种造假实在过于便利。

识别方法如下：注水营运资本、固定资产的，可以看各种周转率，如应收账款周转率、存货周转率、固定资产周转率等；注水长期股权投资、商誉的，基本无解，一定程度上是钻了会计准则的漏洞。判断是否注水营运资本（如应收账款、预付账款、存货等），可以首先看现金流循环天数整体是否有异常变动，再看每一项的分解情况。

现金流循环天数＝应收账款周转天数＋存货周转天数＋预付账款周转天数－应付账款周转天数－预收账款周转天数，其中的规律就是所有资产类的天数减去所有负债类的天数。周转天数等于周转率的倒数再乘以 365 天，两套指标的财务意义相同，但是周转天数可以相加。

与应收账款原理一样，如果毛利率上升，那么现金流循环天数大概率会下降。用现金流循环天数（以及分项指标）代替应收账款周转率，就可以将对应收账款造假的识别推广至对所有营运资本造假的识别。

唯一例外就是，产品持续涨价，毛利率上升，但是公司捂着存货不卖（存货周转率下降）（理论上存在这种可能性，但现实中很少出现）。而现在不卖，万一过段时间价格跌了怎么办？

3.5.5　B 公司案例：虚增存货，价值连城终究一梦

B 公司是个曾经红极一时的牛股，主营业务是从事特种商品贸易，简单来说就是囤货，在商品处于低价时购入，等升值后再卖出，赚取价差收益。

B 公司的"出圈"发生在 2015 年。一方面，受宏观经济、市场偏好等影响，B 公司的主营商品需求大增；另一方面，受当时全球产业链因素影响，商品的供给大幅减少，供需共振下 2015 年全年该商品的价格直线飙升，基本

上是一天一个价。在牛市的全面乐观预期下，市场预计公司业绩爆表，"一致"预期变成了"一直"预期。

对比 B 公司的股价走势和业绩情况（见表 3-5 和图 3-7），可以发现 B 公司的故事非常耐人寻味。B 公司 2015 年一季度归母净利润为 2.54 亿元，当时商品价格还处于相对低位，随着商品价格上涨，市场预期公司二季度业绩会爆表。

表 3-5　B 公司 2015 年单季度归母净利润及季报发布时间

	2015Q1	2015Q2	2015Q3	2015Q4
单季度归母净利润（亿元）	2.54	1.38	0.47	0.12
业绩发布时间	2015/4/30	2015/7/30	2015/10/30	2016/4/30

数据来源：Wind 咨询，公司公告。

图 3-7　B 公司 2015 年股价走势情况

于是，即便 2015 年 6—7 月上证指数已经大跌，B 公司股价仍逆势上涨，一直涨到了 7 月 30 日。当天晚上 B 公司公布了中报，二季度单季归母净利润仅有 1.38 亿元，环比一季度接近腰斩，第二天股价就跌了 8.39%。

市场（尤其散户群体）对此百思不得其解，在股吧、雪球、贴吧上进行了大规模的"头脑风暴"。直到一位"权威人士"提出，B 公司业绩之所以低于预期，是因为 B 公司的存货捂着没卖，现在商品价格这么高，因此 B 公司的存货更值钱了。

投资者认为管理层果然专业，而跌下来就是机会，所以赶紧上车。于是，B 公司股价马上企稳反弹，并且在 8 月中旬创了历史新高。随后发生了股市大跌，B 公司也没能幸免，但是等大盘企稳后，B 公司股价继续反弹。

时间转瞬就到了 10 月 30 日，晚上 B 公司公告了三季度业绩，单季归母净利润为 0.47 亿元，在二季度环比腰斩的基础上，又来了一个膝盖斩，第二天（11 月 2 日，因为 10 月 31 日、11 月 1 日为周末）股价又跌了 8.42%。这时候"权威人士"又发话了：你看，存货价格还在涨，业绩低于预期就是利好，别慌，拿到四季度，赚一把大的。

随后股价连磨底盘整都没有，第二天就企稳了，并在 11 月底创了阶段性新高，要不是后面碰上了 2016 年年初的股市大跌，没准还能继续炒。不过，根据 B 公司 2016 年 4 月 30 日发布的年报，四季度单季归母净利润只有 0.12 亿元，不仅没赚一波大的还……

虽然整个故事事后看起来有些耐人寻味，但是当时除了散户外，亦不乏机构投资者参与。早在 2014—2015 年牛市之前，B 公司已然是名副其实的 10 倍股，从 2008 年最低点算起，到 2013 年最高点，累计收益超过 10 倍。

表 3-6 列示了 B 公司 2009—2017 年的财务报表关键数据，虽然归母净利润基数不高，2009 年开始整体上也实现了翻倍再翻倍的增速。然而，B 公司财务报表最大的问题在于利润真实性不可证伪，从借壳上市到资不抵债退市，在接近 20 年的"上市生涯"里，B 公司仅仅进行过一次分红，分红率仅有 10%，其余年份都没有任何分红。

B 公司的全部留存收益都用来囤新的存货了，不仅如此，留存收益之外还要额外借钱，B 公司资产负债率从 2009 年的 68.1% 上升到 2012 年最高点的 85.3%，此后一直保持高位。存货账面价值一路飙升，从 2009 年的不足 13 亿元增长至 2017 年的接近 145 亿元，占总资产的比例一度超过 80%，到 2018 年宣布退市的时候，B 公司存货余额还有 120 多亿元。

在这番操作下，B 公司的利润真实性就已然无法验证了，B 公司说赚多

表 3-6　B 公司 2009—2017 年财务报表核心科目及关键比率

年份	2009 年	2010 年	2011 年	2012 年	2013 年	2014 年	2015 年	2016 年	2017 年
营业收入（亿元）	16.8	23.6	46.7	72.4	88.9	68.2	129.9	98.9	139.2
同比		40.8%	98.3%	55.0%	22.8%	-23.4%	90.6%	-23.9%	40.7%
归母净利润（亿元）	0.2	0.9	1.2	2.4	2.4	1.5	4.5	3.8	3.5
同比		375%	36.8%	105.0%	-1.9%	-36.9%	203.0%	-16.3%	-8.0%
存货（亿元）	12.2	29.4	36.5	63.4	61.8	71.4	83.9	103.8	144.8
存货占总资产的比例	54.7%	76.8%	76.0%	85.2%	78.6%	76.3%	59.4%	74.9%	78.1%
存货周转率（次）	1.37	1	1.28	1.32	1.37	0.96	1.53	0.92	1
毛利率	8.1%	11.9%	9.7%	8.6%	3.8%	6.7%	8.8%	12.9%	11.5%
资产负债率	68.1%	79.5%	80.8%	85.3%	82.2%	83.1%	71.8%	65.6%	73.7%

数据来源：Wind 咨询，公司公告。

少钱就赚多少钱，反正最后都变成了存货，买贵了还是便宜了，一切都由 B 公司说了算。

不仅如此，B 公司还对存货价值采用个别计价法逐一确认。对于一些价格大幅波动的商品，可能根本没有合理的锚；不同时间购进的商品，账面价值可能存在天壤之别。就算不考虑财务舞弊，在完全合法的情况下，也可以通过调节发出存货的成本计量，保证利润想放就放、想收就收。在没有股价诉求时，完全可以做低利润、"闷声发大财"，等有股价诉求时，集中释放业绩，只要不是太夸张，很难定性它是否涉及财务舞弊（这类公司大家尽量别碰）。

因此，从法律意义上讲，这类公司的财务报表可能长期不可证伪且饱受质疑，但是一般也都安然无事。B 公司真正被监管部门盯上，是因为后来爆出的债务违约，不足 10 亿元的债务无法按时付息，B 公司部分银行账户和资产被司法冻结。

而此时 B 公司账上还有价值接近 150 亿元的存货，而且都是按照购入成本计量的。按理说公允价值更高，随便卖出去一点，偿还债务绰绰有余，因此显然是报表有问题。证监会随即开始收网，对 B 公司展开立案调查。

根据证监会最终公布的《行政处罚决定书》，B 公司 2016—2018 年为完成营业收入、利润总额等业绩指标，虚构子公司与多名自然人之间的存货交易。

其中，2016 年虚增营业收入 3.2 亿元，虚增营业成本 1.1 亿元，虚增利润总额 1.5 亿元，约占当年造假前利润总额的 50%；2017 年虚增营业收入 4.8 亿元，虚增营业成本 1.5 亿元，虚增利润总额 2.2 亿元，超过当年造假前利润总额的 100%；2018 年虚增营业收入 3.6 亿元，虚增营业成本 1.1 亿元，虚增利润总额 2.5 亿元，达到当年造假前利润总额的 200%。

从报表来看，去除牛市期间为配合股价超卖库存周转率较高的 2015 年，B 公司 2013—2017 年存货周转率持续下降，但是毛利率整体却呈上升趋势，不符合正常的商业逻辑。

而根据证监会实锤的 2016—2018 年虚增收入成本数据来看，虚增部分的毛利率（1-虚增成本÷虚增收入）超过 60%，正是这拉高了 B 公司的平均毛利率。但是，由于 B 公司本身营收和成本的体量都很大，毛利率拉高幅度有限（不排除有证监会未发现的舞弊可能性），舞弊存在一定的隐蔽性[1]。

除了观察营运资本周转率与毛利率的变化趋势外，商业模式本身的可操纵性乃至分红率也是重要的观察点。所有的只有利润没有分红，全部留存收益都用于再投资的公司都值得怀疑，看收现比（经营性现金流量净额÷净利润）没有用，这个指标可以做出来。

最简单的就是直接看分红，分红率高的公司至少可以证明分红率覆盖的部分，净利润是真实的。由此可以解释，很多公司即便再缺钱、需要持续融资，也要保持一定的分红率，聊胜于无。

---

[1]　当然，这个例子比较极端，一般情况下公司财务舞弊不会集中在资产负债表的一个科目里，而且 B 公司跌宕起伏的剧情也与牛市期间极度亢奋的市场环境有关，这样的环境为公司造假提供了条件。

3.6 成本舞弊：识别难度略高于收入舞弊，但是方法类似

3.6.1 基本原理：归根结底还是三步循环法，是收入舞弊的反向操作

成本舞弊的步骤与收入舞弊整体类似，如果说后者是"开源"，那么前者则是"节流"。根据移项后的会计恒等式即资产＋成本费用＝收入＋负债＋期初所有者权益－分红流出，虚减成本后，报表多数情况也是通过虚增资产配平的。因此，成本舞弊归根结底也是三步循环法（根据证监会通报案例总结）。

步骤1：在生产流程中少计一部分成本（可能是原材料，也可能是现金成本）。

步骤2：资产负债表中对应虚增存货、货币资金等，或者少计应付账款。

步骤3：将资产负债表中虚增的存货、货币资金等转到在建工程、固定资产、无形资产、商誉等更安全的科目中，通过折旧、摊销在未来慢慢消化掉。

由于虚减成本是少计或应该计提而不计提，因此不需要专门的会计分录。此处为了便于理解资产负债表的配平，我们用资产的借方表示虚减（虚减成本相当于虚增资产）：

借：原材料/存货/货币资金（虚减成本对应增加的资产）

　贷：生产成本类科目（虚减成本以提高利润）

借：在建工程、固定资产、并购商誉等（挪到长期资产里，提高隐蔽性）

　贷：原材料/存货/货币资金（避免营运资本太高引起怀疑）

由于造假的"后遗症"都是虚增资产，因此虚减成本的识别方法与虚增收入大同小异，仍然是看各种周转率，尤其是存货周转率、在建工程/固定资产周转率，乃至负债端的应付账款周转率等。如果一些公司赚了钱也不分红，

频繁开启大规模的在建工程及莫名其妙的研发支出，就需要格外注意，典型案例都是采取类似手段完成造假最后一环的。

3.6.2　C 公司案例：虚增存货藏进固定资产，周转率终究暴露

C 公司也是个有故事的公司。

与大部分公司的东窗事发来自外部压力不同，C 公司是源于管理层内斗，董事长与总经理之间的相互举报被媒体争相转载，使得 C 公司一度成为市场焦点。管理层内斗严重影响了 C 公司正常的生产经营，就在管理层矛盾激化后不久，C 公司宣布债务违约，证监会正式入驻调查，从而揭开了 C 公司长达 8 年的财务造假面纱 [①]。

根据证监会 2018 年公布的《行政处罚决定书》，C 公司 2009—2016 年累计虚增利润总额 20.9 亿元，其中每年分别虚增利润总额 0.78 亿元、5.37 亿元、6.16 亿元、2.02 亿元、1.88 亿元、1.60 亿元、1.70 亿元和 1.41 亿元，但是时任会计师事务所对上述业绩出具的审计报告全部是标准无保留意见。造假金额与时间跨度震惊市场，证监会发文对 C 公司及其管理层予以公开谴责，顶格罚款 60 万元；对签字注册会计师予以警告，罚款 7 万元。

然而，事后梳理来看，C 公司的造假手法并不复杂，表 3-7 中列示了 C 公司 2009 年报表、2015 年经证监会通报后修正的报表（可以认为是真实报表），以及 2015 年造假的原始报表。从表中的变化可以看出，公司 2009—2015 年的经营情况堪称惨淡，归母权益不升反降，资产中增加的货币资金、固定资产和无形资产全部来自借贷。

观察表中的"累计虚增"，公司造假高度集中在存货、在建工程和固定资产三个科目中，其中在建工程与固定资产的"累计虚增"合计高达 11.88 亿元，存货的"累计虚增"达到 7.7 亿元。

---

① 可见，债务违约往往是压垮舞弊公司的最后一根稻草。

表 3-7　C 公司 2009 年及 2015 年资产负债表情况

金额单位：亿元

科目	2009 年年报	2015 年年报（造假版本）	2015 年年报（更正版本）	真实变化	累计虚增
	①	②	③	③-①	②-③
流动资产：					
货币资金	9.2	20.7	20.7	11.6	—
应收票据	5.3	10.2	10.2	4.9	
应收账款	6.4	12.3	12.3	5.9	
预付款项	2.2	2.3	2.3	0.1	
其他应收款	0.7	2.0	2.0	1.3	
存货	19.4	26.8	19.1	-0.3	7.7
一年内到期的非流动资产					—
其他流动资产	0.0	0.1	0.1	0.1	
流动资产合计	43.2	74.4	66.7	23.5	7.7
非流动资产：					
可供出售金融资产	0.0	0.3	0.3	0.3	
长期股权投资	0.3	0.1	0.1	-0.2	
投资性房地产	0.12	0.04	0.03	-0.1	
固定资产	19.5	38.7	30.1	10.6	8.6
在建工程	6.5	12.1	8.9	2.4	3.3
工程物资	0.15	0.01	0.01	-0.1	
无形资产	0.0	9.7	9.7	9.7	
长期待摊费用	0.3	0.2	0.2	-0.1	
递延所得税资产	0.4	0.4	0.4	-0.1	
非流动资产合计	27.3	61.4	49.6	22.3	11.8
资产总计	70.5	135.9	116.3	45.9	19.5
流动负债：					
短期借款	27.3	53.7	53.7	26.4	—
应付票据	12.1	36.2	36.2	24.1	—
应付账款	6.4	10.8	10.8	4.3	—

（续表）

科目	2009 年年报	2015 年年报（造假版本）	2015 年年报（更正版本）	真实变化	累计虚增
	①	②	③	③ - ①	② - ③
预收款项	1.5	1.1	1.1	-0.4	—
应付职工薪酬	0.03	0.04	0.04	0.0	—
应交税费	0.2	0.5	0.5	0.2	—
其他应付款	1.5	5.2	5.2	3.7	—
一年内到期的非流动负债	0.0	1.3	1.3	1.3	—
其他流动负债	0.0	0.02	0.01	0.01	—
流动负债合计	49.1	108.7	108.7	59.6	
非流动负债：					
长期借款	2.6	1.7	1.7	-0.8	—
长期应付款	0.0	0.3	0.3	0.3	—
递延收益 - 非流动负债	0.0	3.2	3.2	3.2	—
递延所得税负债	0.02	0.02	0.02	0	—
其他非流动负债	0.5	0.0	0.0	-0.5	—
非流动负债合计	3.1	5.3	5.3	2.2	—
负债合计	52.2	114.0	114.0	61.8	—
所有者权益：					
实收资本（或股本）	5.7	14.3	14.3	8.6	—
资本公积金	8.1	1.8	1.8	-6.3	—
盈余公积金	0.7	1.2	0.7	0.0	0.5
未分配利润	3.8	4.5	-14.5	-18.3	19.0
归属于母公司所有者权益	18.3	21.8	2.3	-16.0	19.5
少数股东权益					
所有者权益合计	18.3	21.8	2.3	-16.0	19.5

数据来源：Wind 咨询，公司公告。

C 公司采用的是典型的存货 – 在建工程 – 固定资产 – 折旧造假循环。在这个循环中，第一步是虚增存货，通常有两种手段，一种是从收入端入手，另一种是从成本端入手。收入端虚增存货就是先卖出去再买回来，存货在公司和客户之间空转。

如将 100 元的存货按照 150 元价格卖出，收到 150 元现金，记 50 元利润，减少 100 元存货；再用 150 元把货物原样买回来，记 150 元存货。同样的存货转了一圈以后，价值从 100 元变成 150 元，利润就做出来了，报表也能配平。用会计分录理解如下：

借：货币资金/应收账款（虚构一笔业务，将货物卖出去）　　　　　150

　贷：主营营业收入（从收入端入手，虚增收入）　　　　　　　　150

借：主营业务成本（结转 100 元成本，虚增 50 元利润）　　　　　100

　贷：存货（发出货物，先减少 100 元存货）　　　　　　　　　100

借：存货（把存货原样买回来，或者对方简单包装一下）　　　　　150

　贷：货币资金/应付账款（把钱还回去，利润就藏在了存货里）　　150

一般情况下，从收入端造假更常见，上文的 B 公司炒存货就是采取了类似的手段。但是，C 公司采用了相对少见的成本端手段，在领用的原材料上做手脚。C 公司所在行业中，生产过程中可能会产生大量废料，由于含杂质少、成分清晰，通常作为优质原材料重新投入生产，投入生产之前算作存货，投入生产之后计入生产成本。

根据证监会的通报，C 公司 2009—2015 年"通过伪造、变造原始凭证及记账凭证，修改物供系统、成本核算系统、财务系统数据等方式"，先"调整存货中的废料数量、金额，虚增各定期报告期末存货"，再"虚假领用原材料，将以前年度虚增的存货转入在建工程"，最后"将虚增的在建工程转入固定资产"。

用更通俗的话来说，就是公司实际生产中领用了很多废料，理应计入生产成本，但是公司修改了流程数据，假装没有领用，也就没记成本，从而虚增了利润。但是，如果废料只产生、不消耗，存货就会越累越多，公司再通过虚领原材料，一步步把虚增的存货挪到了固定资产里。

该循环的常用"落地"手法是，等到未来行业景气度高的时候，择机调整折旧政策，缩短折旧年限，将虚增固定资产慢慢消化掉，实现"落地为安"。

理论上，对于存货–固定资产循环进行造假，只要造假足够用心，收现比（经营性现金流量净额 ÷ 净利润）可以做得很逼真。C 公司采用的是体内循环，全程不涉及现金。如果采用收入端的体外循坏，存货卖出去的时候走经营性现金流，买回来的时候直接走投资性现金流进在建工程，只看经营性现金流净额是看不出来的。

比较实用的识别方法是看周转率，包括存货周转率与固定资产周转率，两者要结合起来看。当然，我们在最初看报表时，并不知道公司是否造假及在哪里造假，最好把所有的周转率都算一遍，包括应收账款、应付账款、存货、固定资产、预收预付等。对于存货周转率，在识别舞弊的特定语境下，可以同时用两种计算方法：

存货周转率 = 营业成本 ÷ 存货余额

存货周转率 = 营业收入 ÷ 存货余额

第一种计算方法是用"营业成本"作分子。它是存货周转率的标准定义，体现了存货对资金的占用情况，毕竟发出的存货要结转到营业成本里。但是在识别财务舞弊时，折旧等非付现成本可能削弱该指标的有效性，如一个公司产品销量没有变化、售价没有变化、库存商品余额也没有变化，但是刚刚投产了新生产线，折旧增加，全年营业成本上升，最终会使得存货周转率被动提升。

第二种计算方法是用"营业收入"作分子。因为公司在正常的销售节奏中，需要保持一定的库存商品数量，以备不时之需。它反映的是公司为了达到一定的销售额，需要保留多少库存商品余额。销售额目标往往是企业制定计划的起点。

因此，存货周转率可以与营业收入挂钩。如果这个比例发生异常变动，那么公司的存货可能有虚增嫌疑。当然，最好的指标是销售数量÷平均库存数量，但是因为公司通常不会披露存货数量，所以只能用金额除以金额。

对于固定资产周转率没有太大争议，分子是营业收入，分母是固定资产余额。但是考虑到财务舞弊时，在建工程与固定资产常常一起注水，计算时可以用"在建工程＋固定资产"一起做分母。

从原始披露的造假报表数据（如表 3-8、图 3-8、图 3-9 所示）来看，C公司 2009—2015 年营业收入基本保持稳定，但是存货余额从 2009 年年底的 19.0 亿元波动上升至 2015 年的 26.8 亿元，固定资产从 19.2 亿元上升至 38.7 亿元，在建工程从 6.5 亿元上升至 12.1 亿元。

表 3-8　C公司 2009—2015 年财务报表关键科目

年份	2009 年	2010 年	2011 年	2012 年	2013 年	2014 年	2015 年
营业收入（亿元）	58.1	59.6	54.0	60.1	60.0	50.1	51.5
存货（亿元）	19.0	23.1	29.8	23.9	23.4	26.5	26.8
固定资产（亿元）	19.2	18.5	16.4	31.9	31.1	39.3	38.7
在建工程（亿元）	6.5	11.2	14.3	9.2	18.0	11.7	12.1
存货周转率（以营业收入为分子）（次）	3.06	2.58	1.81	2.51	2.56	1.89	1.92
在建工程与固定资产合计周转率（次）	2.27	2.01	1.76	1.46	1.22	0.98	1.01

注：数据均来自造假的原始报表，为简化处理，周转率使用当年营业收入除以相应的期末资产数值。

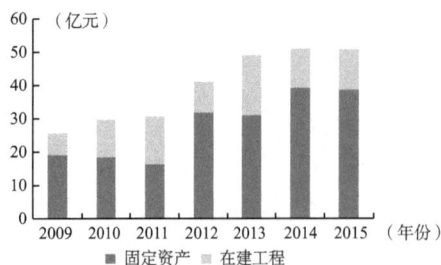

图 3-8　C公司固定资产及在建工程情况

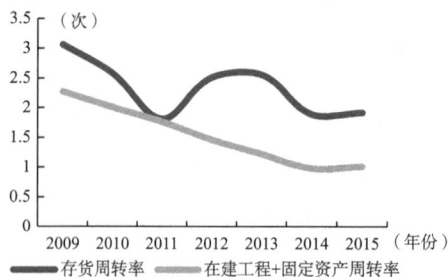

图 3-9　C公司关键周转率情况

由此导致存货周转率波动式下降，从曲线上看似乎也没有太大问题，可以强行甩锅给经济周期。但是，在建工程与固定资产合计的周转率，几乎就是一条直线稳定下降，没有任何波动，非常像是人为做出来的，在2010—2011年看出异常确实有难度，但在2012—2013年识别出来应该不难。

3.7　货币资金舞弊：需要内鬼配合，利息收入不难识别

在以上案例中，用营运资本和固定资产配合造假，都是先用现金流打掩护，最终把现金变成其他类型的资产藏起来。因为大家通常默认货币资金不容易造假，部分公司正是利用了这种心理，直接在货币资金上造假。

会计核算意义上的货币资金，主要是银行存款和现金等价物。审计规则要求货币资金必须函证，而且不像在建工程、固定资产、无形资产等科目，上市公司说值多少钱就值多少钱，货币资金有严格的精确数值。因此，货币资金造假往往需要和审计师或者银行串谋，整个流程中至少有一方参与了协助，因此是一个比较系统的工程。

本章主要结合两个真实案例来讲解，两个公司的舞弊手法都具有"综合性"，货币资金舞弊只是其中占比较高的部分。本章先介绍案例，再统一讨论识别。

3.7.1　D公司案例：众星捧月的明星公司，巨额现金不翼而飞

演艺明星不缺绯闻，明星公司也不例外。在很多明星公司的成长过程中，市场对其管理层履历、商业模式、财务报表等都是质疑不断的，只不过有些公司经受住了考验，有些公司在暴雷后跌落神坛，实控人甚至身陷囹圄。

D公司有过激情燃烧的岁月，成立两年就有产品列入国家级科技项目，成立仅4年便敲响了交易所的上市钟声，对所在行业的发展功不可没。然而，

市场却一直质疑 D 公司财务的真实性，曾有外资机构专门发布过看空报告，但是都没有对 D 公司造成实质性的影响，D 公司股价顶着质疑涨了几十倍，市值位居所在板块前列。

直到 2016 年年底，公司在三季报账面拥有超百亿元现金的情况下，公告发行 5 亿元债券，票面利率接近 7%，市场质疑骤起。

虽然 D 公司后来发布了澄清公告，管理层也出面宣布增持股份，但是并没有打消市场质疑，并最终引起了监管机构的注意，证监会宣布进行立案调查，理由是"涉嫌信息披露违法违规"。D 公司股价随即进入"竞猜几个跌停"的状态。

不过，在证监会做出正式结论之前，D 公司在 2017 年 4 月发布的 2016 年年报中进行了"大洗澡"（见表 3-9）。面对市场对三季报中 126 亿元现金的质疑，D 公司在年报中称因会计处理错误，导致货币资金多记，存货、其他应收款等少记。其中，年报较三季报货币资金减少近 120 亿元，存货增加 52.5 亿元，其他应收款（借给大股东的钱）增加 29.4 亿元，投资性房地产增加 10 亿元，固定资产增加 8.6 亿元，未分配利润销减 20.2 亿元。

表 3-9　D 公司 2016 年三季报、2016 年原始披露年报及修订版对比

金额单位：亿元

科目	2016 年 三季报 ①	2016 年年报 （原始披露版） ②	2016 年 Q4 环比变化 ②－①	2016 年年报 （修订版） ③	修订变化 ③－②
流动资产：					
货币资金	126.0	6.1	-119.8	6.1	—
应收票据及应收账款	21.3	21.7	0.4	20.8	-0.8
预付款项	5.3	4.2	-1.1	4.3	—
其他应收款	1.4	30.8	29.4	34.9	4.2
存货	61.5	114.0	52.5	112.8	-1.2
其他流动资产	2.9	4.0	1.1	3.9	—
流动资产合计	218.3	180.8	-37.5	182.9	2.1

（续表）

科目	2016 年 三季报 ①	2016 年年报 （原始披露版） ②	2016 年 Q4 环比变化 ②－①	2016 年年报 （修订版） ③	修订变化 ③－②
非流动资产：					
可供出售金融资产	0.0	0.0	—	0.0	
长期股权投资	1.8	1.9	—	1.9	—
投资性房地产	3.9	13.9	10.0	10.6	−3.3
固定资产	21.2	29.8	8.6	28.5	−1.4
在建工程	14.8	10.0	−4.9	9.4	
无形资产	6.8	7.0	—	7.1	
开发支出	0.1	0.1	—	0.0	
商誉	1.9	1.9	—	0.9	−1.0
长期待摊费用	0.8	0.8	—	1.0	
递延所得税资产	1.1	1.1	—	1.0	
其他非流动资产	1.8	1.5	—	0.4	−1.1
非流动资产合计	54.4	68.0	13.5	60.9	−7.1
资产总计	272.7	248.8	−23.9	243.8	−4.9
流动负债：					
短期借款	41.5	38.6	−2.9	38.6	—
应付票据及应付账款	9.3	10.5	1.2	10.8	—
预收款项	4.6	5.2	0.7	5.3	—
应付职工薪酬	0.3	0.4	—	0.3	—
应交税费	2.4	1.3	−1.1	1.3	—
其他应付款	7.5	8.2	0.8	10.1	1.8
其他流动负债	32.5	22.5	−10.0	28.5	6.0
流动负债合计	98.0	86.8	−11.2	94.9	8.1
非流动负债：					
长期借款	0.0	2.3	2.3	2.3	—
应付债券	49.2	55.9	6.7	55.9	—

（续表）

科目	2016 年 三季报 ①	2016 年年报 （原始披露版） ②	2016 年 Q4 环比变化 ②-①	2016 年年报 （修订版） ③	修订变化 ③-②
长期应付款	6.0	6.0	—	0.1	-5.9
递延所得税负债	3.7	3.4	—	0.0	-3.4
递延收益 - 非流动 负债	0.0	0.0	—	3.5	3.5
非流动负债合计	59.0	67.6	8.7	61.9	-5.7
负债合计	157.0	154.4	-2.6	156.8	2.3
所有者权益：					
实收资本（或股本）	16.6	16.6	—	16.6	—
其他权益工具	9.9	9.9	—	9.9	—
资本公积金	39.2	38.8	—	38.8	—
减：库存股	1.3	1.3	—	1.3	—
其他综合收益	0.0	0.0	—	0.0	—
盈余公积金	6.3	5.4	-0.9	5.2	—
未分配利润	44.8	24.6	-20.2	17.4	-7.2
归属母公司所有者 权益	115.4	94.0	-21.4	86.6	-7.4
少数股东权益	0.3	0.4	0.0	0.4	—
所有者权益合计	115.7	94.3	-21.4	87.1	-7.3

注：年报原始披露版指次年 4 月首次披露的版本，修订版为根据多年后发布的《关于前期会计差错更正的公告》修订后的年报。为了展示得更加清晰，环比变化和修订变化中，差值较小的科目用"—"表示。

尤其是增加的 10 亿元投资性房地产，市场将其视为 D 公司造假的实锤，认为 D 公司慌不择路，"四季度紧急加入炒房团"，其股价因此又迎来了创历史记录的跌停数。

几个月之后，D 公司又发布了修订版 2016 年年报。其他应收款在之前披露的基础上，又调增了 4.2 亿元，借给大股东的钱说少了；投资性房地产调减

3.3 亿元，也就是说只拿了 6.7 亿元去炒房。也许是市场觉得 D 公司态度比较诚恳，公告发布后的一个季度里 D 公司股价反弹了超过一倍。

从证监会的调查结果（见表 3-10）来看，D 公司的问题确实出在货币资金上，其中 2016 年虚增金额高达 120.63 亿元。120.63 亿元这个数字也与公司 2016 年年报自行销减的量基本吻合，公司确实比较"诚恳"。然而，法网恢恢疏而不漏，再诚恳也不能逃脱监管机构的处罚，最终 D 公司还是被顶格罚款 60 万元。

表 3-10　证监会认定的 D 公司财务报表虚增金额

金额单位：亿元

年份	2014 年	2015 年	2016H1	2016 年
营业收入	30.00	33.44	28.28	5.38
利息收入	0.50	0.76	0.44	
货币资金	75.17	99.80	120.63	
固定资产				3.96
在建工程				1.34
投资性房地产				6.72

数据来源：数字为虚增金额，如 2014 年原始年报中货币资金为 91.10 亿元，更正报表中仅 15.93 亿元，虚增了 75.17 亿元。

关于货币资金舞弊的财务指标识别，我们讲完 E 公司案例后，在 3.7.3 节统一梳理。然而在使用具体指标之前，我们还是要回归常识，很多公司在被证监会实锤前，市场并非没有质疑，但是这些质疑往往都被持续上涨的股价碾碎了。

我们经常听到一种说法，叫"市场永远是对的"。因为股价涨了，所以公司的财务报表一定是真的，所有的质疑都是假的；反过来，因为报表是真的，业绩如此靓丽，所以股价可以继续涨，这个过程显然有循环论证的嫌疑。在真实的世界里，市场有从众效应，但是真理不是根据人多人少来决定的。即便市场 99% 的时候都是对的，如果 1% 的时候出现失误就可能让投资者血本无归。

再回到货币资金舞弊。股份有限公司本质上是股东们共同集资、众人拾柴、获取分红收益的实体。在满足正常经营的前提下，公司留存现金最小化就是股东价值最大化。一个公司长年累月地持有巨额现金，要么是现金本身有问题，要么是公司的融资能力存在重大不确定性，估值需要深度折价。

3.7.2 E 公司案例：多种造假的汇集，资金归集值得注意

每一个明星造假公司都曾经是 10 倍以上的大牛股，按照前复权价计算，E 公司从股价最低点到暴雷前的最高点，累计涨幅超过 20 倍。创始人有着很光鲜的履历，但是屠龙者终成恶龙，让人无限感慨。

如果只看前半段，这应该是一个可以写进教科书的励志故事。E 公司是在改革开放东风中成长起来的第一批民营企业，成立后短短几年便攻克了我国当时被欧美卡脖子的技术，成为我国该领域发展史上的里程碑事件。随后乘借世纪初进出口贸易东风带来的需求井喷，E 公司很快成为了我国相关领域的第一大生产商，打的欧美企业毫无还手之力。

在诸多光环围绕下，E 公司强势敲响了交易所的钟声。然而，没有人能够一帆风顺，前面的关卡通过了，并不意味着后面的关卡也能轻易通过。上市后，为了实现更大的抱负，实控人开始布局技术难度更高、市场空间更大的业务，但是由于短期内无法盈利，实控人将该业务放在了上市公司体外，承诺时机成熟后注入上市公司。

从后续发展来看，新业务的资金需求显然超过了绝大部分人的预期，甚至成为了一个无底洞。为了快速摆脱资金短缺困扰，实控人选择了股权质押，E 公司上市第 1 年实控人就将持有的一半股权质押了出去，之后几年质押比例一路上涨，最高时超过了 99%。

而股权质押是一把无比危险的双刃剑、一把会腐蚀心灵的利器，它将雄

心勃勃的创业者引向了财务造假的不归路，值得所有投资者乃至创业者格外注意。

回到 E 公司案例。在这样高的质押比例下，只要 E 公司的股价持续上涨，实控人就可以通过解除质押再重新质押拿到更多的钱，直到新业务贡献利润，反哺上市公司。反之，如果股价下跌，不仅新业务失去现金支持，E 公司的控制权可能都会易手。因此，E 公司的股价上涨成为整个"棋局"的唯一解招。

为了支撑股价，E 公司的业绩必须持续地超预期，而且在股价的上涨过程中，投资者的胃口也开始越来越大。但是对于 E 公司而言，即便投资者的预期是不切实际的，E 公司也必须迎合，因为整个"棋局"没有任何的容错率，E 公司无法承受股价的波动。那么怎么办呢？也许只剩下虚增利润了。

根据证监会最终发布的处罚公告，E 公司 2012—2015 年通过虚构销售业务、采购、生产、研发、产品运输费用等方式，虚增营业收入、营业成本、研发费用和销售费用，导致 2012—2015 年年度报告累计虚增利润总额 58 亿元；同时，2012—2015 年年度报告中披露的银行存款余额也存在虚假记载。

表 3-11 展示了 E 公司造假金额较大的 2014 年和 2015 年年报中的利润表。对比原始造假版本和证监会立案后的更正版本（可以理解为真实数据），E 公司收入和成本造假金额远远大于真实金额，导致以收入成本为基础的比率分析失去意义。

表 3-12 展示了 E 公司 2011 年年报、2015 年更正前后年报的资产负债表情况。从 2015 年更正版本数据减 2011 年数据的真实变化来看，5 年间 E 公司实际持续亏损，所有者权益不升反降，资产增加全部来自负债增加。但是从造假版本来看，公司 5 年间所有者权益增长数倍，虚增的资产集中在货币资金（虚增 61 亿元）、应收账款（虚增 14.6 亿元）和其他非流动资产（虚增 14 亿元）中。

表 3-11　E 公司 2014 年和 2015 年原始披露年报及更正版本对比

金额单位：亿元

科目	2014 年年报（造假版本）①	2014 年年报（更正版本）②	2014 年造假金额①－②	2015 年年报（造假版本）③	2015 年年报（更正版本）④	2015 年造假金额③－④
营业总收入	58.95	12.80	46.15	45.75	13.63	32.13
营业总成本	44.83	20.90	23.93	44.10	24.21	19.89
营业成本	35.41	11.57	23.85	27.44	9.72	17.72
税金及附加	0.50	0.50	—	0.46	0.46	—
销售费用	1.68	1.59	—	2.10	1.98	—
管理费用	4.32	4.06	—	2.79	2.79	—
研发费用	0.00	0	—	1.83	1.62	—
财务费用	2.77	3.10	—	2.24	3.10	−0.86
其中：利息费用	2.89			3.49	3.50	—
减：利息收入	0.84			1.10	0.32	0.79
加：其他收益	0.09	0.19	—	0.16	0.23	—
投资净收益	0.26	0.26		0.22	0.22	—
资产减值损失	0.15	0.10	—	7.26	4.55	2.71
资产处置收益	0.00	0.00		−0.06	−0.06	
公允价值变动	0.00	0.00		0	0	
营业利润	14.46	−7.65	22.11	1.97	−10.19	12.16
加：营业外收入	0.11	0.01	—	0.10	0.02	—
减：营业外支出	0.01	2.37	−2.36	0.35	1.27	−0.92
利润总额	14.56	−10.02	24.58	1.71	−11.44	13.15
减：所得税	2.18	2.28	—	0.29	0.34	—
净利润	12.38	−12.29	24.67	1.42	−11.77	13.19
少数股东损益	0.01	0.01	—	0.02	0.02	—
归母净利润	12.37	−12.30	24.67	1.40	−11.79	13.19

数据来源：公司公告。为了突出重点，造假金额数列中，原始报表与更正报表差额较小的科目暂用"—"表示。

表 3-12　E 公司 2011 年和 2015 年资产负债表情况

金额单位：亿元

科目	2011 年年报 ①	2015 年年报（造假版本） ②	2015 年年报（更正版本） ③	真实变化 ③-①	累计虚增 ②-③
流动资产：					
货币资金	20.95	76.6	15.55	-5.45	61.05
应收票据	0.2	0.55	0.65	—	—
应收账款	8.85	24.35	9.8	—	14.55
预付款项	0.8	2.8	0.3	—	2.5
其他应收款	0.1	0.55	0.35	—	—
存货	2.45	3.05	3.15	—	—
其他流动资产	0.9	1.35	5.3	4.4	-3.95
流动资产合计	34.25	109.2	35.1	—	74.1
非流动资产：					
可供出售金融资产		21.15	21.15	21.15	—
长期股权投资		0	0	—	—
固定资产	17	18.55	18.55	1.5	—
在建工程	1.3	2.85	2.85	1.55	—
无形资产	1.15	2.4	2.45	—	—
开发支出	0.1	0.25	0	—	—
商誉	0.05	0.05	0.05	—	—
长期待摊费用	0	0.25	0.25	—	—
递延所得税资产	0.1	0.8	0	—	—
其他非流动资产	0.4	16.05	2.1	1.7	14
非流动资产合计	20.1	62.1	47.3	27.2	14.8
资产总计	54.4	171.25	82.4	28	88.85
流动负债：					
短期借款	9	29.9	29.9	20.9	—
应付票据及应付账款	4.25	15.1	12.05	7.75	3.05
预收款项	0.2	0.15	0.2	—	—
应付职工薪酬	0.1	0.5	0.5	—	—
应交税费	0.25	1.3	1.35	—	—
其他应付款	0.35	2.3	1.25	—	—

（续表）

科目	2011 年年报 ①	2015 年年报 （造假版本） ②	2015 年年报 （更正版本） ③	真实变化 ③-①	累计虚增 ②-③
一年内到期的非流动负债	3.55	1.5	1.5	-2.05	—
其他流动负债	0	7.5	7.65	7.65	—
流动负债合计	17.7	57.2	54.3	36.6	2.9
非流动负债：					
长期借款	2.7	2.4	2.4	—	—
应付债券	9.45	20.2	20.2	10.75	—
长期应付款	0.3			—	—
预计负债		0.3		—	—
递延收益 - 非流动负债	0.05	0.25	0.25	—	—
递延所得税负债		0.15	0.15	—	—
非流动负债合计	12.55	23.3	23	10.45	—
负债合计	30.25	80.5	77.3	47.05	3.2
所有者权益：					
实收资本	4.75	17.7	17.7	12.95	—
资本公积金	8.1	34.1	34.1	26	—
其他综合收益	0	0.6	0.6	—	—
盈余公积	0.25	4.15	0.25	—	3.9
未分配利润	10.85	34.1	-47.65	-58.5	81.75
归母权益合计	23.95	90.65	5	-18.95	85.65
少数股东权益	0.15	0.1	0.1	—	—
所有者权益合计	24.15	90.8	5.1	-19.05	85.65

数据来源：公司公告。为了突出重点，造假金额数列中，真实变化和累计虚增列中 3 亿元以下的科目暂用"—"表示。

可以看出，E 公司虚增利润最主要的手段就是利用货币资金造假，但是 E 公司实际的操作手法非常复杂，根据证监会公告，其主要使用了集团现金归集和募集资金挪用两套循环。

首先看一下 E 公司的第一套造假手法——集团现金归集。E 公司与当地银行签订了《现金管理服务协议》，要求 E 公司账户资金实时归集到所属集团银行账户进行统一管理，如需付款再从母公司账户下拨。也就是说，E 公司账上是没有钱的，所有钱都暂存到集团账户上①。理论上，E 公司把钱交给集团后，应该在资产负债表上转为"其他应收款"，但是公司隐瞒了该项重大关联交易，年报中并未披露，在资产负债表上仍然以"货币资金"列示。

集团收到钱后，经过一系列手法将钱洗干净，再交给多个海内外的"独立"第三方。E 公司再和海内外客户虚构业务，"独立"第三方将钱付给 E 公司，形成造假闭环。E 公司收到钱后再实时归集到集团账户，开启新一轮循环，集团实际上只需要很少的钱就可以一直转圈，使 E 公司纸面上的钱越累越多。

由于整个造假流程涉及海外客户，因此监管和审计的难度大幅增加。然而存在一个突破口，就是负责现金归集的银行，按照审计准则，货币资金必须向银行函证。但是从 2011 年到 2014 年，时任会计师事务所为 E 公司出具的审计报告均是标准无保留意见审计报告，可以认为审计师和银行至少有一个有问题。

再来看一下 E 公司的第二套造假手法——将募集资金当成利润。公司 2012 年和 2013 年先后两次定增募集资金约 15 亿元和 25 亿元。但是在实际操作中，E 公司以支付设备采购款的名义，将大部分资金打给了指定供应商。这些供应商都是和 E 公司日常合作的，一般看不出什么问题，2015 年资产负债表里虚增的 14 亿元"其他非流动资产"大部分就是这笔钱，年报里的解释是"预付有关项目的工程款和设备款"。

有两个供应商收到钱后，按照 E 公司的要求，又经过多道流转，最终钱流回了 E 公司，配合了其虚增利润。图 3-10 为上述两个造假循环的示意。

---

① 现金归集是一种比较常见的模式，制度本身没有太大问题，母公司把钱统一收上来，一方面可以提高资金利用效率，另一方面可以防止子公司"跑冒滴漏"。

但是 E 公司的做法并不常见，一般情况下是上市公司作为最终归集方，对上市公司旗下的子公司进行归集，而 E 公司是把钱再向上归集到集团。按照公司法，这个算重大关联交易，董事会做出决议时大股东必须回避，而且在年报中必须披露。

利用现金归集造假

集团白手套/伪第三方

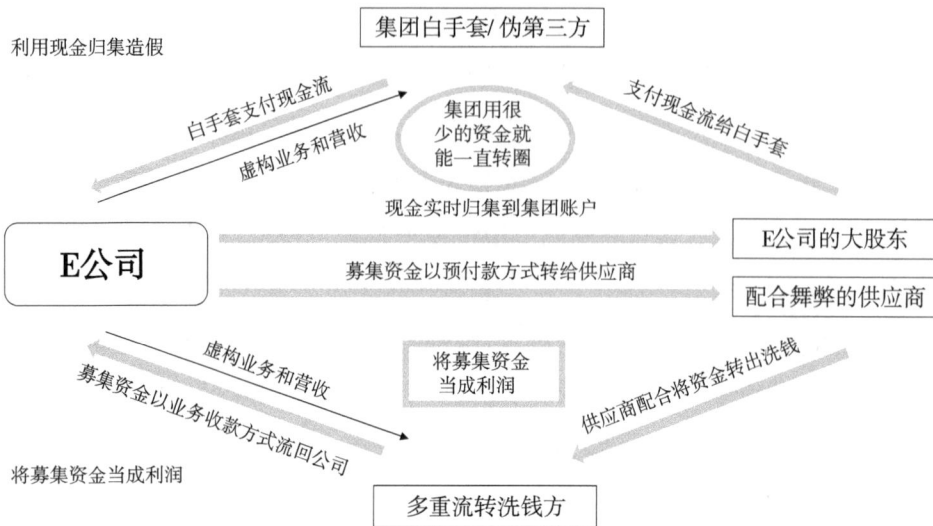

图 3-10　E 公司利用现金归集及募集资金造假示意

是因为豪赌失败还是一开始就是为了造假，这个问题的答案可能见仁见智。但是最终的结果是，这次的副本没有轻易通关。与大多数货币资金造假案例一样，E 公司暴雷的导火索也是债务违约。在 2015 年三季报账面现金高达 75 亿元的情况下，2016 年年初公司突然公告 5 亿元超短融不能按期偿付，证监会于是开始立案调查，E 公司轰然倒塌。

由于 E 公司的收入、成本造假金额远远超过了真实金额，所以传统的以收入、成本为基础的比例分析基本失效。例如，E 公司不是虚减成本，而是和收入等比例虚增，2010—2015 年毛利率极其稳定地维持在 40% 左右，如表 3-13、图 3-11 所示。

然而，千虑之后，仍有一失，E 公司的存货还是露出了马脚。为保持正常经营，企业应保持一定量的库存，不能太少也不能太多。按照原始披露的报表，E 公司 2010—2015 年营业收入增长数倍，但是从 2012 年开始存货的绝对值就基本没增长过，存货周转率快速上升，存货占固定资产的比例快速下降，如图 3-12 所示。

表 3-13　E 公司原始披露报表关键科目及比率

年份	2010 年	2011 年	2012 年	2013 年	2014 年	2015 年
营业收入（亿元）	15.97	26.04	37.30	46.16	58.95	45.75
营业成本（亿元）	10.17	15.86	23.37	27.49	35.41	27.44
毛利率	36.3%	39.1%	37.3%	40.5%	39.9%	40.0%
存货（亿元）	2.32	2.48	2.63	3.01	2.91	3.03
总资产（亿元）	39.815	54.385	91.84	132.13	171.31	171.27
存货占总资产的比例	5.83%	4.55%	2.87%	2.28%	1.70%	1.77%
存货周转率（营业成本为分子）（次）	4.38	6.41	8.87	9.14	12.16	9.05

数据来源：Wind 咨询，公司公告。

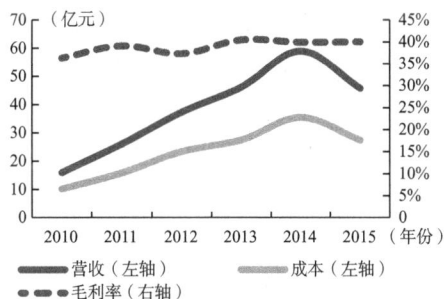

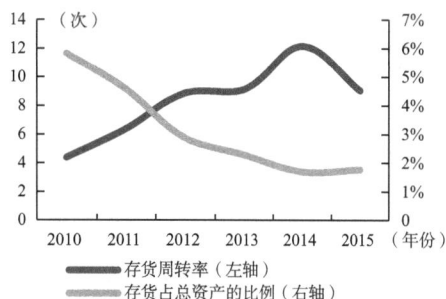

图 3-11　E 公司原始报表营收成本及毛利率　　图 3-12　E 公司原始报表存货周转率及占比

事中 E 公司也许可以用加强存货管理等理由搪塞过去，所以靠这个断定 E 公司造假确实有一定难度。事后来看，E 公司就是虚增了收入和成本，但是没有对应虚增存货。

3.7.3　货币资金舞弊识别：存贷双高第一步，利息收入第二步

货币资金舞弊识别，第一步看是否存贷双高（存款和贷款同时保持较高的余额）。从真实案例来看，由于贷款利率通常大于存款利率，存贷双高的公司一般都有问题。

但是也不绝对，受特定的法规限制及存在多层嵌套子公司的时候，部分货币资金可能是受限的，不同子公司之间资金不互通，在合并财务报表中可能出现合理的存贷双高。

（1）受特定法规、行业规范影响，不同项目可能独立核算。如房地产预售款必须专款专用，不能拿 A 楼盘的钱堵 B 楼盘的窟窿，因此在合并报表层面很容易出现存贷双高。虽然在现实中，前些年房地产公司挪用预售款是非常普遍的现象甚至成了惯例，但是至少在财务报表上不能如此明目张胆，几乎所有房地产公司都是存贷双高。表 3-14 为我国"招保万金"四大房地产上市公司合并财务报表期末存贷情况。

表 3-14 　"招保万金"四大房地产上市公司合并财务报表期末存贷情况

金额单位：亿元

	科目	2015 年	2016 年	2017 年	2018 年	2019 年	2020 年	2021 年
招商蛇口	货币资金	406	456	453	674	753	893	795
	短贷＋长贷＋债券	425	509	859	949	1 093	1 181	1 375
	存款 / 贷款	95.6%	89.7%	52.7%	71.0%	68.9%	75.6%	57.8%
保利发展	货币资金	375	470	678	1 134	1 394	1 460	1 714
	短贷＋长贷＋债券	879	994	1 782	2 180	2 067	2 370	2 776
	存款 / 贷款	42.6%	47.3%	38.1%	52.0%	67.4%	61.6%	61.7%
万科A	货币资金	532	870	1 741	1 884	1 662	1 952	1 494
	短贷＋长贷＋债券	547	1 021	1 445	1 781	1 793	2 007	2 218
	存款 / 贷款	97.1%	85.2%	120.5%	105.8%	92.7%	97.3%	67.3%
金地集团	货币资金	150	216	274	440	451	542	648
	短贷＋长贷＋债券	253	294	418	677	599	692	878
	存款 / 贷款	59.3%	73.4%	65.6%	65.0%	75.4%	78.3%	73.8%

数据来源：根据公司公告数据计算。

（2）不同子公司之间的货币资金可能不互通，母公司不能随意调动非全资子公司的资金。合并报表中存贷双高，可能是因为存款是子公司 A 的，贷款是公司 B 的。

试想一个场景：我和一个朋友合伙办公司，我持股40%，我朋友持股60%，我们的公司业绩蒸蒸日上，日进斗金，账上有很多钱。突然有一天，我朋友和我说，他名下还有一个公司，业绩持续亏损，要资不抵债了，能不能拿我们这个公司的钱去堵他那个公司的窟窿。

站在我的角度，经过一番调查，我发现他那个公司是一个无底洞，如果我们这个公司的资金被抽走了，后续发展会受到极大影响，所以我拒绝了他的提议。根据当初设立的公司章程，股东动用公司的资金要走分红程序，需要2/3以上表决权的股东同意。因此，没有我的同意，这笔钱是动用不了的。

但是站在他的角度，他名下有两个公司，持股比例都超过了50%，需要制作合并财务报表。合并财务报表里有很多钱，但是基本都是我俩这个公司的；也有很多负债，基本都是他那个公司的。合并报表里存贷双高和债务违约就可能同时出现。

因此，评判货币资金"调用能力"时，有必要先看一下母公司的资产负债表。虽然我们在日常研究中，往往只关注合并财务报表，对于大部分科目，母公司报表也没有太多研究意义，但是货币资金是一个例外。母公司资产负债表中的货币资金，只要不是因政策法规受限的，一般都可以随时调用，但是合并报表中的不一定。如果母公司报表也存贷双高，就不太好解释。

识别货币资金舞弊的第二步是看利息收入。与营运资本、固定资产等相比，货币资金不存在与营业收入、营业成本相关的"周转率"概念，只有"收益率"概念，就是利息收入。

只要有现金，就一定有利息收入，资产负债表中的现金是时点数据，但是利息收入是时段数据，等于每个时点的存款余额乘以利率，会沿着时间轴积分，除非银行配合，造假难度非常高。如果公司期末现金很多，但是利息收入很少，那么现金的真实性可能就要打问号，要么是存在时间存疑（期末打进来，期初马上打出去），要么是金额存疑。

表3-15展示了我国龙头房地产公司合并财务报表的利息收入和倒算的

存款利率情况。虽然存贷双高问题严重，但是招商蛇口倒算的存款利率在 2%～3% 之间，处于较高水平；万科 A 整体超过 2%，保利发展略低，但是也处于合理区间。

表 3-15　龙头房地产公司合并财务报表货币资金、利息收入及倒算利率

金额单位：亿元

	科目	2016 年	2017 年	2018 年	2019 年	2020 年	2021 年
招商蛇口	货币资金均值	403.4	442.7	539.2	698.6	747.0	811.6
	利息收入	8.1	11.0	17.8	23.2	22.0	26.0
	存款利率	2.0%	2.5%	3.3%	3.3%	2.9%	3.2%
保利发展	货币资金均值	444.8	608.5	896.7	1 234.2	1 311.2	1 471.0
	利息收入	5.1	9.8	24.1	22.5	24.5	24.3
	存款利率	1.1%	1.6%	2.7%	1.8%	1.9%	1.7%
万科 A	货币资金均值	680.1	1 108.1	1 499.3	1 497.9	1 804.1	1 767.0
	利息收入	13.7	14.8	38.4	35.3	46.8	38.2
	存款利率	2.0%	1.3%	2.6%	2.4%	2.6%	2.2%

注：根据公司公告数据计算，货币资金均值采用季度数据，如 2016 年取 2015Q4、2016Q1—Q4 五个季度数据的均值。

表 3-16 为 D 公司和 E 公司合并财务报表的存贷数据、倒算的存款利率和贷款利率情况。这两个公司不仅存贷双高，存款余额也一度达到有息负债的 2 倍，远超上述房地产企业；更重要的是存款利率和贷款利率相差太大，倒算的存款利率长期低于 1%。如果两个公司的货币资金是真实的，保留如此多且如此高成本的债务不符合商业逻辑，且倒算出来的存款利率太低，即便全是活期存款，利率也不至于只有这么点，所以暴雷之前就应该引起警惕。

然而，以上识别方法都是建立在利息收入本身是真实的基础上的，现在舞弊公司已经开始对利息收入动手脚了。根据证监会的认定结果，2015 年 D 公司虚增利息收入 0.76 亿元、E 公司虚增利息收入 0.78 亿元。看起来很低的利息收入，也已经是造假后的数了，只不过利息收入需要得到银行确认，操

表 3-16　D 公司、E 公司合并财务报表存贷情况及倒算利率

金额单位：亿元

	科目	2011 年	2012 年	2013 年	2014 年	2015 年
D 公司	货币资金均值	23.7	28.3	42.3	71.8	101.8
	短贷＋长贷＋债券均值	18.0	18.2	26.4	38.2	49.9
	存款余额 / 贷款余额	0.43	0.53	0.53	0.63	0.67
	利息收入	0.20	0.21	0.55	0.60	0.90
	利息支出	135%	163%	195%	289%	405%
	平均存款利率（倒算）	0.83%	0.74%	1.30%	0.84%	0.88%
	平均贷款利率（倒算）	7.50%	8.90%	7.40%	7.60%	8.10%
E 公司	货币资金均值	15.8	30.4	61.45	84.8	85.35
	短贷＋长贷＋债券均值	19.3	22.7	27.6	46.7	55
	存款余额 / 贷款余额	0.40	0.65	1.10	0.90	0.80
	利息收入	0.09	0.13	0.45	0.84	1.10
	利息支出	1.25	1.78	1.88	2.89	3.50
	平均存款利率（倒算）	0.56%	0.42%	0.72%	0.99%	1.29%
	平均贷款利率（倒算）	6.50%	7.80%	6.80%	6.20%	6.30%

注：以上数据均取自原始披露的造假财务报表。资金、负债均值采用季度数据，如 2013 年货币资金均值取 2012Q4、2013Q1—Q4 五个数的均值，有息负债暂取短期借款、长期借款、应付债券之和。

作起来比较难，造假金额没法太大。表 3-17 为证监会披露的 D 公司虚增利息收入、规避审计师调查货币资金的手法，包括制作虚假对账单、现场替换确认函、拦截函证邮件等，造假过程十分复杂。

表 3-17　D 公司虚增利息收入、规避审计师调查货币资金的手法

对抗审计师手法	实施细节
制作虚假对账单	针对货币资金舞弊风险，审计师的风险应对措施为直接从银行索取公司的基本户全年度的银行对账单，并进行重点审核。经查，公司提前制作了虚假的银行对账单，审计时审计项目经理从公司处取得该银行对账单，并未直接从银行索取

（续表）

对抗审计师手法	实施细节
现场替换确认函	公司货币资金余额账实差异主要集中在 3 家银行的 4 个账户上。审计师对该 3 家银行均执行了现场函证程序。经查，公司提前以内审名义、使用会计师事务所的询证函模板向银行进行函证，会计师事务所现场函证时，公司再将询证函需要银行盖章回复的确认页替换为原先以内审名义函证的确认页，伪造会计师事务所收到银行确认无误的询证函回函
拦截函证邮件	公司 2017 年度货币资金余额账实差异主要集中在 2 家银行的 3 个账户上。会计师事务所对该两家银行执行邮寄函证程序。经查，两份询证函回函的寄件人为公司财务人员，会计师事务所未对回函路径进行有效核对
审计师失职	会计师事务所针对货币资金科目获取的银行询证函、银行对账单等资料中，存在明显异常或相互矛盾的情况。审计师未关注上述明显异常或相互矛盾的审计证据，未保持应有的职业怀疑，未执行进一步审计程序消除疑虑

资料来源：证监会对会计师事务所出具的《行政处罚决定书》，文字有删减。

对于识别货币资金舞弊，还有一个观察渠道可以试一试，就是大家经常忽略的母公司财务报表。通常情况下，与母公司相比，子公司是主要的业务执行者，对资金的需求较高，而且现金一般也都是子公司赚的。但是，母公司往往信用等级更高，借钱更便宜，所以母公司借钱、子公司花钱 + 赚钱是一个比较理想的分工。

因此，与合并报表相比，理论上母公司报表上存款余额与贷款余额的比值应该更小。除非母公司采用现金归集模式，将子公司的钱全部归集到母公司账上，但是这样母公司财务报表上会有大量"其他应付款"，算母公司欠子公司的。

另一方面，由于大家经常忽略母公司财务报表，所以上市公司造假的时候很可能也跟着忽略了，导致母公司财务报表的相关比率更加异常。表 3-18 为 D 公司、E 公司母公司财务报表中的存贷情况及倒算利率。可以看到，E 公司母公司报表中存款余额与贷款余额的比值大幅高于合并财务报表；D 公司母公司报表中倒算的 2015 年平均存款利率仅有 0.12%，比合并财务报表问题更大。

表 3-18　D 公司、E 公司母公司财务报表存贷情况及倒算利率

金额单位：亿元

	科目	2015 年	2016Q1—Q3
D 公司	货币资金均值	96.1	115.0
	短贷＋长贷＋债券均值	49.8	79.0
	存款余额 / 贷款余额	0.64	0.49
	利息收入	0.11	0.78
	利息支出	4.06	4.33
	平均存款利率（倒算）	0.12%	0.68%
	平均贷款利率（倒算）	8.1%	5.5%

	科目	2014	2015
E 公司	货币资金均值	29.13	31.44
	短贷＋长贷＋债券均值	8.38	9.99
	存款余额 / 贷款余额	1.74	1.57
	利息收入	0.20	0.34
	利息支出	0.53	0.34
	平均存款利率（倒算）	0.68%	1.07%
	平均贷款利率（倒算）	6.4%	3.4%

注：以上数据均取自原始披露的造假财务报表，资金、负债均值采用季度数据，如 2015 年货币资金均值取 2014Q4、2015Q1—Q4 五个数的均值，有息负债暂取短期借款、长期借款、应付债券之和。

3.8　商誉与投资收益舞弊：钻会计制度漏洞，只能远离这类

3.8.1　商誉在原理上并不完全符合资产的定义

所谓商誉，英文是 goodwill，是指一家企业预期的获利能力超过可辨认资产正常获利能力的资本化价值，它可能源于悠久历史带来的良好形象、优

秀文化带来的战力加成、企业家超群的视野和资源整合能力，总之是各种虚无缥缈但是很重要的东西。

而根据标准定义，资产是指由企业过去的交易或事项形成的、由企业拥有或者控制的、预期会给企业带来经济利益的资源。但是在会计意义上，一项资产想进入资产负债表，还要满足两个条件：一是与该资源有关的经济利益很可能流入企业，"或有资产"一般是不算资产的，但是"或有负债"算负债；二是该资源的成本或者价值能够可靠地计量。

在这两个条件的约束下，会计意义上的商誉有且只有在股权并购时才能形成。股权收购对价往往大于标的可辨认净资产之和，会计上认为超出的部分就是对"看不见但是存在"的资产的估值，也就是对上面所说的良好形象、企业文化、企业家能力这些的估值。

所以，从定义上就可以看出，商誉是一种很特殊的资产，是根据收购对价与可辨认净资产作差得出来的。别的资产给企业带来经济利益都是资产自身带来的，而商誉虽然理论上也能够给企业带来经济利益，但是经济利益的多少依赖于收购资产整体，因此商誉是一种寄生在其他资产上的资产，其价值的计量并没有那么"可靠"。

2007 年之前，我国将商誉视为无形资产，要求在不超过 10 年的期限内摊销。由此引发了问题，高成长优质资产往往需要较高溢价收购，而短期内又不能贡献很多盈利，商誉强制摊销将导致收购后母公司利润骤减。2007 年之后，我国会计准则与国际会计准则接轨，取消了商誉摊销，只要求每年对商誉进行减值测试。

商誉不摊销后，直接刺激了并购市场。但是财政部还是留了一手，企业合并区分同一控制和非同一控制。

同一控制是指并购公司和并购标的受共同的最终方控制，包括大股东注入资产，兄弟单位之间合并重组等。非同一控制是指并购双方在交易前没有任何关系，并购标的是完全独立的。合并财务报表由母公司财务报表与子公司财务报表先相加，再执行抵消分录而得，同一控制与非同一控制的调整和抵消规则有较大差异。

在我国会计制度下，只有非同一控制股权合并，才会在合并财务报表中产生商誉；同一控制股权合并，收购溢价在母公司报表阶段就直接冲减资本公积了。

我们用案例来说明。假设标的公司固定资产账面价值为 100 元，负债为 50 元，股本及资本公积为 50 元，并购要约方出价 45 元现金购买标的公司 60% 股权。

在这个案例中，标的公司净资产为 50 元，60% 股权的账面价值为 30 元。首先制作母公司财务报表，收购标的在母公司报表中体现为长期股权投资。如果是非同一控制，采用"购买法"入账，股权入账价值等于收购价格 45 元，和账面价值无关；如果是同一控制，采用"权益合并法"入账，股价入账价值等于收购份额在最终合并方报表里的价值，也就是账面价值 30 元，15 元收购溢价直接冲减收购方母公司报表的资本公积，会计分录如下（为简化处理，不考虑增值税和递延所得税资产或负债，下同）：

非同一控制下母公司报表分录	同一控制下母公司报表分录
借：长期股权投资（投资成本）45	借：长期股权投资（原始账面价值）30 　　资本公积（冲减母公司净资产）15
贷：银行存款　　45	贷：银行存款　　　45

接下来制作合并财务报表。对于非同一控制股权合并，会计制度不认可并购标的资产的原始账面价值，需要按照购买日的公允价值进行重估，按照重估结果同步调整资产的账面价值和资本公积，形成新的账面价值。同一控制股权合并不需要重估。本案例中，假设原始账面价值 100 元的固定资产公允价值重估结果为 110 元，增值 10 元。会计分录如下：

非同一控制下子公司报表分录	同一控制下子公司报表分录
借：固定资产（调到公允价值）10 　贷：资本公积（同步调整权益）10	不需要调整

调整完毕后执行抵消分录。在合并财务报表的角度，如果子公司并表了，母公司对子公司的长期股权投资及子公司的所有者权益就都不存在了，两者进行一次抵消，子公司所有者权益中不属于母公司的部分根据新的账面价值按比例形成少数股东权益。

非同一控制下，长期股权投资入账价值高，抵消后会出现差值，差值形成商誉。同一控制下这一步是没有差值的，差值在第一步就通过母公司的资本公积冲掉了。

非同一控制下合并报表抵消分录	同一控制下合并报表抵消分录
借：子公司所有者权益（50+10） 60	借：子公司所有者权益 50
商誉（收购价较评估价的溢价）9	贷：长期股权投资 30
贷：长期股权投资 45	少数股东权益（50×40%）20
少数股东权益（60×40%）24	（溢价在母公司报表阶段就冲掉了）

简单来说，商誉等于收购对价大于可辨认净资产公允价值的部分，而可辨认净资产公允价值等于评估后的资产公允价值减去负债余额。所以，商誉的形成有两个可以操控的地方。

首先，收购对价可以操控，公司说多少钱买的就是多少钱买的。其次，资产的评估价格也可以操控，而且评估的是总资产，净资产是作差算出来的，如上述案例，资产负债率50%的公司，总资产评估价高10%，净资产"公允价值"就会高20%。

因此，商誉是一种很虚的资产，虚高并购对价配合造假非常容易。而且，被减数是净资产的公允价值，如果不想商誉太高，只要把重新评估的价格做高一点就行。这也是会计规则制定者考虑多方面平衡后的产物，在商誉确认上，给了公司太大的自主权，自然有利有弊。

之前几节介绍的识别方法对商誉都无效，连证监会都很难实锤：把虚增的利润藏在营运资本里，会导致现金循环周期增加；藏在固定资产、无形资产里，会导致固定资产周转率下降，而且增加未来的折旧或摊销；藏在货币资金里，会导致存贷双高、利息收入对不上。

但是通过虚高并购对价，藏在商誉里，在利润表上不会产生任何影响，想藏多少就藏多少。抓到之后就说买贵了，被人坑了，你也拿我没有什么办法。所以虽然商誉减值舞弊现象严重，但很少有被抓到造假实锤的，基本上都是钻了会计制度的漏洞。

那么商誉有什么用？它可以拿来减值，商誉最主要的作用就是拿来减值，A 股 1/3 的商誉都减值了。图 3-13、图 3-14 为我国 A 股历年商誉累计减值金额、减值公司数及报表余额。2018 年 A 股商誉减值达到最高峰 1 500 亿元，此前的 2015 年，牛市期间企业虚增了利润，收益颇丰。

截至 2021 年年底，A 股全样本商誉总额 1.2 万亿元，2010 年至今累计减值 5 693 亿元，减值之前接近 1.8 万亿元，1/3 的商誉都拿来减值了。在这么高的减值比例下，看到商誉一刀切、先打 5 折，算上还没暴雷的，这么做大数据上看不冤枉。

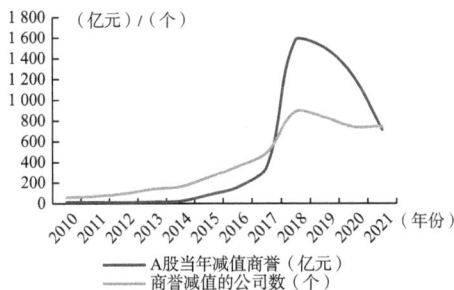

图 3-13　A 股历年商誉减值金额及公司数　　**图 3-14　A 股商誉累计减值金额及余额**

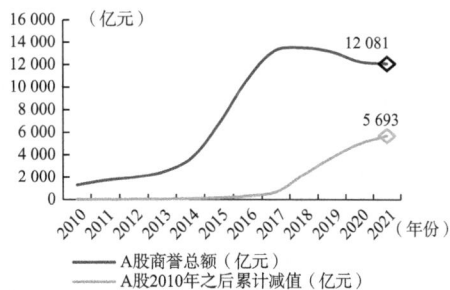

而且，即便不存在财务造假和胡乱并购，商誉最终也是要减值的，因为任何企业都有生命周期，生命周期会消耗商誉。举一个极端的例子便于大家理解，如表 3-19 所示，假设某高速公路公司，旗下资产仅有一条公路，账面价值 100 亿元（假设评估后也是这个价），没有负债，剩余收费年限 10 年，每年营业收入 30 亿元、折旧 10 亿元，没有其他成本。另一家企业出价 200 亿元收购了这家公司全部股权，产生 100 亿元的商誉。

表 3-19 使用 10 年的资产，企业未来现金流现值与账面价值的关系

金额单位：亿元

年份	第1年	第2年	第3年	第4年	第5年	第6年	第7年	第8年	第9年	第10年
营业收入	30	30	30	30	30	30	30	30	30	30
折旧	10	10	10	10	10	10	10	10	10	10
净利润	20	20	20	20	20	20	20	20	20	20
现金流	30	30	30	30	30	30	30	30	30	30
现金流现值（折现率5%）	28.6	27.2	25.9	24.7	23.5	22.4	21.3	20.3	19.3	18.4
企业未来现金流现值	231.7									
可辨认资产账面价值	100									
现金流现值与面值差	131.7									

过了5年（还能用5年）		第1年	第2年	第3年	第4年	第5年
营业收入		30	30	30	30	30
折旧		10	10	10	10	10
净利润		20	20	20	20	20
现金流		30	30	30	30	30
现金流现值（折现率5%）		28.6	27.2	25.9	24.7	23.5
企业未来现金流现值		129.9				
资产账面价值		50.0				
现金流现值与面值差		79.9				

在第 1 年的时候，假设折现率是 5%，收购的企业未来 10 年的现金流现值是 231.7 亿元，资产的账面价值是 100 亿元，差值 131.7 亿元，大于商誉，因此不用计提商誉减值。

但是等到第 5 年的时候，高速公路的收费年限只剩下 5 年，现金流现值为 129.9 亿元，资产的账面价值为 50 亿元，差值只有 79.9 亿元，小于初始确认的商誉，因此就要计提商誉减值 20.1 亿元。整个过程没有任何的财务粉饰、

没有任何业绩低于预期的情况，都是正常的财务处理。

除此之外，商誉里的文章还有很多，不想减值也有方法，可以通过长期股权投资销商誉。例如，并购标的可辨认净资产公允价值 100 元，以 80 元对价收购 60% 股权，产生 20 元商誉。

后续业绩严重不及预期，商誉要暴雷，母公司可以找一个白手套，按 20 元价格卖 10.01% 股权给第三方（找不到第三方可以卖给自己的白手套），剩下 49.99% 股权，丧失标的公司控制权，因此转为长期股权投资核算。转换计量方式时，可以进行公允价值的重估，参考最近交易，10.01% 的股权价值是 20 元，49.99% 股权价值是 100 元，所以不仅不用减值，还能记一笔公允价值重估收益。因此，如果看到一个公司突然出售股权，把并表公司变成了长期股权投资，出售对价还特别高，就要格外注意了。

不过平心而论，商誉舞弊的识别难度比较高，主要应对手段有两点：首先是看商誉的形成过程，并购时的对价是否公允，这个很难通过单纯的财务报表分析看出来，可能需要一定的实体产业经验；其次就是，如果实在拿不准，尽量远离商誉畸高的公司，或者给这些公司打折估值。只要所有的投资者联合起来，不给商誉高估值，公司在商誉上造假的收益就会降低，慢慢就会放弃在商誉上做文章。

3.8.2　F 公司案例：巨额商誉减值，频繁并购争议颇多

> **提示：** 截至目前，至少在法律意义上，F 公司尚不涉及财务舞弊，但是巨额的商誉减值使得各种解读层出不穷，无法证实亦无法证伪。本书不对案例性质做任何主观评价，只介绍 F 公司巨额减值始末，并从投资角度探讨商誉的特点。

F 公司为我国文化传媒领域的旗舰公司，也是行业内最早的一批上市公司。随着优秀作品的不断涌现，F 公司上市后业绩实现高速增长，归母净利

润从不足 1 亿元增长至接近 10 亿元，增幅达到 10 倍；股价从 2010 年低点到 2015 年高点，有将近 10 倍涨幅。

然而，股价涨得好并不意味着市场形成了一致预期，相反，F 公司自上市以来也是争议不断，股价回报不等于分红回报，作品口碑与资本市场口碑亦无法等同。公司首次公开募股（IPO）、配套融资及多次定增合计募资超过 50 亿元，但是迄今为止累计分红不足 10 亿元。从分红率来看，虽然业绩高速增长，但是分红金额增速远远落在后面，分红率持续下降，如图 3-15、图 3-16 所示。

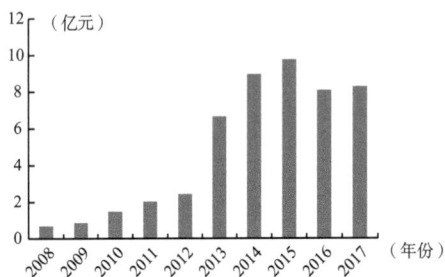

图 3-15　F 公司 2008—2017 年归母净利润

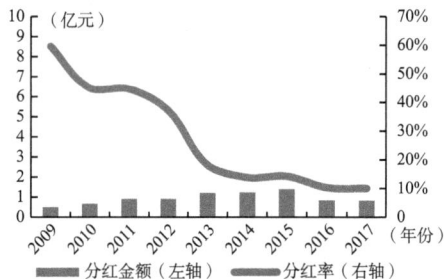

图 3-16　F 公司历年分红金额及分红率

这与 B 公司囤存货大同小异。从现金流量表和资产负债表上看，F 公司把募来的钱和赚来的钱都拿来收购子公司了，走投资性现金流变商誉的路子。公司 2012 年之前基本没有商誉，2014 年、2015 年两年巨额并购导致商誉迅速攀升，2015 年年底最高点接近 40 亿元，超过公司自上市到 2015 年的归母净利润总和，如图 3-17、图 3-18 所示。

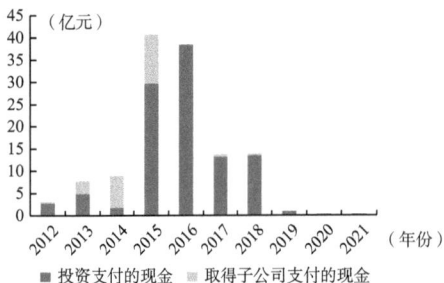

图 3-17　F 公司历年投资支出的现金

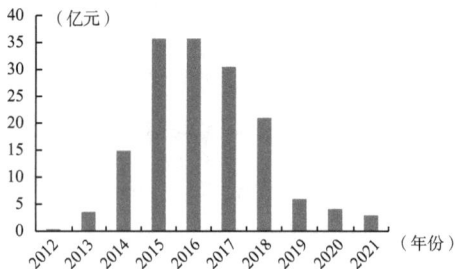

图 3-18　F 公司期末商誉余额

在 F 公司的所有投资中，争议最大的是牛市期间进行的两次豪赌式收购，即对甲公司和乙公司的收购。其中，甲公司为明星持股公司，原有股东都是流量明星，被收购前总资产仅有 1 000 万元，没有负债。F 公司公告出价 7.56 亿元收购甲公司 70% 股权，明星股东承诺甲公司 2015 年税后净利润不低于 9 000 万元，2016 年起每年增长不低于 15%，承诺期 5 年。

7.56 亿元的收购对价计算方法也非常直接，在明星股东承诺的 2015 年税后净利润 9 000 万元基础上，给予 12 倍 PE，得到甲公司整体价值为 10.8 亿元，再乘以 70% 股权比例就等于 7.56 亿元，对价基本全是"商誉"，市场对此的乐观解读是获得流量入口，实现流量变现。

乙公司为导演持股公司，导演过往作品有较高的票房号召力，被收购前总资产为 1.36 万元，负债总额为 1.91 万元，净资产为 −5 500 元。F 公司公告出价 10.5 亿元收购乙公司 70% 股权，原有股东承诺乙公司 2016 年税后净利润不低于 1 亿元，2017 年起每年增长不低于 15%，承诺期也是 5 年。收购时 F 公司给了乙公司 2016 年业绩承诺 15 倍 PE，乙公司整体估值为 15 亿元，70% 股权就是 10.5 亿元，估值方法通俗易懂[①]。

如前所述，无论收购资产的质量如何，商誉都是非常危险的，不减值只是偶然，减值才是常态。正如市场所担心的（见表 3-20），乙公司收购后第 3 年业绩就低于预期了，之后也没有扭转，F 公司 2018—2021 年对乙公司的商誉累计减值 8.8 亿元，商誉减值率超过 80%。

---

① 　就该案例的会计处理而言，笔者认为将收购溢价确认为商誉值得商榷。一方面，从商业实质来看，甲乙公司唯一的资产就是明星的影响力与导演的创作能力，广义上讲也属于生物类资产，资产价值和业绩预测的主观性都比较大。

另一方面，两者的业绩承诺期都只有 5 年，5 年后双方是否继续合作并没有法律约束，无论是按照 12 倍 PE 还是 15 倍 PE 收购，都略显豪爽。

况且，流量都是有生命周期的，并非永久性资产，而商誉不需要折旧摊销，属于永久性资产，虽然将收购溢价定义为商誉在形式上完全符合现行会计制度，但是实质上有违会计精神，更合理的记录方法应该是确认为无形资产，在有限的时间内逐年分摊。

表3-20　F公司收购的甲公司与乙公司承诺业绩、实际业绩及商誉减值情况

金额单位：亿元

	科目	2015年	2016年	2017年	2018年	2019年	2020年	2021年
甲公司	承诺业绩	0.9	1.04	1.19	1.37	1.57	1.81	2.08
	实际业绩	0.92	1.01	1.56	1.95	0.33	−0.67	0.45
	年底商誉余额	7.49	7.49	7.49	7.49	转为长期股权投资		
乙公司	承诺业绩		1	1.15	1.32	1.52	1.75	2.01
	实际业绩		1.02	1.17	0.65	1.64	0.06	0.7
	每年商誉减值				3.02	3.6	1.86	0.32
	年底商誉余额		10.5	10.5	7.48	3.88	2.02	1.7

资料来源：公司公告。

甲公司稍微好一点，业绩承诺期的前4年都兑现了，但是第5年业绩大幅低于承诺值。不过，甲公司在这一年迎来了新的买家，第三方公司对甲公司进行了增资并且收购了F公司持有的部分股权，交易完成后F公司对甲公司的持股比例下降至48.13%，丧失控制权后转为长期股权投资核算，商誉不存在了，从而也规避了减值风险。

甲公司、乙公司只是两个比较有代表性的标的，当牛市风口过去，F公司上市后收购的大量子公司在2018年集中暴雷，巨额商誉减值导致公司业绩大幅亏损，仅2018年、2019年两年的合计亏损额即超过公司2017年及之前的全部利润之和，如图3-19、图3-20所示。

市场对此有多种解读，如果站在有利于公司的立场，资本市场的反身性也是一把双刃剑，牛市期间的高估值及市场对并购行为的正反馈，容易助长管理层的乐观情绪，为未来暴雷埋下伏笔。

从投资的角度看，任何时候都要警惕商誉过高的公司，牛市期间股价易受情绪影响，无论是二级市场投资者还是上市公司的管理层，都不要高估并购来的资产的盈利能力，避免踩雷才是正确打开方式。

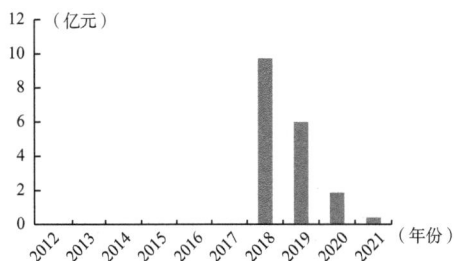

图 3-19　F 公司历年商誉减值情况

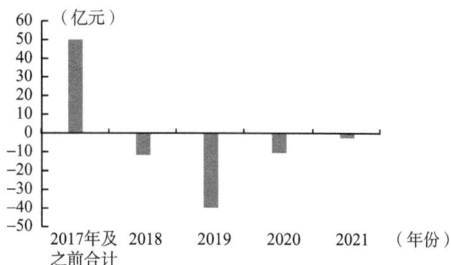

图 3-20　F 公司 2018 年之后归母净利润

除此之外，我们还可以看到，商誉减值不仅金额大，暴雷后果很严重；而且一旦暴雷可能就止不住了，不是减值一次就能结束的，往往是连环炸，减到零为止。

原因是多方面的（以下分析不针对 F 公司）：从监管上看，商誉一次减值太多相当于承认了之前并购时欠考虑，从而容易被监管机构盯上，分批减值则可以分散监管机构的注意力。

从主观意愿来看，一方面公司可能对并购标的业绩增长抱有幻想，另一方面与固定资产、无形资产相比，商誉不用折旧、不用摊销，减值不会导致未来折旧摊销减少，不会对未来利润表产生正向影响，因此商誉能不减值就不减值，在资产负债表上趴着就挺好的，减值往往都是在审计师"逼迫"下进行的。

表 3-21 展示了全 A 样本数据 2015—2021 年商誉减值情况统计。一家公司首年减值后，第 2 年继续减值的概率在 50% 以上；连续两年减值后，第 3 年继续减值的概率超过 60%。

表 3-21　2015—2021 年全 A 样本数据商誉减值情况统计

年份	2015 年	2016 年	2017 年	2018 年	2019 年	2020 年	2021 年
当年商誉减值金额超过 1 亿元的公司数	124	188	269	472	466	415	387
其中首年减值的公司数	82	112	152	251	126	121	123
首年减值后，第 2 年继续减值的公司数		48	61	125	176	80	60
首年减值后，第 2 年继续减的概率		58.5%	54.5%	82.2%	70.1%	63.5%	49.6%

（续表）

年份	2015 年	2016 年	2017 年	2018 年	2019 年	2020 年	2021 年
连续两年减值后，第 3 年继续减值的公司数			36	50	88	108	48
连续两年减值后，第 3 年继续减值的概率			75.0%	82.0%	70.4%	61.4%	60.0%

资料来源：Wind 咨询。首年减值后，第 2 年继续减值的公司，如 2015 年的数据表示 2014 年首年减值，2015 年继续减值的公司；概率 =2015 年继续减值的公司数 ÷2014 年首年减值公司数 =25/44。

> **提示**：要格外警惕商誉连环减值，尤其是刚刚减过一次，尚处于"减值期"的公司。

3.8.3　股权投资和投资收益中隐藏着更大的造假黑洞

除了商誉，股权投资和投资收益中隐藏着更大的黑洞，识别难度相对较高，可能需要借助非财务信息，包括实地调研、产业链上下游验证等，财务报表分析只能作为辅助。本章介绍的手法主要根据证监会通报总结，通过这些手法的介绍，笔者希望为各位读者提供预警，尽量远离投资收益占比过高且无法验证的公司。

会计核算上，不并表的股权投资主要有两种计量方式，分别是以公允价值计量的金融资产和权益法核算的长期股权投资。股权投资舞弊一般发生在两个阶段，一个是初始计量阶段，另一个是后续计算投资收益的阶段，两个阶段都有极强的隐蔽性。

1. 初始计量阶段造假

无论是公允价值计量的金融资产还是权益法核算的长期股权投资，初始入账价值都是支付对价，因此只要虚报对价就可以配合造假，造假的原理和在建工程、固定资产、商誉一样，此处不进一步展开讲解，可参考 3.5.4 节中的图 3-6。但是相比在建工程、无形资产等，股权投资的价值天然就比较虚，一方面没有类似应收账款周转率、固定资产周转率等指标方便投资者鉴别，另一方面股权看不见摸不着，骗过审计师也比较容易。

而且与商誉相比，虽然形成商誉的每一个环节都有比较大的调节空间，但是公告中还是清晰地列示了被收购公司的原始净资产价值、评估后的价值和收购对价。长期股权投资则完全是黑箱，没有拿到子公司控制权就不用并表，合并财务报表中仍然以长期股权投资列示，只有一个整体的数，并不知道为什么值这些钱。

理论上，股权投资对价 PB 超过 1 的部分，就是净资产重估增值 + 商誉。但是如果公司公告披露不详细，那么我们甚至都不知道所投公司的净资产是多少。

进一步地，就算我们知道了所投公司的净资产、净利润，甚至一切报表数据，也很难认定股权投资价值的合理性。因为如果所投公司是非上市公司，也没发过债券，那么所投公司的报表是没有被审计过的。上市公司的审计师只负责对上市公司母公司和控股子公司的财务报表进行审计，审计师没有能力、没有时间也没有义务对上市公司的参股公司进行审计，否则如果参股公司还有参股公司，就会无限套娃式地审下去。而且，既然是投资，肯定有看走眼的时候，至于是不是"真"看走眼，那就不好说了。

2. 持续计量阶段造假

所谓持续计量阶段就是指投资后获得投资收益的阶段。根据会计准则，以公允价值计量的金融资产和长期股权投资的投资收益计算规则有较大区别，因此造假手法也不尽相同。

对于以公允价值计量的金融资产，会计准则认为公司不能对所投公司施加重大影响，无论所投公司赚了多少钱，只要不分给你，就不算你的，所以规定只能在收到分红的时候，按照分红金额确认投资收益。而对于长期股权投资，会计准则认为公司可以影响所投公司的分红决策，所以不管所投公司分不分红，赚的钱都是你的，投资收益等于所投公司的归母净利润乘以持股比例，收到分红的时候不影响利润表，视为撤回投资。

因此，如果是以公允价值计量的金融资产，投资收益造假最主要的方式就是将本金当收益，在分红金额上动手脚。例如，真实公允价值 100 元的股权，出价 120 元买回来，记 120 元的金融资产，第 2 年所投公司以分红的方式分回来 20 元，记 20 元的投资收益。这种情况下，公司甚至可能还有吹嘘的资本，"便宜没好货，好货不便宜，你看我眼光多好，投资第 2 年就有回报了"。

如果是长期股权投资，投资收益造假最主要的方式是在所投公司的归母净利润上动手脚，公司的投资收益等于造假后的所投公司利润乘以持股比例。尤其所投公司是公司的白手套、隐性关联方时，造假非常容易，而且如果被发现了通常会直接甩锅给所投公司："是所投公司造假，我是无辜的，我也是受害者，我的心和投资者同在。"

综上所述，对于股权投资和投资收益造假，如果没有公司内鬼举报，基本上是没法发现的。这也可以解释为什么市场喜欢给参股股权估值折价。但是相对而言，对上市公司及其子公司的投资比较安全，因为业绩真实性有其他的审计师帮忙审计；对非上市公司的投资，有时只能通过非财务数据来识别。从普通投资者的角度看，基于防范风险的考虑，远离投资收益占比过高的公司（尤其是来自非上市公司的投资收益），可能是一种相对稳妥的策略。

3.9 游走在模糊空间的关联交易，商业实质难以判断

3.9.1 不一手交钱一手交货的关联交易，其真实性是难以判断的

根据定义，关联交易是指关联方之间转移资源、劳务或义务的行为，不论是否收取价款。交易双方一方是公司，另一方是公司的关联人，虽然交易双方的法律地位名义上平等，但交易实质是由关联人一方决定的，价格完全由关联人说了算。

关于关联关系的认定，我国 2018 年修订的《公司法》认为控股股东、实际控制人、董事、监事、高级管理人员，以及由上述人员直接或者间接控制的企业都算关联方，如表 3-22 所示。这里提示一点，在《公司法》的框架内，

公司控股子公司之间的交易也属于关联交易。

表 3-22　《公司法》中对关联关系的定义

类型	定义
关联关系	公司控股股东、实际控制人、董事、监事、高级管理人员与其直接或者间接控制的企业之间的关系，以及可能导致公司利益转移的其他关系。但是，国家控股的企业之间不仅因为同受国家控股而具有关联关系
高级管理人员	公司的经理、副经理、财务负责人，上市公司董事会秘书和公司章程规定的其他人员
控股股东	出资额占有限责任公司资本总额百分之五十以上或者其持有的股份占股份有限公司股本总额百分之五十以上的股东；出资额或者持有股份的比例虽然不足百分之五十，但依其出资额或者持有的股份所享有的表决权已足以对股东会、股东大会的决议产生重大影响的股东
实际控制人	虽不是公司的股东，但通过投资关系、协议或者其他安排，能够实际支配公司行为的人

资料来源：我国 2018 年修订的《公司法》。

在财政部发布的《企业会计准则第 36 号——关联方披露》中，关联方的认定范围比《公司法》大得多，基本上沾边就算，包括公司的母公司、公司的子公司、联营合营企业、能够施加重大影响的投资方，以及董监高本人、受其控制的企业乃至关系密切的家属。

但是在上海证券交易所和深圳证券交易所的上市规则中，上市公司控股子公司之间的交易不属于要求披露的关联交易。也就是说，无论《公司法》和会计准则怎么规定，落实到年报上，以交易所的规定为准，关联交易主要指上市公司与控股股东、实控人及参股公司之间的交易。

站在合并财务报表的角度，控股子公司之间的交易属于内部交易，要相互抵消，内部交易价格不影响合并财务报表的净利润，但是如果两个子公司的持股比例不一样，交易价格会影响少数股东损益和归母净利润。因此，不披露内部交易，实际上给了上市公司利益输送、调节报表一定的空间。

关联交易最大的问题是交易价格非市场化，但是只要能够一手交钱一手交货，价格别太离谱，投资者都是可以接受的，商业模式可能已经反映在估值里了。然而，如果做不到一手交钱一手交货，长期以应收账款的形式挂账，那么交易的真实性是无法判断的。不是说存在舞弊，而是无法判断，上市公司将货物卖给关联方，换回来一堆应收账款，关联方说值多少钱就是多少钱，没有任何方法验证真伪，审计师去问关联方，关联方会说"正常的资金周转而已，我又不是不给"。

而且，事情还有做得更过分的，上市公司收到钱后，马上立项一个在建工程，用的设备也从关联方采购，钱转一圈又回到了关联方手里。有些做得很周密的上市公司的利润表、现金流量表、资产负债表都非常好看（对于上市公司，钱流进来的时候走经营性现金流，流出去的时候走投资性现金流，经营性现金流量净额和净利润不会对不上）。

3.9.2 G公司案例：错综复杂的股权交易与不可证伪的关联交易

G公司曾经是微博、雪球、股吧热搜榜上经常被谈论的对象，各类投资群里的空方和多方势均力敌，经常吵得不可开交，只不过后来G公司资金链断裂、商业模式被证伪，讨论热度才逐渐散去。

从"事后诸葛亮"的角度看，G公司的问题集中在商业模式、关联交易、少数股东亏损和财务舞弊4个方面，其中市场讨论最多的是商业模式问题，后三个问题可以统一为财务问题，市场讨论相对较少。

毕竟，相比商业模式问题，财务问题没有那么重要，如果商业模式走通了，财务报表的一切问题都不是问题，甚至可以包装成创业者和投资者共同成长的案例。但是一旦商业模式走不通，财务报表的所有问题就都是问题，成王败寇，非常现实。如果向有利于上市公司的方向解释，G公司也许和E公司类似，也是一个被股权质押双刃剑损伤的案例。

拆解财务报表之前，要先梳理一下G公司及其实控人错综复杂的股权结构，如图3-21所示。以上市公司为核心展开，实控人旗下资产可以分为三部分，主要包括上市公司G公司、与销售业务为主的非上市体系及与上市体系关联度较小的其他产业。

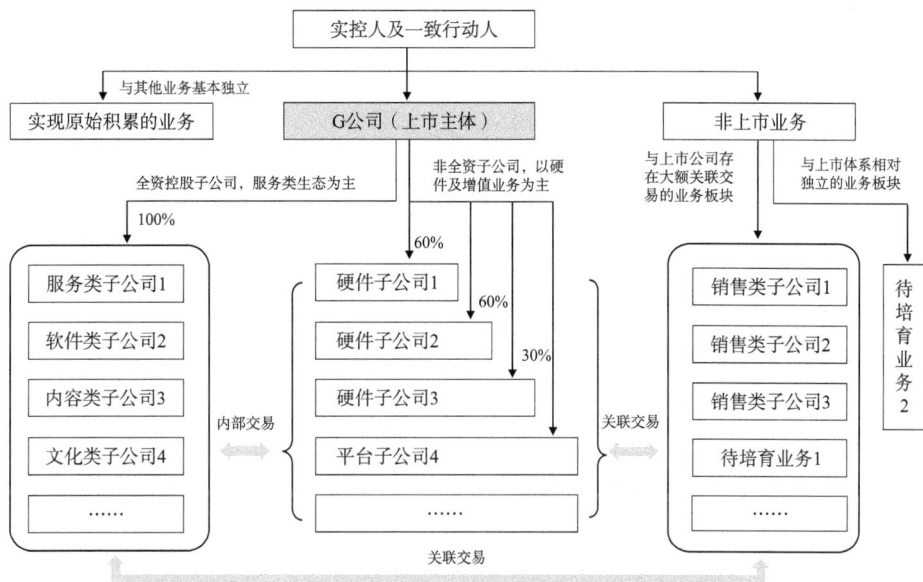

图 3-21　G 公司及其实控人旗下资产股权架构

进一步地，上市体系可以再分成两部分，分别是全资控股的服务类业务和非全资控股的制造类业务。值得强调的是，制造类业务虽然是非全资控股的，但是少数股权也基本都在实控人及关联方手中。也就是说，从实控人的角度，不存在真正意义的少数股东。

接下来，我们就关联交易、少数股东亏损和财务舞弊具体展开分析。

如图 3-22、图 3-23 所示，G 公司的关联交易主要发生在 2015 年和 2016 年，而这两年也正好是公司营业收入增长最快的两年，硬件业务和服务业务大爆发，两项业务合计营收从 2014 年的 40 亿元增长到 2016 年的 135 亿元。但是，2014 年报表中来自关联方的收入为零，2016 年超过 90 亿元，可以说这两年增长的营业收入，基本全部来自关联方。

以 2016 年为例，90 亿元关联方收入中，来自实控人直接控制的销售公司（图 3-21 架构中的"销售类子公司 1""销售类子公司 2"等）的金额合计约为 80 亿元，约占关联方收入的 90%。根据公司年报的解释，2016 年公司对销售体系进行了大规模改革，成立专门的销售子公司是为了更好地整合产业链上下游优势资源及体现智能总部的作用。

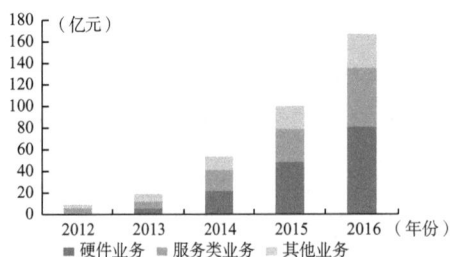

图 3-22　G 公司历年营业收入及构成

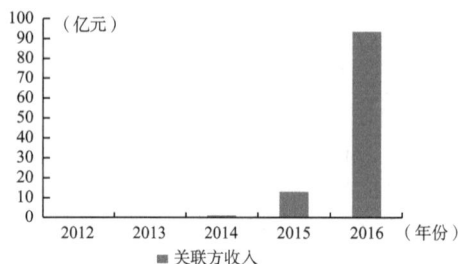

图 3-23　G 公司来自关联方的收入

该项改革的负面效果是，上市公司体内的硬件子公司都不再接触客户了，所有的产品全部先卖给实控人旗下、非上市体系中的销售子公司，上市公司在这一步就可以直接确认收入和利润。然后，产品再由实控人手中的销售子公司负责对外销售，至于能不能卖出去，和上市公司无关。

然而，如果是明码标价、一手交钱一手交货，关联交易再多也不会引发这么大的争议。G 公司财务报表的一个问题是，关联交易大部分以应收账款形式挂账，如图 3-24 和图 3-25 所示，2014 年公司合并财务报表应收账款及票据只有 15 亿元，到 2016 年攀升到 70 亿元。2016 年，在营业收入大幅增长、归母净利润基本持平的背景下，经营性现金流量净额降低至 -8 亿元。

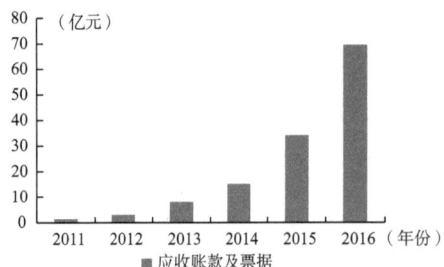

图 3-24　G 公司应收账款及票据余额情况

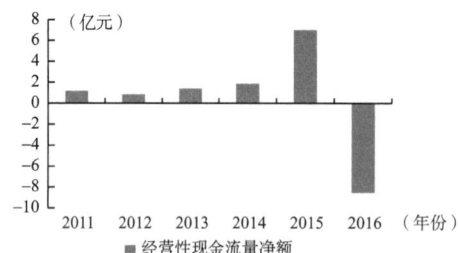

图 3-25　G 公司经营性现金流量净额情况

既然是这样操作，那营业收入基本上要多少有多少，更何况 2017 年之后公司对关联方的应收账款计提了大量的坏债，这更加坐实了市场的怀疑。

G 公司财务报表的另一个问题是少数股东亏损。自上市以来，公司的税前利润表现平平，但是净利润表现亮眼，归母净利润表现更亮眼，核心原因是少数股东损益长期为负，所得税费用经常为负。这里就是利用了少数股东损益和递延所得税资产相关的会计准则。

我们以标准化案例来说明。假设某公司业务分布在两个子公司中，一个全资子公司，一个持股 60%。全资子公司的税前利润为 100 元，持股 60% 的子公司税前亏损 110 元，由此可得公司合并财务报表税前亏损 10（100-110）元。

假设全资子公司适用所得税率为 15%，可得全资子公司所得税费用为 15 元，税后利润为 85 元（税法不对合并报表征税，对每个法人主体单独征税）。假设持股 60% 的子公司适用所得税率为 25%，税法规定，亏损可在未来 5 年内抵税，只要公司认为自己未来可以盈利，就可以在本年记一个负的所得税费用，然后生成一笔递延所得税资产。会计分录如下：

借：递延所得税资产（110×25%）　　　　　　　　　　　　　　27.5
　贷：所得税费用（产生一个负的所得税费用）　　　　　　　　27.5

由此，持股 60% 的子公司所得税费用为 -27.5 元，税后利润为 -82.5 元。至此，公司合并财务报表所得税费用为 -12.5（15-27.5）元，税后净利润为 2.5（-10+12.5）元，居然盈利了！

进一步计算归母净利润，少数股东按照子公司的税后净利润分摊亏损，少数股东损益为 -33（-82.5×40%）元，合并财务报表归母净利润为 35.5（2.5+33）元！

回到 G 公司，G 公司本体及其旗下的全资子公司属于国家鼓励的服务类业务，适用 15% 所得税率，硬件子公司只能适用普通的 25% 所得税率。因此，如图 3-26、图 3-27 所示，公司可以利用上述优惠政策，将亏损全部挪到所得税率较高的非全资子公司中，将利润放到所得税率较低的全资业务中，从而实现了税后利润好于税前利润，归母净利润好于税后利润的状态。

这种处理还利用了一个会计披露漏洞，如果非全资子公司的少数股权也是由实控人及其一致行动人家族持有，按照《公司法》规定，控股子公司之间的交易属于关联交易，但是交易所不要求披露控股子公司之间的交易，所以这部分交易就被隐藏起来了，实际是如何交易的我们并不知道。

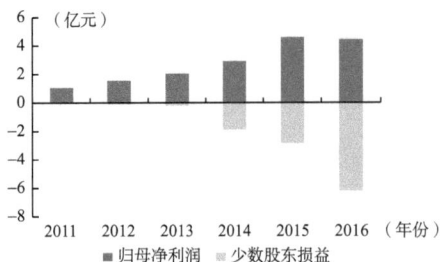

图 3-26　G 公司净利润及少数股东损益

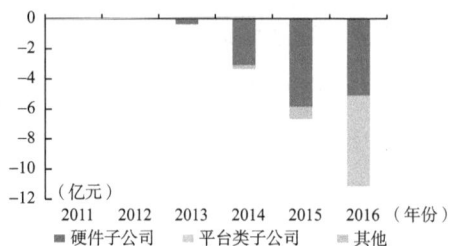

图 3-27　G 公司主要亏损子公司情况

G 公司采用的以上两种手段——关联交易和少数股东亏损，从来都是明牌，本质上就是用尽一切可能给上市公司做营收、做利润，用上市公司的融资能力反哺母公司。

根据证监会后来披露的《行政处罚决定书》，G 公司 2009—2016 年每年的报表都有问题，上市前主要通过关联方协助舞弊，上市后基本上不用关联方了，大部分是真实第三方，主要手法则是在收到客户回款时，公司用自己实控的账户在同一时间再打一笔钱进来，虚增收入和回款数额。不过，证监会查明的造假金额也不大，和公司披露的收入相比微乎其微，如图 3-28 所示。

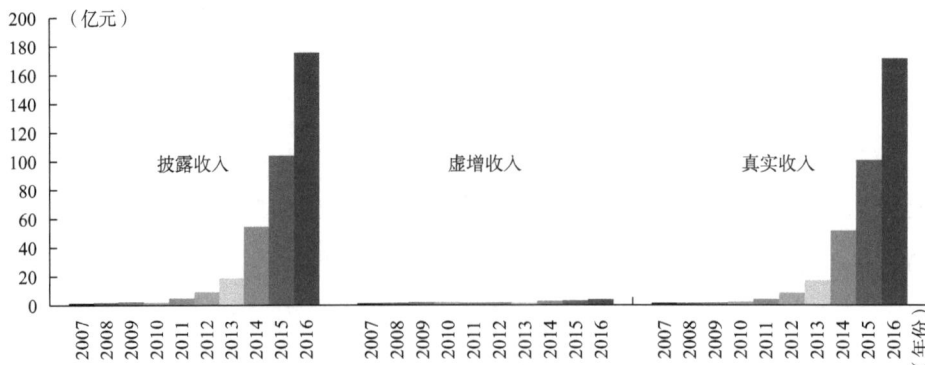

图 3-28　G 公司历年披露收入、虚增收入和真实收入对比

G 公司财务造假的主要目的应该是做利润。虚增收入的时候不虚增成本，利润就出来了；和收入相比，虚增利润的比例就高多了，如图 3-29 所示。但是，与 D 公司、E 公司动辄上百亿元的利润造假相比，G 公司虚增利润的目的应该仅仅是为了避免亏损，防止被打上 ST 标签。

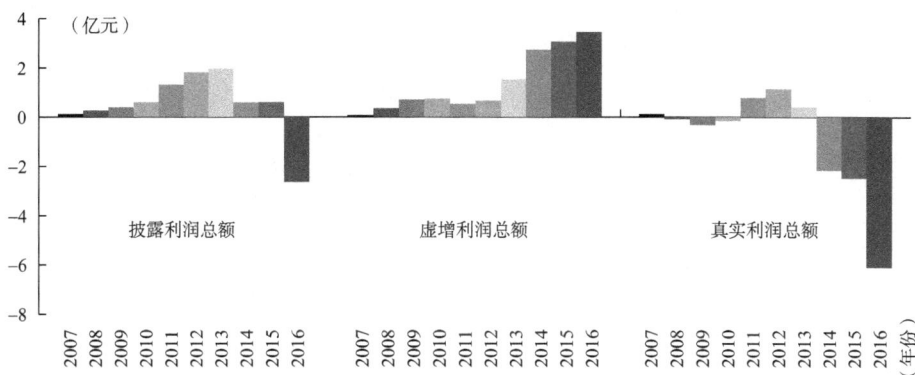

图 3-29　G 公司历年披露利润、虚增利润和真实利润对比

3.10　小结：财务舞弊的资产负债表痕迹汇总

本章中，我们首先介绍了财务舞弊的原理和财务舞弊的监管，然后就收入舞弊、成本舞弊、货币资金舞弊、商誉与投资收益舞弊，以及处在模糊空间的关联交易进行具体分析，期间列举了大量案例。

财务舞弊的识别方法各有千秋，首先是确认公司所在的行业有没有特异性的收入成本确认方法，如特定商品存货计量、特定生产流程原材料领用流程等，然后计算各种周转率，包括应收账款周转率、存货周转率、应付账款周转率、固定资产周转率等，并与毛利率、ROE 等指标对比。对于货币资金造假，可以观察是否存贷双高、计算存贷利率是否异常，并进一步观察母公司财务报表。

商誉和投资收益舞弊没有太好的识别方法，如果没有十足把握，谨慎处理时可以直接对商誉和投资收益进行打折估值。最后，对于关联交易，外部投资者很难判断其实质，需要警惕关联交易过高的公司。

财务造假手法千变万化，本章只是尽可能选取了有代表性的案例。从财务报表配平原理上看，财务造假无论如何都会导致净资产虚增。作为总结，表 3-23 列示了在资产负债表中注水的主要手段及识别方法。

表 3-23　资产负债表注水手段及识别方法

科目	注水手段及识别方法
流动资产：	
货币资金	货币资金造假往往需要和审计师或者银行串通，而且需要大量的真实现金配合，造假成本比较高。识别方法分两步：第一步看是否存贷双高，存贷双高值得怀疑，但是也有特例。第二步根据货币资金、利息收入倒算存款利率，如果存款利率过低或者与贷款利率的差别过大，货币资金的数额或者持续时间可能存在问题。必要时可进一步观察母公司财务报表，判断母公司是否存贷双高及计算存款利率是否异常
交易性金融资产	交易性金融资产主要是没有拿到董事会席位、以公允价值计量且变动计入当期损益的股权投资，以及以交易为目的的债权投资。一般情况下，如果属于对上市公司的股权投资和债权投资，那么安全性比较高，一定程度上可以视为现金等价物；如果是对非上市公司的投资，那么真实价值很难判断，对于虚报价格注水利润，没太好的辨别方法。但是相对来说，交易性金融资产的舞弊风险小于长期股权投资，交易性金融资产只适用于持股比例较低的情况，没法注水太多利润，持股比例到达一定程度后就要转成长期股权投资核算
衍生金融资产	衍生金融资产是在套期会计里出现的科目，上市公司从事衍生品交易是监管的重中之重，因此上市公司往往不会在衍生金融资产中造假，这项相对安全
应收账款	应收账款造假是最方便甚至堪称粗糙的造假方式，直接将营业收入按应收账款挂账即可，而且可以用新客户回款更新老应收账款的账龄，实现账龄造假，从而导致账龄分析失去意义。主要识别方法是观察应收账款周转率与毛利率的变化趋势一致性，如果走势相反则值得怀疑。但是近年来，在舞弊公司与监管部门的迭代进化下，单纯使用应收账款造假的公司已经很少了，应收账款造假往往只是造假流程的第一步，最终还是要通过投资筹资循环，将应收账款转到在建工程、商誉等更安全的科目中

（续表）

科目	注水手段及识别方法
预付账款	预付账款造假和存货等营运资产造假类似，现金先流入公司，实现经营性现金流的造假，再通过预付款项的方式流出。与应收账款周转率原理一样，预付账款体现了公司在产业链中的地位，如果预付账款大幅增加，则说明公司在产业链中的相对地位下降，毛利率应该下降。但是预付账款往往配合营业收入造假，如果不同步虚增营业成本，可能导致毛利率上升。要警惕预付账款异常变化
其他应收款	其他应收款往往是借给大股东的钱，如果公司出现大额的其他应收款，则务必在财务报表附注中查看相关解释。很可能这笔钱根本就不存在，只是谎称借给集团了。如果东窗事发，大股东为了避免法律风险，直接打给公司一笔钱也未尝不可，后面再找机会把钱要回去。因此，其他应收款的危险性高于预付账款，虽然操作手法类似，但是其他应收款一般没有直接对应的营业行为，无法通过周转率和利润表变化趋势辨别真伪，只能看自身绝对值的变化，警惕其他应收款异常升高
存货	存货造假第一种手法和预付账款类似，造假的钱先流入公司，配合经营性现金流造假，再虚构采购行为或者虚高报价，用采购存货的方式将资金转移出去。第二种手法是虚减成本，如实际领用了存货但是假装没有领用，存货应该减少但是没有减少，变相虚增存货。存货造假的识别主要看存货周转率，和应收账款周转率类似，存货周转率也体现了公司在产业链中的地位，所以应观察存货周转率和毛利率、ROE 的变化趋势是否吻合，以及存货增速和其他运营资产增速相比是否异常。从资产价值的角度，尤其警惕生物类存货、无法标准化定价的存货，这些项目可能是舞弊重灾区
待摊费用	待摊费用类似在建工程，是指一笔本期支出的，但是受益期在未来几年的费用，先不进入本期利润表，记为待摊费用，然后每年摊销进利润表。对待摊费用舞弊没有有效的比率指标识别，主要看自身的绝对值变化是否异常，类似其他应收款
其他流动资产	所有的"其他"项目都是藏污纳垢之地，上市公司往往利用投资者不关注"其他"科目的心理，在"其他"类资产中注水。其他流动资产是指可以在一年内变现的、不属于标准化的流动资产的科目，属于流动资产的兜底项，需要仔细看报表附注
非流动资产：	
以摊余成本计量的金融资产	以摊余成本计量的金融资产主要是持有至到期的债券，与普通债权投资不同，债券是标准化产品，一般难以注水利润。基于对审计师的信任，这项相对安全

（续表）

科目	注水手段及识别方法
其他权益工具投资	其他权益工具投资的造假方法类似于交易性金融资产。2019 年可供出售金融资产取消后，金融资产分为以摊余成本计量的金融资产、以公允价值计量且其变动计入其他综合收益的金融资产和以公允价值计量且其变动计入当期损益的金融资产三类。其中，计入其他综合收益的金融资产包括权益投资和债权投资，权益投资就放到"其他权益工具投资"里，计入当期损益的金融资产归到交易性金融资产。这个项目中的造假原理类似于交易性金融资产，但是其他权益工具投资里面有"其他"二字，相对更隐蔽
长期股权投资	长期股权投资是财务造假绝对的重灾区，尤其是对非上市公司的长期股权投资。一方面，长期股权投资的入账价值由购买价格决定，只要虚报价格即可注水利润；另一方面，长期股权投资的投资收益等于所投公司归母净利润乘以持股比例，如果所投公司是公司的关联方甚至直接就是白手套，那么公司可能会在所投公司的利润表上造假，然后按比例确认到公司的投资收益上，被发现了通常会直接甩锅——是所投公司造假不是我造假，我是无辜的。长期股权投资和投资收益中隐藏着巨大的造假黑洞，而对于舞弊没有太好的识别方法。对于账面价值造假，可以关注同类股权投资的估值；对于投资收益造假，可以观察取得投资收益收到的分红，如果所投公司一直不分红，投资收益赚的都是纸面价值，那么所投公司的利润真实性可能存疑
投资性房地产	投资性房地产造假手法类似于交易性金融资产，可以虚高报价入账藏利润。但是一般情况下，除非慌不择路，公司会用交易性金融资产造假，而不会用投资性房地产。投资性房地产大幅增给人一种"炒房"、不务正业的感觉
固定资产	固定资产往往价值较高，稍稍注水一点一般看不出来。造假循环是虚增营收或虚减成本—虚增存货—转入在建工程—固定资产，再通过增加未来年份的折旧慢慢消化掉造假的固定资产。固定资产造假比使用应收账款、存货、预付账款等营运造假更加安全，而且钱流出去的时候走投资性现金流，不走经营性现金流，从收现比（净利润与经营性现金流量净额的比值）上往往看不出异常，隐蔽性较强。主要识别方法还是观察固定资产周转率和毛利率的关系，以及固定资产占总资产的比例，固定资产增速与营业收入的增速匹配度等
在建工程	在建工程造假是固定资产造假的前奏，在建工程本身就可以容纳很大的舞弊空间。简单来说，在建工程造假就是虚报工程造价协助利润注水，然后将虚增后的在建工程转进固定资产。评估工程造价需要很高的专业知识，而大部分投资者乃至审计师都不具备，这导致了一定程度上在建工程投入也确实是公司说花了多少钱就是多少钱。识别在建工程造假，主要是把在建工程也视为固定资产的一部分，计算在建工程和固定资产合计的周转率，再对比营收、毛利率、ROE，看是否有异常变动。从统计数据来看，如果一家公司从来不分红，所有留存收益都变成了在建工程（或者商誉），那么利润表有问题的概率较大

（续表）

科目	注水手段及识别方法
使用权资产	使用权资产是租赁新制度下出现的科目，新制度取消了经营租赁，全部视为融资租赁。在租赁日，租赁来的资产同时产生使用权资产和租赁负债，公司的净资产不发生变化。因此，使用权资产没法藏利润，是资产负债表里极少数绝对安全的科目
无形资产	无形资产的价值计量是世界级难题，利用无形资产注水利润非常容易。无形资产包括专利、商标使用权、版权、土地使用权等，除土地使用权有土拍价格背书外，其余类型的无形资产价值都很虚。公司自己产生的无形资产由研发支出决定。一方面，研发成本本身就难以准确计量，只要研发就必然有失败；另一方面，收购来的版权、专利等，价格完全没有可参考的锚，真实值多少钱可能只有公司自己知道，无形资产造假识别难度比固定资产造假高，但是市场也不喜欢给无形资产太高的公司估值
商誉	商誉是财务舞弊的另一个重灾区，没有太好的识别方法，简单直接的处理就是一刀切打折估值。在 A 股会计制度中，只有在非同一控制股权合并时才会产生商誉，收购对价大于可辨认净资产公允价值的部分一律记作商誉。商誉不用折旧、不用摊销，因此与注水固定资产、无形资产不同，注水商誉不会导致后续会计期利润减少，注水方便且出事后容易甩锅。但是，商誉需要每年进行减值测试，由于存量金额往往较大，因此一旦暴雷对利润表影响极大。此外，商誉减值需要额外注意，从统计数据上看，商誉一旦减值往往刹不住车，后续几年可能持续减值。频繁进行商誉减值的公司值得引起警惕，当初的收购对价真实性可能存疑，或者至少公司收购决策出现过重大失误
递延所得税资产	递延所得税资产或负债很难注水利润，却是观察合法调节利润的关键突破口。利用递延所得税资产或负债识别上市公司财务调节的原理见第 4 章
其他非流动资产	和其他流动资产类似，"其他非流动资产"是指不能在一年内变现的、不能归类到标准化的非流动资产的科目，是非流动资产的兜底项。相比其他流动资产，其他非流动资产更容易藏污纳垢，务必看一下资产负债表附注，确认是哪些科目。有时为掩人耳目，很多预付账款、预付定金都会放进其他非流动资产

第4章

试论合法的财务调节：
小心上市公司预判你的预判

特别提示

与第3章的财务舞弊不同，本章主要内容是有关财务调节的，涉及的全部是会计制度允许的合法手段。本章所讲的所有调节手段均有真实案例原型，但是为避免对个股产生"看空""看多"误会，本章所有案例均采用标准化处理。

本章4.1～4.3节主要介绍上市公司财务调节的思路和原理，容易理解；4.4～4.8节详细梳理利润表各个科目的调节方法，内容较烦琐，读者可以当工具备用。

4.1 动态博弈：你看到的可能是上市公司想让你看到的

我们在第 1 章介绍了基本的财务原理、从六大循环到三张报表，以及关键科目要点；在第 2 章介绍了主要估值方法存在的缺陷，PE、PEG、PB-ROE 都有特定的适用条件，如果机械套用可能会刻舟求剑；在第 3 章按照原理——手法——案例的顺序依次介绍了主要的财务舞弊手段及对应的识别方法。我们可以发现，除了第 3 章的内容属于负面排除项外，前两章都默认了财务报表是客观存在的，客观反映了上市公司的经营情况，然后我们基于报表数据对上市公司进行估值。

然而，有没有这样一种可能，在从财务分析到估值的整个过程中，参与者不仅有投资者，上市公司本身也参与其中。因为财务报表是上市公司做出来的，你看到的可能是上市公司想让你看到的。在完全合法、准确无误地展示公司状况的完美报表，和完全非法、各项数据严重失真的舞弊报表之间，有一个巨大的灰色地带，也就是虽然合法，但是有一定迷惑性的粉饰报表。你不能说上市公司的处理方式不对，但是如果投资者形成了惯性思维，看到这些经过粉饰的报表后，获得的"感觉"可能和真实情况相去甚远，这就中了上市公司的圈套。

因此，财务分析和估值体系并不存在先后关系，而是一个动态博弈的过程，上市公司知道投资者怎么给自己估值，也知道所用的估值方法最看重哪些指标，会尽可能地把这些指标做好看。所以，虽然我们非常希望在建体系的时候花点时间，找到几个关键指标，然后盯住这些指标，指标超预期时就买入，低于预期时就卖出，之后就能一劳永逸了，但是很遗憾，"万能"指标并不存在。因为二级市场时刻存在两个层面的博弈：第一层是上市公司和投资者之间的博弈，即合法的财务调节；第二层是投资者和投资者之间的博弈，即俗称的互相"割韭菜"。

其实都不用第二层博弈，第一层博弈就可以让"万能"指标失效。真实的商业流程非常复杂，会计制度无法面面俱到，给上市公司一定的自主调节空间是不得已的妥协。虽然限制在完全合法的框架内，上市公司不能调节所有指标，但是挑投资者最看重的一两个指标调一下还是绰绰有余的，赌的就是市场刻舟求剑。

本质上来说，通过"关键指标"来判断公司的经营情况，其原理是见微知著。但是在二级市场客观环境下，上市公司通过一个好看的财务报表实现股价诉求，是一个比较常见的行为。当裁判员（上市公司）亲自下场后，再试图寻找"关键指标"，用关键指标指导投资者决策，到底是一叶知秋还是一叶障目，很可能就是后者了。

加入第二层博弈后，问题的复杂程度瞬间又上升了好几个等级。二级市场各路投资者虽然在方法论上千差万别，但是目标都是一致的，即要获得超额收益。我们在第 2 章中证明过，公司优不优质和是否有超额收益没有必然联系，超额收益无非来自三个参数的预期差，即增速预期差、增速持续时间预期差和折现率预期差。

如果预期差可以通过"关键指标"轻易筛选出来，那么根据有效市场原理，这个预期差就不应该存在。尤其在竞争激烈的 A 股市场，动态博弈已经发展到知道交易对手在想啥，比知道公司在干啥都重要。有一个著名段子，某种程度上反映了现实。

第一阶段：为什么公司发布季报后第二天股价高开？

答：因为业绩超预期。

第二阶段：为什么又高开低走了？

答：因为有人提前知道了业绩超预期，前几天抄底埋伏，等季报出来后趁着高开卖掉了，割了后一波人的韭菜。

第三阶段：为什么股价前几天就有异动？

答：因为有人更提前知道了业绩会超预期，预期到了有人会提前知道业绩超预期，在他们冲进来之前就埋伏好了，割了后一波人的韭菜。你以为你在楼顶就很高了，有人在大气层。

因此，"关键指标"是不存在的，并且无论是前文介绍的舞弊识别方法，还是本章介绍的粉饰识别方法，有效期都不会太长。等上市公司和投资者都了解后就失效了。所以每到这里笔者不禁感慨，如果想把投资作为一生的事业，注定很辛苦，需要投资者与时俱进，准确把握市场的运行规律，熟练掌握基本的投资技巧。

4.2　给予增速过高权重，让公司获得不成比例的回馈

财务调节背后的原理要比财务造假复杂得多，财务造假往往就是单纯的虚增利润，但是财务调节不一定，财务调节是最大化利用会计制度，让报表变得"好看"，从而获得更高的市值。那么什么样的报表是"好看"的？很遗憾，这个问题也没有标准答案，不同的发展阶段、不同的市场风格下，市场对"好看"的定义是不一样的，这是一个投资者和上市公司动态博弈的过程。为了回答这个问题，我们对第 2 章的估值体系分析做进一步展开。

DCF 模型是一切估值模型的本源，PE、PB、PS 等相对估值法都是固定住 DCF 的某个参数后的化简结果。影响 DCF 估值最重要的三个因素是业绩的增速、增速的持续时间和折现率，如果不考虑主要受宏观经济、利率环境影响的折现率（大类资产配置研究的范畴），剩下的两个因素可以统一为业绩的全生命周期加权平均增速。全生命周期加权平均增速是影响 PE 最重要的因素，也是影响 PB 最重要的因素之一（另一个是稳定状态下的 ROE）。

然而，上述因素影响的是股价的绝对值，投资的目的是获得收益，收益的产生需要股价的变化，只有变化才能引起变化，因此影响股价涨跌的因素只能是增速预期的变化、增速持续时间预期的变化和折现率预期的变化。

其中，最重要的就是增速持续时间预期的变化。一方面，对于远期利润而言，往往作为指数的持续时间影响更大。另一方面，增速很难有特别大且持续的预期差，我们可以通过各种基本面的研究、实地调研、上下游产业链数据来测算，甚至通过各种靠谱、不靠谱的传言来推测，而且就算提前算不准，季报每三个月也会揭晓一次答案，频率也不算特别低。

但是增速的持续时间很多时候难以说清，在公司真正碰触到行业空间的天花板、竞争格局不可逆地恶化、不利的监管政策出台之前，我们不知道公司能持续增长多久，持续时间只能大致估一个数，很难做到实时修订。

就像我们走在一个漆黑的山洞里，这个山洞有 10 米长，但是我们并不知道前面还有多长，我们拿了一个 5 米长的竹竿向前捅一捅，没有捅到东西，于是我们得出结论"前面至少还有 5 米，可能还有 10 米"，我们按照 10 米给山洞估值。然后我们向前走了 1 米，再向前捅一捅，还没有捅到东西，于是我们还觉得"前面至少还有 5 米，可能还有 10 米"，乐观的边际投资者继续按照 10 米给山洞估值，但是实际上前面只有 9 米了。直到我们往前走了 5 米，竹竿捅到东西了，此时市场认知瞬间下修，估值腰斩。

在这个过程中可能会有很多干扰项，比如走到第 3 米时，山洞变宽了，我们可能会上修对山洞长度的预期，反之亦然。虽然无论如何，山洞的长度可能只有 10 米，但是山洞长度预期的变化会导致估值大幅波动。根据三阶段 DCF 模型推导可知（详见第 2 章）：

（1）如果利润增速的持续时间不上修，那么股价涨幅与利润增速的绝对值无关，股价涨幅严格等于股权折现率，任何增长都会消化 PE；

（2）想要股价涨幅等于利润增速，也就是 PE 不变，增速持续时间需要滚动上修一年；

（3）想要估值大幅提升，需要一次性大幅上修增速的持续时间；

（4）反之，如果增速的持续时间下修，那么股价可能直接腰斩。

因此，所谓赛道宽度、空间高度、研究深度，归根结底都是对增速持续时间的把握。市场不同流派的研究方法、验证角度（也就是手里的竹竿）千差万别，既有报表层面的，也有非报表层面的，但是所有的非报表层面信息最终都要在报表层面验证。

由于人类是一种喜欢线性思考的动物，尤其是做投资的人，所以市场上很多人通过增速的环比变化来判断增速的持续时间。如果公司的业绩增速在环比加快，我们就认为公司的竞争格局在边际变好，景气度提升，增速持续时间上修，反之亦然。如此一来，原本不是最重要的利润增速变得无比重要，此时不仅要看一阶导，还要看二阶导，所谓行业"景气度"很多时候就是指利润的二阶导。

从逻辑上看，观察利润的二阶导没有太大问题，本质上还是希望"见微知著"。但是在现实中，机械地看二阶导会存在缺陷，就是上市公司从观众变成了运动员，就如4.1节所述，你看到的可能是上市公司想让你看到的。对于别有用心的公司而言，做增速比做利润的绝对值容易，做增速的环比变化比做增速更容易，即求导次数越多，需要调节的幅度越少。

我们用一个案例来说明。如图4-1所示，假设有两个公司，公司1和公司2的利润起点一样，行业的天花板也一样高，即两个公司的稳态利润体量一样。但是公司1前期增速高，后期增速低；公司2前期增速低，后期增速高。由于两者的利润曲线起点一样，终点一样，所以两者的净利润复合增速一样。但是DCF模型是对利润曲线做积分，显然公司1的利润曲线积分大于

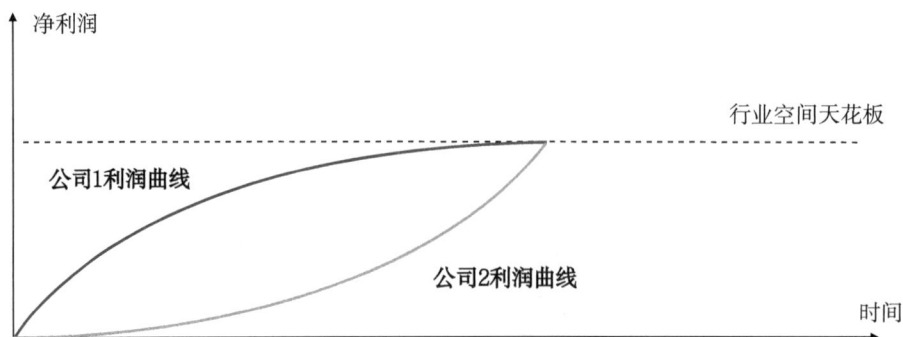

图4-1　典型公司利润增长曲线对比（事实）

公司 2，所以理论上公司 1 的市值更高。

但是在真实投资决策中，如图 4-2 所示，当公司真正碰触到天花板之前，我们并不知道公司实际的天花板有多高，公司 1 的利润增速环比下降，给人一种马上就要熄火的感觉，所以不能给太高估值。公司 2 的利润增速维持高位，甚至还在加速，线性外推一下，天花板似乎高得多，看起来很厉害的样子。所以，现实中很可能公司 2 的 PE 远高于公司 1，导致虽然其利润低，但是市值更高。

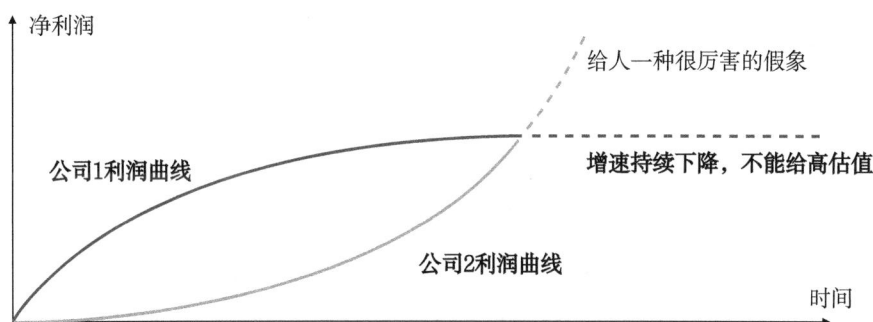

图 4-2　典型公司利润增长曲线对比（预期）

于是，公司 1 忽然发现，原来少赚钱可以让市值更高。PE 估值的本质是给利润曲线的切线估值，调积分不容易，但调切线太容易了，公司 1 只要把利润做低，做出公司 2 的利润曲线即可，等公司内生增长乏力时，还可以将前几年藏的利润放出来，强行延长增速的持续时间，如图 4-3 所示。

简单来说，如果一个公司未来三年的利润是 100 亿元、100 亿元、100 亿元，市场一看没增速，不能给高估值。但是，只要公司把第 1 年的利润挪到第 3 年，利润变成 80 亿元、100 亿元、120 亿元，市场一看，成长股呀，赶紧上车。

所以从这种意义上说，面对屡见不鲜的报表粉饰，投资者是有责任的。上市公司能够从报表粉饰上获得多少收益，和投资者的专业程度、阅读报表的认真程度成反比。

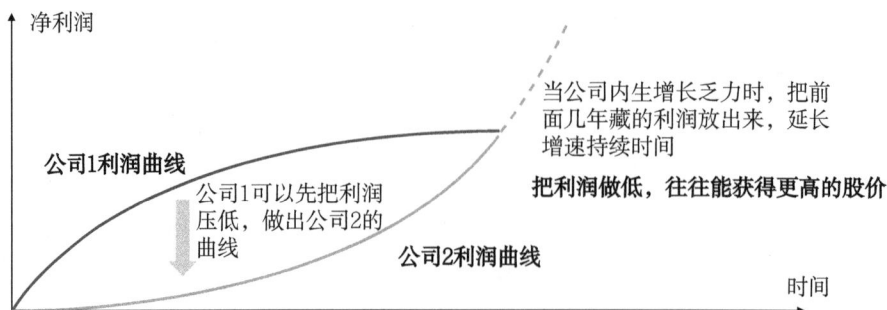

图 4-3　典型公司利润增长曲线对比（调节）

综上所述，笔者认为之所以财务调节屡见不鲜，且极易加剧市场波动，归根结底是 DCF 模型只有指导意义、实用性太差，市场常用的 PE、PEG 估值方法淡化了利润的绝对值，给予了短期增速过高的权重。再加上两个强化机制：一个是人类天生喜欢线性思维方式（类似刻在 DNA 里的、被写保护了的设定）；另一个是 A 股作为一个只能看多的市场，市场上涨是由最乐观的边际预期决定的，三根阳线改变信仰，再保守的投资者也会被持续上涨的股价带偏。

在市场狂热或极端悲观氛围下，了解上市公司调节利润的手法，看透报表，保持头脑清醒变得异常可贵。

4.3　会计制度需要兼顾多重目标，难免顾此失彼

这里首先明确，财务调节并不是财务造假。狭义的财务造假是专指虚增利润、"无中生有"，利用会计的权责发生制原则，没有收到的钱也算利润，实际支付的钱也不进利润表，用 EPS 做市值。而类似期末售出、期初退货等有真实交易打底的行为，因为很难界定是否造假，所以本书未涉及。财务造假的手法说复杂很复杂，说简单也简单：说复杂是因为利用的会计科目繁多，手法花样叠出；说简单是因为归根结底都是三步循环法（见图 4-4），转一圈

先虚增利润

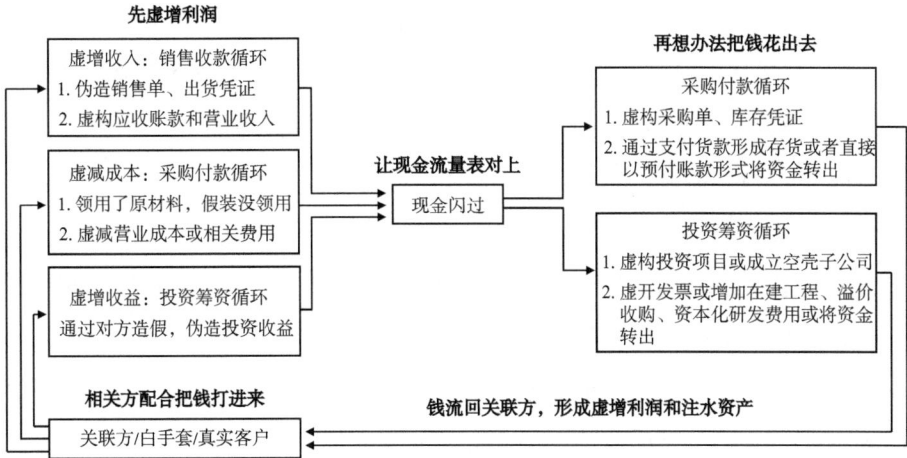

图 4-4　财务造假三步循环法

后藏在资产负债表里，识别方法也主要是看与资产负债表相关的比率。

相比之下，财务调节不是"变利润"，而是如 4.2 节所述的"挪利润"，将利润在不同的会计期内确认，这是更加常见的市值管理手段，所以很多上市公司造假的胆子没有，但是调节报表的胆子不仅有，而且很大。财务调节非常灵活，想要 PE 就压利润做增速，想要 EPS 就放利润冲一波（一般是配合关键定增或者做最后的一搏）。这无疑增加了财务报表的分析难度，需要我们警惕每一个指标的可靠性。

从会计核算原理上看，财务造假是滥用了会计准则中的权责发生制原则，财务调节则是滥用了会计准则中的谨慎性原则。由于财务报表是给投资者看的，目的是通过展示企业过去的经营状况，为投资者的未来决策作参考，所以谨慎性原则是和权责发生制原则相配合的一项设计。财政部 2018 年修订的《企业会计准则》第 2 章第 18 条明文规定，"企业对交易或者事项进行会计确认、计量和报告时保持应有的谨慎，不应高估资产或者收益、低估负债或者费用"。

意思就是规则制定者希望企业的利润越实越好，但凡有一点或有负债、预计支出、资产未来盈利不确定性，都要在当期报表进行提前反映（已确权的资产和负债操作空间很小，无所谓谨不谨慎），想方设法防止企业虚增利润，因此给了企业丰富的工具箱来做低利润。会计制度的设计者需要兼顾多方需求，诸如一级市场投资者、产业资本投资者、审计师、资产评估师、企业内部商业分析部门等，在多方面掣肘下，现行会计准则在很多方面对二级市场投资者并不友好。

但是需要强调的是，给税务局看的税务报表和给投资者看的财务报表适用完全不同的利润计算体系，税法不认可谨慎性原则，所以大部分财务调节手段并不能引起应纳税额的变化，调之前交多少税，调之后还交多少税。把利润压低，不是为了少交税，就是为了做增速。

利润表从上到下，每一项都值得我们仔细研究，推敲其确认方式的合理性，没有哪个科目是"绝对安全"的，但是相对来说，越往上的科目越需要我们重视。

从利润表结构来看，营业收入减去营业成本得到毛利，再减去期间费用得到经营性利润，再加上政府补助、投资收益及减值损失得到营业利润，再加上营业外收支得到利润总额。收入端变化给人的感觉是"开源"，成本费用变化给人的感觉是"节流"，"开源"的想象空间显然大于"节流"。但是同为"节流"，成本和费用也是有区别的，成本变化是"产品本身竞争力的体现"，而费用变化是公司运行体系的优化，调成本的"收益"大于调费用。

利润总额之后的部分比较难调，或者调节起来过于明显，需要适用税率不同且持股比例不同的子公司之间的内部交易配合（详见 3.9.2 节 G 公司案例），现实中相对少见。

站在投资者的角度，上市公司调节各个科目的"收益"就是被误导后的危害性。我们在分析财务报表的时候，可以按照营业收入、营业成本、期间费用、其他项目四大板块依次拆解。

图 4-5 简要介绍了利润表结构及每项常见的关注点。

利润增长主源，务必高度重视	**营业总收入**	关注《企业会计准则第14号——收入》，一次就结清的交易调节空间有限，卖一次卖不干净的销售需要格外注意
涉及毛利率，重要性次之	**营业总成本** 营业成本	生产成本和期间费用划分存在模糊空间，警惕利用存货调节资本化比率；关注折旧政策，关注试生产会计处理最新变化
期间费用 当心上市公司滥用会计估计的主观性	销售费用 管理费用 研发费用 财务费用	还是关注卖一次卖不干净的情况，比如保修条款 管理费用是个筐，什么都往里装，关注一下股权激励 资本化的标准和条件确实难以判断，要有足够警惕 注意等额本息还款和类等额本息处理下，财务费用自然减少
与主营业务无关的利润，存在调节空间，但是手法复杂	+其他收益 +投资收益 +减值损失	主要是政府补助，警惕政府补助的不规范确认 可以做文章的地方很多，务必熟悉金融类资产的计量方式 可能被用于跨期挪利润，将未来的亏损挪到现在
与经营活动无关的利润	**营业利润** +营业外收支	如果经常有大额营业外收支，可能意味着经营管理混乱
调节空间较小	**利润总额** -所得税	类似G公司的手法调递延所得税，但是太过明显，愿者上钩
	净利润	从上到下，每一项都需要推敲确认方式的合理性

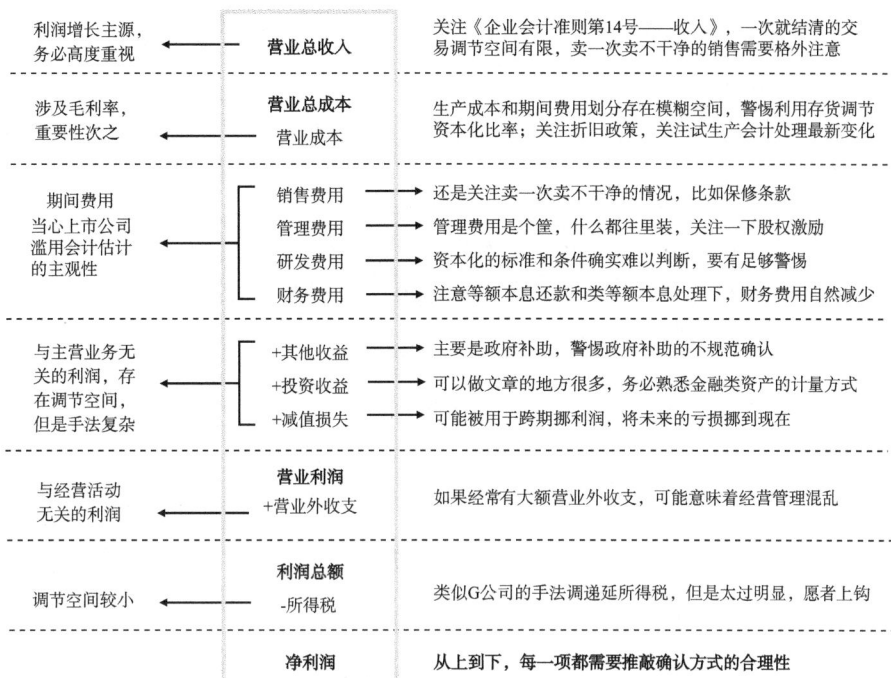

图 4-5 利润表从上到下每一项都需要我们高度重视

与财务造假反复往资产中注水不同，财务调节涉及收入、成本、费用、资产、负债甚至所有者权益之间任意两个的排列组合，例如：

（1）利用收入确认原则，在不同会计期确认收入，涉及收入与负债、收入与费用；

（2）BOT 项目收入确认，涉及收入与资产，以及跨期成本的确认；

（3）营业成本与期间费用相互调节，涉及费用与资产；

（4）利用预计负债调节期间费用，涉及费用和负债；

（5）利用股权激励调节期间费用，涉及费用与所有者权益。

与识别财务造假相比，识别财务调节没有统一、简明的公式。很多教科书说，要关注上市公司突然改变适用的会计政策、调整会计估计。该说法固然有一定道理，但是在实操中用处不大，因为财务调节往往是一项持续多年的"事业"，上市公司可能在上市时就提前挖好坑了，不会在后面让你看到明显的断点；即便要调整适用的会计政策，也会等到财政部修订会计准则的时候，才集中调一波，所以理由充分。

因此，我们只能从会计准则中的收入、成本及资产的确认细节中寻找调节迹象。

中国企业会计准则（China Accounting Standards，CAS）是 2006 年财政部在高度借鉴国际财务报告准则（International Financial Reporting Standard，IFRS）框架的基础上发布的，但是没有完全照搬，很多方面仍然保留了中国特色。经过 2014 年、2017 年两次大规模修订及 2018 年、2019 年两年细节修补后，CAS 与 IFRS 的差异逐步减少。

表 4-1 展示了我国《企业会计准则》中存在较大调节空间的科目，以及最近一次修订时间。上市公司很可能在这些地方做文章，读者可以在财政部官网查询最新的会计准则原文。

表 4-1　《企业会计准则》中调节空间较大的科目对应的最新准则

重要科目	发布 / 修订日期
《企业会计准则——基本准则》	2014 年 7 月修订
《企业会计准则第 1 号——存货》	2006 年发布
《企业会计准则第 2 号——长期股权投资》	2014 年 3 月修订
《企业会计准则第 4 号——固定资产》	2006 年发布
《企业会计准则第 6 号——无形资产》	2006 年发布
《企业会计准则第 7 号——非货币性资产交换》	2019 年 9 月修订
《企业会计准则第 14 号——收入》	2017 年 7 月修订
《企业会计准则第 16 号——政府补助》	2017 年 5 月修订
《企业会计准则第 21 号——租赁》	2018 年 12 月修订
《企业会计准则第 22 号——金融工具确认和计量》	2017 年 3 月修订
《企业会计准则第 24 号——套期会计》	2017 年 3 月修订
《企业会计准则第 37 号——金融工具列报》	2017 年 5 月修订

资料来源：财政部官网。

4.4　收入的确认：绝大部分缺陷都出在一次卖不干净的交易中

营业收入是利润表的第一项，是公司获得利润的源头，所以也是我们识别上市公司财务调节时最需要关注的科目，误读的危害性也最大。建议全文阅读财政部 2017 年 7 月修订发布的《企业会计准则第 14 号——收入》。上市公司调节收入的手法很多，需要我们见招拆招，本节只介绍基本原理、新准则变化、常见的调节手法及对应的识别手段，读者可以举一反三。

4.4.1　收入确认准则重大修订，部分条款对二级市场分析不利

根据《企业会计准则第 14 号——收入》的定义（新旧版本一样），收入是指企业在日常活动中形成的、会导致所有者权益增加的、与所有者投入资本无关的经济利益的总流入。收入的确认是会计报表权责发生制原则体现最集中的地方。下面以一个非常简单的交易为例进行讲解。

公司周一与客户签订合同出售货物，周二将货物发出，周三物流公司将货物交予客户，周四客户支付货款给公司。

对于该笔交易，公司周一与客户签订合同，但是此时双方并没有发生权利和义务的交换；直到周三物流公司将货物交给客户，商品的所有权发生转移，公司才从客户处获得对应的债权。因此，公司应该在周三确认营业收入，并结转相应的成本。

然而，现实中的交易行为要比上面的案例复杂得多，上面的案例看似有好几个时间点，但是始终没有跳出"一手交钱、一手交货"或者"一手交货、一手记账"的范畴。现实中的很多交易，卖一次是卖不干净的，如案例 1～案例 4。

案例 1：有附加义务的情况——公司卖空调给客户，还要给客户装上去。请问，公司是在将设备交付给客户时确认收入，还是装上去后确认收入？还是说公司可以在设备交付客户时先确认一个销售商品的收入，装上去后再确认一个提供劳务的收入？

案例 2：有延时服务的情况——公司卖商品的时候附带售后服务，但是在销售产品的时间点，售后服务并没有发生。假设商品售价 100 元，售后服务单买的话 10 元，请问这 10 元怎么记？第一种算销售费用，记销售商品收入 100 元，销售费用 10 元；第二种分开算，记销售商品收入 90 元，提供服务收入 10 元，同步结转服务成本；第三种服务先不确认收入，先记 10 元预收账款，等提供服务的时候再转收入，现在只记销售商品收入 90 元。哪种方式是对的？

案例 3：存在经销商的情况——公司将商品先卖给经销商，然后经销商再卖给客户。请问，公司在哪个环节确认收入？卖给经销商算不算？

案例 4：有赠品的情况——公司销售商品时还赠送积分，积分可以兑换商品，如售价 100 元，但是赠送的积分价值 10 元。请问，积分部分能不能算收入，公司是记 100 元收入还是记 90 元收入？

很遗憾，上述 4 个案例的答案都是不确定的，需要看具体的合同条款，而且在不同版本的会计细则下记录方式不一样（本节后半部分揭晓新准则下的答案）。除此之外，收入确认还涉及总额法和净额法，且答案也是不确定的，需要看合同细节，如案例 5。

案例 5：公司从事来料加工业务，100 元买原材料，加工后加价 10%，按照 110 元售出，请问公司是记 110 元收入、100 元成本，还是直接记 10 元加工费收入？

为了规范此类非常绕但是很常见的交易记账方式，我国企业会计准则中对收入的确认有两次大的修订，分别在 2006 年和 2017 年。2017 年 7 月财政

部修订并发布《企业会计准则第 14 号——收入》，境外上市企业 2018 年 1 月
1 日起率先实施新收入准则，境内上市企业 2020 年 1 月 1 日起施行，非上市
企业 2021 年 1 月 1 日起施行。

　　新收入准则变化非常大，仅从篇幅上看，旧收入准则只有 19 条，而新收
入准则多达 45 条。旧准则将收入分为"销售商品收入""提供劳务收入"和
"让渡资产使用权收入"，除此之外还有单独的《企业会计准则第 15 号——建
造合同》，一共 4 类。新准则取消了上述分类，统一规定在取得商品控制权时
确认收入，这里的"商品"是广义的，包括实物商品，也包括劳务服务，建
造合同准则废止，颇有"书同文、车同轨"的感觉。

　　取消 4 种分类后，新收入准则采用五步法确认收入，分别是识别合同、
识别单项履约义务、交易对价、分摊价格和确认收入，上述例子的答案大部
分集中在识别单项履约义务和交易对价两个条款中。表 4-2 展示了新收入确
认五步法的要点。

表 4-2　新收入准则下收入确认五步法

步骤	细则
识别合同	合同各方已批准该合同并承诺将履行各自义务
	该合同明确了合同各方与所转让商品或提供劳务相关的权利和义务
	该合同有明确的与所转让商品相关的支付条款
	该合同具有商业实质，即履行该合同将改变企业未来现金流量的风险、时间分布或金额
	企业因向客户转让商品而有权取得的对价很可能收回
识别单项履约义务	识别该合同所包含的各单项履约义务，并确定各单项履约义务是在某一时段内履行，还是在某一时点履行，然后，在履行了各单项履约义务时分别确认收入
	履约义务，是指合同中企业向客户转让可明确区分商品的承诺。履约义务既包括合同中明确的承诺，也包括由于企业已公开宣布的政策、特定声明或以往的习惯做法等导致合同订立时客户合理预期企业将履行的承诺
	对于附有质量保证条款的销售，企业应当评估该质量保证是否在向客户保证所销售商品符合既定标准之外提供了一项单独的服务
	企业应当根据其在向客户转让商品前是否拥有对该商品的控制权，来判断其从事交易时的身份是主要责任人还是代理人

（续表）

步骤	细则
交易对价	企业应当按照分摊至各单项履约义务的交易价格计量收入
	交易价格，是指企业因向客户转让商品而预期有权收取的对价金额。企业代第三方收取的款项和企业预期将退还给客户的款项，应当作为负债进行会计处理，不计入交易价格
	合同中存在可变对价的，企业应当按照期望值或最可能发生金额确定可变对价的最佳估计数
	企业应付客户对价的，应当将该应付对价冲减交易价格，并在确认相关收入与支付（或承诺支付）客户对价二者孰晚的时点冲减当期收入
分摊价格	企业应当在合同开始日，按照各单项履约义务所承诺商品的单独售价的相对比例，将交易价格分摊至各单项履约义务
确认收入	企业应当根据实际情况，判断履约义务是在某一时段内履行还是在某一时点履行

资料来源：财政部官网《企业会计准则第 15 号——收入》。

　　新准则的原文非常拗口，可以理解为新准则非常强调合同的实质，尤其是在第二步"识别单项履约义务"。履约义务指合同中企业向客户转让可明确区分商品的承诺，识别单项履约义务就是要求企业在会计核算上对销售的广义商品尽可能细地拆分（但是要求拆分后的每个最小单元都能独立运作，使客户单独受益），然后按照每个单项的单独售价分摊整体交易价格，分别确认收入。在收入确认标准上，旧准则要求商品的主要风险和报酬转移，新准则强调控制权的转移，这点在实际操作中没有太大差别。

　　回到上面的案例 1，卖商品同时提供服务，旧准则下灵活性比较大；新准则下如果实物商品和服务可以独立使客户获益，那么确认两笔收入，如果不能独立，则在最后一个完成的时间点确认一笔收入。对于案例中的卖空调，显然"装上去"的服务和空调设备是不能分离的，客户不能从空调设备或者"装上去"的服务中单独获益，因此只能在装上去以后确认一笔收入。但是，如果换一个场景，卖汽车送保养，就要确认两笔收入。

　　至于案例 2，要看附带的售后服务是质量保修服务还是额外的增值服务。如果是前者，记 100 元销售商品收入，10 元记销售费用。如果是后者，销售商品只能记 90 元的收入，剩下的 10 元记提供服务的收入还是先记预收账款，需要看服务性质及合同细节。

此外，新准则不仅要看控制权有没有转移给客户，还要看转移之前公司是否拥有商品的控制权，由此判断公司是主要责任人还是代理人。案例 3 和案例 5 本质上都是一样的，看公司是否拥有商品的控制权，是否承担风险。如果卖给经销商后，公司仍能保持对商品的控制，经销商卖不出去的话，公司给经销商兜底，那么卖给经销商就不算收入，视经销商为公司的分支机构。

反过来，来料加工业务相当于公司自己站在经销商的位置，看 10 元的加工费波动风险由谁承担，与 100 元的原材料成本由谁垫付无关。现实中的案例如天然气高压管网（连接气源的部分，城市燃气的上游分销商）只赚取输气费用，不承担价格波动风险，因此按照中间段的输气价格，用净额法计算收入；天然气支线管网（入户部分，城市燃气运营）左手买气，右手卖气，承担价格波动风险，因此按照购销各自价格，用总额法分别记收入成本。

第三步"交易对价"也有实质性变化。一方面，新准则要求按照分摊至各单项履约义务的交易价格确认收入；另一方面，强调企业应付客户对价的，应当将该应付对价冲减交易价格。后面这条非常重要，对于案例 4，销售商品赠送积分，旧准则下记销售费用或者冲抵收入都可以，但是新准则下，赠送积分属于应付客户对价，只能冲减交易价格。案例中收到 100 元，但是只能先记 90 元收入，剩下的 10 元记预收账款或合同负债，等客户消费的时候再结转收入。

整体来看，新收入确认准则更加保守，更加符合谨慎性原则，很多以前能确认收入的情况，新准则下都不能确认了。然而，一套新的准则需要照顾市场的各类参与者、平衡各方面的需求，单纯站在二级市场的角度，新准则对投资分析的影响是两面的，一方面堵住了一些财务调节漏洞，但是另一方面也导致大量原有的分析经验失效，投资者可能还没有完全适应，"刻舟求剑"式分析的危害性进一步放大。

具体来看，一方面，如果上市公司想做增速，就可以把本期的利润压下来，挪到后面的会计期，这完美契合了新准则的谨慎性原则，新准则成为公司挪利润的"合理借口"。另一方面，新准则在某些方面的规定仍然不够完善（旧准则的遗留问题），上市公司还是可以利用某些漏洞。当然，会计准则不可能尽善尽美，投资者本身也是维护市场秩序的重要力量。

4.4.2　时点收入与时段收入：新准则更严，但调节空间更大

现实中有一些业务可能耗时持久，一个会计期内无法完成，如果仅允许在完工时确认收入，对公司履约期的业绩非常不利，因此会计准则允许公司在中途确认一部分收入。在旧收入准则中，提供劳务收入和建造合同都可以采用"完工百分比法"确认收入。但是，对于具体什么样的劳务收入和建造合同可以用完工百分比法，旧准则语焉不详，存在极大的主观性，实操中只要是耗时比较长的业务，企业一般都倾向于采用完工百分比法，在旧准则下都是被允许的。

新收入准则不再区分收入的类型（销售商品、提供劳务、让渡资产使用权和建造合同），而是强调履约义务（如 4.4.1 节介绍），并将履约义务细分为两类，分别为"在某一时点履行的履约义务"和"在某一时段内履行的履约义务"，前者在履约义务完成的时点确认收入，后者可以在该段时间内按照履约进度确认收入，对应旧准则下的"完工百分比法"。

但是，如果想被视为在某一时段内履行的履约义务，则必须满足以下三个条件之一：

（1）客户在企业履约的同时即取得并消耗企业履约带来的经济利益；

（2）客户能够控制企业履约过程中在建的商品；

（3）企业履约过程中所产出的商品具有不可替代用途，且该企业在整个合同期间内有权就累计至今已完成的履约部分收取款项。

第一条的意思是客户受益没有延时且企业的履约义务在时间上可以无限分割，典型例子是网络会员服务。第二条的意思是商品的控制权始终掌握在客户手中，视为实时交付，典型例子是到客户家里装修。但是前两条的适用

面都不大，最关键的是第三条，第三条要求两点，一是提供的商品是只能客户使用的"专属商品"，二是随时可以就半成品向客户要钱。除此之外，准则中没有兜底条款，也就是说不满足这三条中的任意一条的，都不能按照进度确认收入，所以说准入门槛比旧准则高得多。

因此，很多在旧准则下采用完工百分比法确认收入的公司，新准则下都只能在完工时点一次性确认收入。图 4-6 为某软件公司对证监会询问的回复，

---

1. 是否满足客户在企业履约的同时即取得并消耗企业履约所带来的经济利益

基于上述财政部案例分析，公司定制化软件开发服务是基于客户特定需求，依托公司多年研发积累的技术和汽车行业项目经验，开展项目蓝图设计、代码开发等实施工作。因此，若公司中途被客户替换，新的定制化软件开发服务供应商需要重新进行项目需求调研、蓝图设计及代码开发等实施工作，客户无法在公司履约的同时获取经济利益。

2. 是否满足客户能够控制企业履约过程中在建的商品

基于上述财政部案例分析，公司即使将蓝图设计和部分开发代码存储于客户，客户仍不能直接使用蓝图设计和部分代码获得几乎全部的经济利益，而只能在开发完成且验收后才能使用系统获取经济利益，不满足客户能够控制企业履约过程中在建的商品的标准。

3. 是否满足企业履约过程中所产出的商品具有不可替代用途，且该企业在整个合同期间内有权就累计至今已完成的履约部分收取款项

基于上述财政部案例分析，公司定制化软件开发服务是基于客户特定需求，公司与客户签署的合同仅仅是在某一特定节点才能收取一定比例款项，合同违约责任条款仅说明客户违约下只能收取合同金额一定比例的违约金，并不能在整个合同期内任一时点就累计至今已完成的履约部分收取能够补偿其已发生成本和合理利润的款项。因此，也不满足企业履约过程中所产出的商品具有不可替代用途，且该企业在整个合同期间内有权就累计至今已完成的履约部分收取款项的标准。

在新收入准则下，公司定制化软件开发服务不能满足上述准则规定的三项条件中的任意一条，即不满足在某一时段内履行履约义务的条件，因此在定制化软件开发服务项目验收时点确认收入。

图 4-6 某软件公司对证监会询问的回复（段落有删减）

公司 2019 年及之前采用完工百分比法确认收入，2020 年之后只能在验收时点确认，不满足三个条件中的任何一个。

然而，新准则只是准入门槛严格，一旦迈过门槛，就存在着较大的主观空间。投资者需要格外注意，新旧准则的侧重点是不一样的。旧准则下，完工进度可以采用三种方法确定：

（1）成本法，即累计发生的成本占预计总成本的比例；

（2）工作量法，即已经完成工作量占预计总工作量的比例；

（3）专业测量法，即聘请行业专家实际测定完工进度。

暂不考虑现实中使用较少的专业测量法，成本法和工作量法本质上都是"投入法"，无非一个按价格算，一个按劳动量算。如果采用了成本法确认完工进度，那么公司在整个合同履约期的毛利率是一条直线。但是旧准则的问题是，成本投入占比不一定能代表字面意义上的"完工百分比"，典型案例如下。

【例】某公司签订机器安装合同，合同价格中包含机器采购，安装工程耗时三年，但是第一个月就外购了价值占比 90% 的机器，旧准则成本法下可将 90% 收入确认在第一个月。

为了解决这个问题，新准则规定"对于在某一时段内履行的履约义务，企业应当在该段时间内按照履约进度确认收入"。新准则强调履约进度，而不是完工百分比，可以采用产出法和投入法两种方法确定完工百分比。

（1）产出法：根据已转移给客户的商品对于客户的价值确定履约进度，包括实际测量的完工进度、评估已实现的结果、已达到的里程碑、时间进度、已完工或交付的产品等产出指标。

（2）投入法：根据企业为履行履约义务的投入确定履约进度，包括投入的材料数量、花费的人工工时或机器工时、发生的成本和时间进度等投入指标。

财政部发布的《企业会计准则——应用指南》中要求优先使用产出法，只有"当产出法所需要的信息可能无法直接通过观察获得，或者为获得这些信息需要花费很高的成本时，可采用投入法"。产出法避免了上述 90% 的收入记到第一个月的问题，但是产生了新的问题。产出是根据对客户的价值确定的，投入和产出可能不匹配。对于大多数项目而言，前期投入往往不会获得等比例的产出，这使得投入往往是前高后低，而产出往往是前低后高。

从二级市场研究的角度，公司在新准则下更容易做出增速，尤其是财报可以将多个项目揉在一起，只给一个汇总的营收成本数据，典型案例如下。

【例】某公司签订了耗时两年的软件开发合同，合同总价 200 元，预计总成本 100 元，满足在某一时段内确认收入的条件。假设公司第 1 年投入成本 60%，第 2 年投入成本 40%，但是第 1 年的半成品对客户的价值只有 40%。

在原完工百分比法下，公司两年确认的收入分别是 120 元、80 元，成本分别是 60 元、40 元，毛利率都是 50%。但是在产出法下，成本还是 60 元、40 元，可是收入是 80 元、120 元，毛利率以一个非常陡峭的角度迅速上升。现金流、经营实质没有任何变化，就可以给人一种公司竞争力、盈利能力快速提升的感觉，这就给了投资者非常强的误导，投资时不能只盲目看毛利率。

识别方法主要有两步：第一步关注公司财务报表附注中的收入确认政策，知道公司可能在哪里动手脚；第二步关注现金流量表，收入的确认规则不会影响现金流量表。利用完工进度调节利润，税法认可，无法通过递延所得税资产和负债判断。

4.4.3　带返利或积分的销售：预提费用成为利润吞吐的蓄水池

很多面向消费者的制造业公司、消费品公司依赖庞大的经销商网络，为了激励经销商，这些公司往往会给经销商制定销售额或销售量目标。如果经销商达到了目标，这些公司会给予一定的奖励，包括但不限于现金奖励、实物奖励等，或者直接冲抵下一次进货的货款（相当于先给现金奖励，但是奖励只能用于购买本公司产品）。

经销商返利在没有兑现的时候属于预计负债，根据会计报表的权责发生制原则，需要在初次销售商品时，根据估计量提前反映在利润表里，由此导致经销商返利成为大部分依赖经销商网络的面向消费者制造业公司、消费品公司财务调节的工具，而且可调节空间往往较大。利用消费积分、消费者返利调节利润的原理基本类似，很多消费积分不会被兑换，例如矿泉水的"再来一瓶"，很多人根本没有留意，留意了也未必兑换。所以，我们在研究消费品公司时，务必关注公司与经销商的结算方式，看看这里是否涉及预估量和奖励条款。

下面以一个经典的带经销商返利的销售为例进行讲解。

【例】某面向消费者制造业公司将每件成本 1 元的商品，按照每件 2 元的价格卖了 80 件给经销商，收到 160 元货款。合同约定，如果经销商销售额达到目标，次年可获得实物奖励，公司根据经验预计需要奖励 20 件商品。但是，次年经销商实际业绩不达标，只奖励了 10 件商品。

在会计处理上，这个案例涉及两个问题，第一个是预计奖励 20 件商品，第二个是实际只奖励 10 件商品。根据权责发生制原则，经销商返利是公司初次销售 80 件商品时的附加义务，因此需要记在初次销售商品的时点。无论新旧准则，资产负债表里都是按照返利最佳估计量的公允价值记预提费用。

但是在利润表里，旧准则可以冲减营业收入，也可以记销售费用，整体上以记销售费用为主；新准则下，返利属于应付客户对价，这部分金额不再满足收入的确认标准，只能冲减营收。

用会计分录理解更为直观，第一步先不考虑销售返利：

借：银行存款（收到经销商 160 元货款）　　　　　　　　　　　160

　　贷：主营业务收入［先按正常销售确认 160（2×80）元收入］　160

借：主营业务成本（结转发出货物的成本）　　　　　　　　　　80

　　贷：库存商品　　　　　　　　　　　　　　　　　　　　　80

第二步再考虑销售返利，资产负债表产生预提费用，利润表记销售费用

（旧准则）或冲减营收（新准则）。综合前两步，旧准则下公司记 160 元营收和 40 元销售费用；新准则下只能记 120 元营收，收入确认更为保守。

旧准则下通常记销售费用		新准则下只能冲减营收	
借：销售费用（按估计计提）	40	借：主营业务收入（不确认收入）	40
贷：预提费用（负债科目）	40	贷：预提费用（负债科目）	40

第三步考虑次年兑现返利，公司当初预期兑现 20 件商品，但是实际只兑现了 10 件商品。首先，实际兑现的部分先销掉 20（2×10）元预提费用，旧准则下同时冲回销售费用，新准则下视同销售，重新记营业收入。对于超额计提的返利，由于没有商品兑现，不用结转成本，直接销掉超额计提的预提负债，旧准则继续冲销售费用，新准则记第二笔营收。

旧准则下冲回销售费用		新准则下重新确认收入	
借：预提费用（实际奖励 10 件）20		借：预提费用（实际奖励 10 件）20	
贷：销售费用（冲回销售费用）20		贷：主营业务收入（增加营收）　20	
借：主营业务成本（结转成本）10		借：主营业务成本（结转成本）　10	
贷：库存商品（发出 10 件商品）10		贷：库存商品（发出 10 件商品）　10	
借：预提费用（超额计提冲回）20		借：预提费用（超额计提冲回）　20	
贷：销售费用（冲回销售费用）20		贷：主营业务收入（增加营收）　20	

可以看出，跨期挪利润的关键是当初"估计"的预提费用，至于预提费用应该提多少，里面就藏了上市公司的"小心思"，计提多了，未来是允许冲回来的。

至此，与返利相关的预提费用就成了部分面向消费者制造业公司和消费品公司的利润蓄水池，增速很多时候是人为做出来的，并不是真实的销售增速，不能单纯看利润表。典型的手法就是，当公司业绩好的时候，给经销商定一个不切实际的目标，超额计提预提费用，等到业绩下滑的时候，就说"之所以业绩下滑，是因为经销商没好好卖，销售额不及预期"，宣布不兑现返利，将超额计提的预提费用冲回来，实现跨期业绩平滑。

而且,新收入准则虽然看起来保守,但是对于二级市场报表分析反而是不利的。继续以上面例子为例,看一个两年的动态过程。

假设该公司第1年卖了80件商品给经销商(单价2元,成本1元),预计第2年需要奖励经销商20件商品。第2年又卖了80件商品给经销商,预计第3年需要奖励经销商20件商品,假设两年与返利无关的销售费用均为10元(两年的经营情况完全一致)。

但是,公司第2年说经销商第1年的销售量不佳,只奖励经销商10件商品,也就是加上卖的80件,第2年实际给了经销商90件商品。

如表4-3所示,在旧准则下,如果通过销售费用挪利润,公司两年的营业收入都是160元,第1年营业成本80元,第2年90元;第1年先按照20件返利的估计量计提销售费用40元,第2年再冲回来,减少销售费用,从而实现将30元利润从第1年挪到第2年。但是在这种方式下,公司营业收入不增长,毛利率小幅下降,销售费用大幅下降,属于"节流增效"。

表4-3 新旧收入准则下,利用经销商返利调节利润对比

科目	旧准则记费用		新准则冲营收	
	第1年	第2年	第1年	第2年
营业收入(元)	160	160	160-40=120	160-40+40=160
营业成本(元)	80	80+10=90	80	80+10=90
毛利率	50.0%	43.8%	33.3%	43.8%
销售费用(元)	10+40=50	10+40-40=10	10	10
销售费用率	31.3%	6.3%	8.3%	6.3%
净利润(元)	30	60	30	60
净利率	18.8%	37.5%	25.0%	37.5%

在新准则下,如果通过营业收入挪利润,第1年先压下来40元营收,记营业收入120元,压下来的营收在第2年确认,第2年记营收160元;营业成本还是第1年80元,第2年90元;返利不影响销售费用,两年销售费用

均只有 10 元。最后的结果虽然也是第 1 年挪 30 元利润到第 2 年，但是营业收入增长，毛利率提升，销售费用率下降，各项指标"全面向上"，这简直可以说是"戴维斯三击"，与旧准则相比，新准则下的操作手法具有更大的误导性。投资者需要更加关注公司营业收入的确认标准，以免落入陷阱。

识别上市公司利用经销商返利调节利润的方法主要有以下两个。

（1）观察资产负债表中的预提费用、预计负债、其他流动负债、其他非流动负债的明细，它们本质上都是上述分录里的"预提费用"，不同公司可能归类到不同的科目里。

（2）看递延所得税资产。无论是计提销售费用还是冲减营业收入，税法都不认可，税法不认可一切预计负债、预提费用、或有负债。会计报表基于权责发生制原则，在销售时点冲减利润、确认或有负债，税法在兑现返利时点视同正常销售。因此，无论会计报表中冲减多少利润，税务报表都要还原回去，导致税务报表中的利润更高，实际交的所得税高于会计报表中确认的所得税，由此产生递延所得税资产。

观察递延所得税资产或负债的变化，是识别所有会计报表认可、税务报表不认可的财务调节手段的万能公式。对此我们在 4.8 节中统一讨论。

4.4.4　在建工程试生产销售：新准则视同正常收入，导致毛利畸高

从盈利模型来看，企业想获得营收增长，无非有三个来源，即提价、提高产能利用率和扩产能。除了个别产业链议价能力极强的企业外，大部分企业长周期的营收增长需要依靠量的增长，也就是提高产能利用率和扩产能。在旧会计准则下，扩产能可能导致毛利率阶段性下降，因为新产线的利用率需要一定的爬坡期，达产之前收入不高但是折旧照提。

然而，在新《企业会计准则解释》（2022 年 1 月 1 日起施行）中，扩产能可能反而导致毛利率脉冲式激增，具有极大的迷惑性，进行报表分析时需格外注意。

问题出在收入的确认和折旧上。根据现行《企业会计准则》，在建工程达到"预定可使用状态"后，应转入固定资产，固定资产在转固后的次月起计提折旧。所谓"预定可使用状态"，2000年发布的《企业会计制度》（之后没有变过）规定如下：

（1）固定资产的实体建造（包括安装）工作已经全部完成或者实质上已经全部完成；

（2）已经过试生产或试运行，并且其结果表明资产能够正常运行或者能够稳定地生产出合格产品时，或者试运行结果表明能够正常运转或营业时；

（3）该项建造的固定资产上的支出金额很少或者几乎不再发生；

（4）所购建的固定资产已经达到设计或合同要求，或与设计或合同要求相符或基本相符，即使有极个别地方与设计或合同要求不相符，也不足以影响其正常使用。

上述4条整体上比较严格，但是第二条有操作空间。在建工程转固前可以进行试生产，而且不仅要求试生产产品合格，而且要求能够"稳定地生产"，同时满足这两个条件后，在建工程才算达到"预定可使用状态"。

但是，2006年发布的《企业会计准则第4号——固定资产》（现行）中规定，"自行建造固定资产的成本，由建造该项资产达到预定可使用状态前所发生的必要支出构成"。也就是说，按照字面意思理解，试生产阶段发生的费用，都属于"达到预定可使用状态前"的必要支出，要计入在建工程的成本，未来转固定资产后每年计提折旧。

问题就出现在这里，试生产阶段不仅有费用，而且试生产的产品是可以卖的，会产生收入。在原有会计准则（2022年之前）中，试生产阶段按照产品收入、直接支出的净额冲减在建工程资本开支。会计分录如下：

借：应收账款、货币资金等（试生产期间的销售收入，但是不进利润表）
　　贷：耗用的原材料、直接人工等（与试生产相关的直接支出）
　　　　在建工程（按照收入与支出的净值冲减在建工程资本开支）

在该准则下，如果上市公司硬是拖着在建工程不转固，虽然不会产生折旧，但是也不会产生利润表上的收入。试生产的收入、支出净值冲减在建工程，将导致未来年份的折旧减少，但用折旧年限一除，每年实际获得的利好就很小了。

然而，财政部 2021 年 12 月 31 日发布了新的准则解释——《企业会计准则解释第 15 号》（从 2022 年 1 月 1 日起实施），规定试运行销售应当按照《企业会计准则第 14 号——收入》《企业会计准则第 1 号——存货》正常处理。也就是说，在新的解释下，不存在试生产一说，只要是产品就算存货，只要对外销售就计收入。新解释下的会计分录如下。

借：应收账款、货币资金等（试生产期间的销售收入）
　　贷：营业收入（直接计入正常收入，影响当期利润）
借：营业成本（结转成本，但是里面没有折旧，导致毛利率畸形）
　　贷：原材料、直接人工等（与试生产相关的直接支出）

对比新旧准则下的会计分录，应收账款、货币资金及原材料、直接人工等都没有变化，无非是旧准则按照净额法冲抵在建工程，新准则按照总额法计收入成本。但是新准则出现了两个衔接问题：其一，试生产期间的在建工程仍然是在建状态，并没有达到预定可使用状态，不用计提折旧；其二，在建工程贷款的利息可以资本化处理，只要在建工程不转固，利息支出都可以不进利润表。

所以，在新解释下，试生产期间的销售全额记收入，但是只记直接付现成本，没有折旧，也没有利息费用，尤其对于重资产行业，试生产期间的毛利率、净利率将远远高于转固后的正常生产阶段。

因此，原本应该在四季度或者年底投产的新产线，新准则下上市公司非常有动力将达到"预定可使用状态"的时间点挪到第 2 年年初，反正什么叫作"预定可使用状态"，上市公司拥有最终解释权，这之前一律算试生产。反映在报表上，我们会看到公司毛利率、净利率陡然上升。

而在投资者的惯性思维中，一旦看到新产线"开始生产产品"，往往会默认产线"正式投产"。毛利率、净利率上升是因为新产线的盈利能力超预期，但显然不是这样的。所以说新解释的影响非常大，如何定义"投产"，需要我们格外关注。以下面这个案例为例进行讲解。

【例】假设某公司新产线 10 月 1 日达到可使用状态，总投资 200 元，可使用 10 年。满产后每年销售收入 60 元，非折旧直接成本 8 元/年（固定成本），利息费用 12 元/年（建设期间资本化）。四季度处于产能爬坡期，产能利用率 80%，产生 12（60÷4×80%）元销售收入。为简化处理，不考虑所得税，不考虑可变成本，单季度成本费用直接用全年值除以 4。

基础情景：公司 10 月 1 日正常转为固定资产；整活情景：公司强行找借口，拖到了 12 月 31 日转为固定资产，四季度生产的产品全部按照"试生产"处理。

如表 4-4 所示，在正常转为固定资产情况下，满产后每年收入 60 元，折旧为 20 元，净利润为 20 元，毛利率为 53%，净利率为 33%。但是，四季度产能利用率只有 80%，折旧、财务费用照常，单季度净利润只有 2 元，毛利率为 42%，净利率为 17%，ROE 只有正常水平的 40%。

如果公司强行拖了一个季度转固，在旧准则下，四季度不会对利润表产生影响，不拖累整理毛利率、净利率。直接收入 12 元与直接成本 2 元的净额冲减在建工程，在建工程转固时余额只有 190 元，未来每年折旧 19 元，净利润 21 元，导致未来年份毛利率、净利率小幅上升，但是整体影响不大。

然而在新准则下，四季度"试生产"期间收入照常，但是没有折旧和财务费用，即便产能利用率仍处于爬坡期，但是单季度利润高达 10 元，是正常情况下的 2 倍，毛利率、净利率、ROE 均被大幅拉高。如果不知道最新的试生产规定，可能又会误读利润指标。对应的识别方法，一方面是熟悉最新的会计准则及关键变化，另一方面是关注企业的固定资产转固时间，看投产前的调试期长度是否正常。

表 4-4　新旧准则解释下，调节转为固定资产时间带来的利润表差异案例分析

基础情景： 四季度初转固	T₀Q4	T₁	T₂	T₃	T₄	T₅	T₆	T₇	T₈	T₉	T₁₀
营业收入（元）	12	60	60	60	60	60	60	60	60	60	60
折旧（元）	5	20	20	20	20	20	20	20	20	20	20
其他成本（元）	2	8	8	8	8	8	8	8	8	8	8
财务费用（元）	3	12	12	12	12	12	12	12	12	12	12
净利润（元）	2	20	20	20	20	20	20	20	20	20	20
毛利率	42%	53%	53%	53%	53%	53%	53%	53%	53%	53%	53%
净利率	17%	33%	33%	33%	33%	33%	33%	33%	33%	33%	33%

拖到年底转固 （旧准则）	T₀Q4	T₁	T₂	T₃	T₄	T₅	T₆	T₇	T₈	T₉	T₁₀
营业收入（元）	0	60	60	60	60	60	60	60	60	60	60
折旧（元）	0	19	19	19	19	19	19	19	19	19	19
其他成本（元）	0	8	8	8	8	8	8	8	8	8	8
财务费用（元）	0	12	12	12	12	12	12	12	12	12	12
净利润（元）	0	21	21	21	21	21	21	21	21	21	21
毛利率	0%	55%	55%	55%	55%	55%	55%	55%	55%	55%	55%
净利率	0%	35%	35%	35%	35%	35%	35%	35%	35%	35%	35%

拖到年底转固 （新准则）	T₀Q4	T₁	T₂	T₃	T₄	T₅	T₆	T₇	T₈	T₉	T₁₀
营业收入（元）	12	60	60	60	60	60	60	60	60	60	60
折旧（元）	0	20	20	20	20	20	20	20	20	20	20
其他成本（元）	2	8	8	8	8	8	8	8	8	8	8
财务费用（元）	0	12	12	12	12	12	12	12	12	12	12
净利润（元）	10	20	20	20	20	20	20	20	20	20	20
毛利率	83%	53%	53%	53%	53%	53%	53%	53%	53%	53%	53%
净利率	83%	33%	33%	33%	33%	33%	33%	33%	33%	33%	33%

> **提示：** 阅读财务报表附注中的在建工程明细，要关注在建工程准确转为固定资产的时点。利用转为固定资产时点调节利润，税法认可，无法通过递延所得税资产或负债来判断。

4.4.5 不涉及现金的视同销售：关注资产交换与服务交换

要关注不涉及现金的销售，该类销售具有巨大的调节空间，不属于关联交易，但是拥有和关联交易类似的问题，交易价格可能不公允。这里的"不涉及现金"并不是指应收账款挂账，应收账款挂账只是账期的时间差而已，早晚会涉及现金。如果先记应收账款再计提坏账损失，就有财务舞弊嫌疑了。这里的"不涉及现金"是指永远不涉及现金的交易，主要是指视同销售的以物易物，以及服务交换，这些都属于比较常见的调节利润手段。

以物易物属于"非货币性资产交换"，适用2019年9月修订的《企业会计准则第7号——非货币性资产交换》。货币性资产指货币资金及可收取固定或可确定金额的货币资金的权利；非货币性资产指除货币性资产以外的资产。这里的货币性资产是广义上的，应收账款、应收票据、持有的债券等都属于货币性资产；常见的非货币性资产主要是存货、固定资产、长期股权投资等。

现实中，将应收账款、应收票据等商业债权当现金用是比较常见的行为，尤其是流通性较好的商业票据。例如，

甲欠乙账款，乙向丙采购货物时，可以直接将来自甲的应收账款转给丙（可能涉及折价），变成甲欠丙账款。整个过程只有债权的流转，不涉及现金。

这里就存在操作空间，例如，

乙可以加价出售货物给甲，虚增一部分收入，然后加价从丙处采购货物，虚构原材料价值，再将来自甲的应收账款转让给丙，这样应收和应付直接

抵消。

这个例子已经不是完全合法的财务调节范畴了，可能涉嫌财务造假，但是我们很难证伪，这提醒我们看现金流量表时，不能只看现金流量净额，单向的流入和流出也很重要。但是上述例子需要三方配合，操作较为复杂，如果有一方中途反水，就可能导致假戏真做，所以上市公司用的相对比较少。

相比之下，非货币性资产交换可能更常见，因此只需要两方交易。会计准则规定，非货币性资产交换应当以换出资产的公允价值和相关税费、补价作为换入资产的计量价值，除非有确凿证据表明换入资产的公允价值更加可靠。我们用下面这个案例来说明。

【例】甲公司用账面价值100元、公允价值120元的资产A，从乙公司处换入账面价值110元、公允价值130元的资产B。在甲公司报表中，换入资产B的入账价值为A的公允价值120元，A的账面价值与公允价值的差值20元结转损益，与B本身的价值没有关系（除非有证据证明资产A的公允价值不可靠）。

同时，结转损益有两种方式，如果换出资产是存货，那么直接适用《企业会计准则第14号——收入》，视同销售，记营业收入，结转营业成本，这是操作空间最大的地方；如果是固定资产、无形资产，以"资产处置收益"科目（利润表中营业利润上面）归集净损益。

现实中，出售本公司商品，换回对方公司的实物商品是很常见的现象。例如水泥企业给房地产公司提供水泥，房地产公司资金周转困难，直接给水泥企业几套房。但关键是，在商业行为上，房地产公司往往是按照"房子的公允价值"给水泥企业结算，而水泥公司的财务报表上是按照"水泥的公允价值"计算收入。这两个公允价值都有一定的主观空间，有可能大家一起往高里报，"你好我好大家好"（房地产公司是按照换出的房子的公允价值入账），只是对投资者不好。所以，投资分析时需要着重留意是否有非货币性资产交换行为，这类行为有点类似于内部交易，如果交易价格严重偏离公允价值，需要格外警惕，可能是两个公司相互给对方做账。

> **提示：** 重点阅读财务报表附注，留意有没有非货币性资产交换。

另一类不涉及现金的销售是服务交换，主要发生在传媒公司、咨询公司等非实体业务的公司之间。最典型的案例是两个经营线上网站的公司，你给我打广告，我给你打广告，双方同时记广告收入和销售费用（广告支出）。正常情况下，如果双方完全不涉及现金往来，并且任何一方都不想在报表上有损失，那么任何一方的收入和支出都是相等的。

这种交换协议不能增加利润，但是可以增加营业收入，并且想增加多少就增加多少。市场很多时候喜欢给传媒公司、互联网平台公司 PS 估值，上市公司就有可能通过服务交换协议做收入。

但是，如果一方上市公司将支出资本化了，例如先给别人打广告，记收入；再让别人给自己打广告，记成长期待摊费用（类似于无形资产），分几年来摊销，这样公司当期的利润表就会产生结余。针对这种情况，最有效的识别手段就是两步，先看公司是否有服务互换协议，判断互换是否有商业意义；再看公司支出资本化的条件，以及是否进行了资本化处理。

> **提示：** 要关注服务交换协议，尤其要看上游采购和下游客户有没有重叠，如果有重叠，就需要额外注意。同时存在买卖双向交易的客户时，能玩的"花活"实在太多。利用资产、服务交换调节利润，税法认可，无法通过递延所得税资产或负债来判断。

4.4.6　会计分期关系模糊的销售：利润表无意义，要关注 IRR

现代会计制度中，形成会计报表依赖四大假设，这四大假设又叫会计核算的基本前提，分别是会计主体、持续经营、会计分期和货币计量。

（1）会计主体假设是指将企业法人视为一个独立的实体。

（2）持续经营假设是指每个企业在可预见的将来不会破产和清算。

（3）会计分期假设是人为规定会计对象的时间界限，将企业连续不断的经营活动分割为若干较短时期，以便提供会计信息，它是正确计算收入、费用和损益的前提。

（4）货币计量假设，顾名思义是指企业的经营成果通过货币反映。

实操中，会计主体、持续经营和货币计量都没有太大争议和操作空间，问题最大的是会计分期假设。会计分期假设是形成利润表的基础，然而，有一些商业模式的会计分期是有问题的，全生命周期的总利润不变，但是不同会计期之间的切分有极强的主观性，最典型的就是 BOT 项目的收入确认。

BOT 主要应用在基础设施类项目的运营管理上。基础设施类资产由项目公司投资建造，建造完成后项目公司拥有一定时间的特许经营权并获得收益，运营期满后移交给政府。但是在法律关系上，项目所有权自始至终都不属于项目公司，而是属于政府，特许经营权要确认为无形资产。

在这种所有权架构下，BOT 项目收入确认是一种很神奇的规则，允许建造期估算毛利、倒算营收，作为资产入账，运营期内摊销。因此在会计处理上，BOT 业务可以确认两段收入，建造阶段视为给政府打工，运营阶段给自己打工。我们用案例来说明。

【例】某 BOT 项目公司投资 80 万元建设污水处理厂，建设期 1 年，特许经营权 10 年，投产后次年收到污水处理费 20 万元，假设除折旧摊销外没有其他成本。

这里涉及一个问题，投产后的污水处理费是政府规定的每年固定 20 万元还是估算的 20 万元左右。实际收到了 20 万元，如果是固定的 20 万元，那么特许经营权视为金融资产，按金融资产进行会计处理，这种情况现实中应用较少，大部分情况是估算的 20 万元左右，特许经营权形成无形资产。

然而在会计上，项目公司拥有的只是"使用权"，产权是政府的，项目公司给政府建了一个污水处理厂，是允许确认工程毛利的，但是这个毛利是估算出来的，项目公司自己拍脑袋定，例如先拍一个 20 万元，相应的会计分录如下。

（1）污水处理厂建造期（简化的部分分录）。

借：主营营业成本（项目投资金额，建造过程的花费）　　　　　80

　　工程施工——合同毛利（工程毛利是公司拍脑袋拍的）　　　20

　　贷：主营业务收入（根据拍的毛利确认收入）　　　　　　　　100

也就是说，在建造环节，项目公司可以根据拍板的毛利率倒算建造期的营业收入，不管运营期赚钱与否，先确认一笔利润再说，然后根据建造期的营业收入确认无形资产。

（2）污水处理厂投产，确认无形资产。

借：无形资产——特许经营权（根据建造期确认的收入结转）　　100

　　贷：工程施工——合同成本（简化了部分分录）　　　　　　　80

　　　　工程施工——合同毛利　　　　　　　　　　　　　　　　20

运营期内，根据当初确认的无形资产每年摊销，每年 10（100÷10）万元当初拍脑袋拍的工程毛利会影响运营期的净利润。

（3）10 年运营期内逐年摊销无形资产。

借：主营业务成本（运营期内摊销成本）　　　　　　　　　　　10

　　贷：累计摊销（无形资产原值 100 元除以 10 年）　　　　　　10

借：应收账款/货币资金（实际获得的污水处理费）　　　　　　　20

　　贷：主营业务收入（运营期的营业收入没有调节空间）　　　　20

从全生命周期来看，站在项目公司的角度，就是初始投资了 80 万元，预期未来 10 年每年回收 20 万元；站在政府的角度，项目公司初始花多少钱和我没关系，我只负责未来 10 年每年给它 20 万元就行。因此，所谓建造期利润、运营期利润，都是在会计分期假设下，人为强行分出来的。在这种模式下，利润表是失真的，有意义的只有全生命周期 IRR。

如果只看利润表，上市公司甚至可以利用该规则进行扩张：不管项目质量有多差、运营收益率有多低，都可以先确认一大笔建造期利润，只要全生命周期"总利润守恒"就可以。如表 4-5 所示，即便建造期确认 200 万元工程毛利，运营期年年亏损，全生命周期的总利润都是守恒的，不变的只有 IRR。只要公司持续有新项目，就可以进行下去。所以，对于项目类公司，关注项目 IRR 要成为条件反射，利润表的可靠性非常差，只关注利润表一定会掉入陷阱。

表 4-5　典型 BOT 项目现金流、工程毛利及全生命周期净利润的关系

	T_0	T_1	T_2	T_3	T_4	T_5	T_6	T_7	T_8	T_9	T_{10}
现金流（万元）	-80	20	20	20	20	20	20	20	20	20	20
IRR	21.4%										

情景 1：建设期确认 20 万元毛利	T_0	T_1	T_2	T_3	T_4	T_5	T_6	T_7	T_8	T_9	T_{10}
营业收入（万元）	100	20	20	20	20	20	20	20	20	20	20
营业成本（万元）	80	10	10	10	10	10	10	10	10	10	10
净利润（万元）	20	10	10	10	10	10	10	10	10	10	10
全生命周期利润合计（万元）	120										

情景 2：建设期确认 200 万元毛利	T_0	T_1	T_2	T_3	T_4	T_5	T_6	T_7	T_8	T_9	T_{10}
营业收入（万元）	280	20	20	20	20	20	20	20	20	20	20
营业成本（万元）	80	28	28	28	28	28	28	28	28	28	28
净利润（万元）	200	-8	-8	-8	-8	-8	-8	-8	-8	-8	-8
全生命周期利润合计（万元）	120										

除此之外，BOT 类公司可能还有一个可操作的地方，需要我们注意，就是上面例子里的初始投资 80 万元。假设这 80 万元的初始投资都是机器设备投资，而机器设备有可能是上市公司自己生产的。由于 BOT 项目所有权属于政府，因此所有的内部交易都可以自动视为"卖给了政府"，可以不抵消（正常情况下，制作合并财务报表时内部交易要抵消）。例如，母公司生产机器设备的实际成本只有 60 万元，作价 80 万元卖给项目公司，项目公司就可以按照 80 万元成本入账，合并报表中不用抵消，也就是说，在初始投资的 80 万元里，母公司还可以确认一笔利润。

母公司生产设备卖给项目公司时，

借：应收账款（子公司支付现金或者应收账款挂账）　　　　　　80

　　贷：营业收入（想拍多少就拍多少，母公司说了算）　　　　　80

借：营业成本（机器设备的实际生产成本）　　　　　　　　　　60

　　贷：库存商品——机器设备　　　　　　　　　　　　　　　60

项目公司拿到机器后，按照 80 万元入账，后续步骤不变。从合并财务报表、项目全生命周期来看，就是母公司初始支出了 60 万元，预期未来 10 年每年回收 20 万元。但是，在 BOT 会计规则的两层嵌套下，企业经营被强行分为了三个阶段，即母公司卖设备给项目公司（先拍一个卖设备的毛利）、项目公司给政府建基础设施（再拍一个建工程的毛利）、运营基础设施（用很长的时间消化前面拍的毛利）。

　　提示： 这种情况下只能关注 IRR，利润表没有意义，但是大部分上市公司不披露单个项目的 IRR。只看运营毛利不看建造毛利也不合理，因为建造毛利确认多了，运营毛利就会减少。笔者认为当前的 BOT 会计规则不合理，需要修订。利用 BOT 会计规则调节不同阶段的利润分布，税法认可，无法通过递延所得税资产或负债来判断。

4.5　成本的确认：成本与期间费用的划分并非泾渭分明

4.5.1　模糊了成本与费用：通过存货调节支出资本化比例

营业收入是企业会计期内总的经营利益流入，收入减支出才是利润。但是对于支出，会计制度先根据作用期间长短，将支出分类为本期了结的支出（进利润表）和跨期分摊的支出（先进资产负债表，再按一定规则逐年转进利润表）。对于本期了结的支出，还要根据可归属性，分为营业成本和期间费用，其中营业成本影响毛利率。

具体来看，营业成本是与营业收入直接相关的，已经确定了归属期和归属对象的各种直接费用，需要和营业收入进行配比，包括直接材料、直接人工、其他直接支出及制造费用，其中，制造费用中包括厂房、机器的折旧。期间费用是指确定归属期但是没有确定归属对象、不能直接或间接归入营业成本，而是直接计入当期损益的各项间接费用，进一步分类为销售费用、管理费用、研发费用和财务费用。

营业成本与期间费用在定义上划分清晰，有明确的判断标准，但是现实中很多情况下依赖主观判断。从定义上看，营业成本要求该支出可以定位到具体的商品或劳务，与营业收入有一一对应关系，处理方式是"随物"，有收入才有成本；而期间费用是一段时间内发生的、无法精确定位到收入的支出，处理方法只能"随时"，没有收入也有费用。

现实生活中，"是否可定位"有非常大的自由裁量权，典型情况如下。

（1）车间工人与车间管理人员工资可以定位到产品，与收入配比后归入营业成本；总部管理人员工资不能直接定位到产品，要归入管理费用。但是现实中，管理人员可能划分的没有那么清晰，车间管理人员和总部管理人员可能是同一个人。

（2）机器厂房折旧可以直接定位到产品，与收入配比后归入营业成本；办公楼折旧不能直接定位到产品，要归入管理费用。但是现实中，办公楼和厂房可能是一体的。

（3）部分服务业如酒店、餐饮、咨询，成本费用划分可以很随机。例如酒店的大堂经理、服务人员的工资算营业成本还是管理费用，商业模式本身导致很难分清楚。

区分营业成本和期间费用，不仅会影响利润表的结构，而且会影响利润表的结果，问题的关键是存货。我们在第 1 章的六大循环中提到过，商品从生产到销售，主要涉及两个循环，分别是生产存货循环和销售收款循环。其中，生产成本在生产存货循环中归集，先结转到存货中，然后再在销售收款循环中，按照发出的存货数结转营业成本。简而言之，只有卖出去的才算成本，没卖出去的一律算存货。

因此，存货是极少数通过经营性现金流进行资本化的科目，其他的如研发费用资本化走投资性现金流、利息费用资本化走融资性现金流。如果一个公司故意模糊生产成本与期间费用的划分，可能就是在通过存货实现利润的跨期转移。下面以具体案例来说明。

【例】公司期初购进原材料 40 万元，全部消耗共生产出 10 件产成品，机器设备折旧 20 万元，厂房折旧 10 万元，办公楼折旧 10 万元，车间工人工资支出 20 万元，车间管理人员工资支出 10 万元，总部管理人员工资支出 10 万元，无其他成本。本年度共卖出 8 件产成品，售价为 15 万元 / 件，剩余 2 件存放在库房中，记为存货。

将生产存货循环和销售收款循环分别进行拆解。

第一步，生产产品。本年需要结转的生产成本为 100［40（原材料）+20（机器折旧）+10（厂房折旧）+20（车间工人工资）+10（车间管理人员工资）］万元，然后分配到 10 件产成品中，每件存货价值 10 万元。

第二步，销售商品。共卖出 8 件产成品，每件 15 万元，产生收入 120 万元，结转营业成本 80〔8（卖出的产成品数量）×10（每件存货价值）〕万元。

第三步，确认期间费用。全年期间费用为 20〔10（办公楼折旧）+10（总部管理人员工资）〕万元，都属于管理费用，暂不考虑其他成本费用。

第四步，盘点存货结余。期末存货价值为 20 万元，包括按比例分配的原材料 8 万元、机器折旧 4 万元、厂房折旧 2 万元、工人工资 4 万元和车间管理人员工资 2 万元。

可以看到，一项支出如果被算作"期间费用"，将 100% 进入本期利润表，但是如果被算作"生产成本"，就要按照售出产品的比例进入利润表，有一部分被资本化成存货。模糊生产成本和期间费用的划分，就可以利用存货价值，实现利润的跨期挪移。想办法将期间费用挪到生产成本中，提高了"资本化"比例，增加了当期利润，但是同时也增加了存货价值，减少了未来年份的毛利率，实际是将未来的利润挪到现在。

如表 4-6 所示，上述正常处理下，该案例全年生产成本 100 万元、利润

表 4-6　模糊生产成本与期间费用的划分调节利润案例

	情景 1：正确处理	情景 2：将办公楼折旧计入生产成本	情景 3：将车间管理人员工资计入期间费用
营业收入（万元）	120	120	120
营业成本（万元）	80	88	72
期间费用（万元）	20	10	30
利润总额（万元）	20	22	18
全年生产成本（万元）	100	110	90
存货单价（万元）	10	11	9
期末存货余额（万元）	20	22	18
存货余额 + 进入利润表的支出（万元）	120	120	120
毛利率	33.3%	26.7%	40.0%
期间费用率	16.7%	8.3%	25.0%
净利率（不考虑所得税）	16.7%	18.3%	15.0%

总额 20 万元、期末存货余额 20 万元。如果将办公楼折旧也算到生产成本中，生产成本增加至 110 万元，存货单价变成 11 万元，营业成本增加至 88 万元，但是期间费用降至 10 万元，期间费用减少幅度高于营业成本增加幅度，利润总额增加至 22 万元，但是期末存货余额也增加了，并没有"变利润"，而是"挪利润"。

反之，如果想做增速，就将当期的利润挪到未来，将车间管理人员工资计入期间费用，"费用化"比例提升，当期利润减少，未来利润增加。

客观而言，模糊生产成本和期间费用的划分，在报表上比较难识别。但是也会留下一些迹象，一方面可以关注营业成本和期间费用的变化趋势，两者如果发生了过于明显、难以解释的反向变化，可能表明公司在两者之间进行了挪移；另一方面关注存货余额的变化，如果公司披露了存货的数量就更好了，可以观察存货单价的变化，根据产业链数据剔除原材料成本变动后，再尝试推算存货中结转的固定成本。

无论将支出放在营业成本里还是期间费用里，只要是实际的支出（包括通过折旧分摊的历史支出），税法都认可，无法通过递延所得税资产或负债来判断。

4.5.2 折旧与摊销：没有统一的标准告诉我们怎样才是合理的

这里所说的折旧、摊销是泛指概念，包括一切一次性投资、多年分摊的成本，处理方法类似。处理时主要涉及《企业会计准则第 4 号——固定资产》和《企业会计准则第 6 号——无形资产》，两个文件都是 2006 年发布的，之后没有修订。根据会计准则，所有的固定资产必须折旧，没有例外；无形资产存在特例，即使用寿命不确定的无形资产（如收购的商标）可以不摊销，但是大部分无形资产需要摊销，包括土地使用权、专利、特许经营权等。

利用折旧调节利润，主要涉及三个知识点：非直线折旧、税会差异和折旧分摊。

会计准则允许的折旧方法包括年限平均法、工作量法、双倍余额递减法和年数总和法，其中年限平均法又称直线折旧法，折旧金额直接均摊，后三者统一称非直线折旧法。

工作量法，顾名思义，折旧分母不是可使用年限，而是全生命周期总产出，生产一件折旧一件，不生产就不折旧。工作量法下折旧不是固定成本，而是可变成本，产量不影响毛利率。

双倍余额递减法属于加速折旧，假设固定资产原值 100 元，可使用年限 5 年，无残值，第 1 年折旧为 40（100÷5×2）元；第 2 年折旧为 24［（100-40）÷5×2］元……

年数总和法也属于加速折旧，比双倍余额递减法相对温和，假设固定资产原值 100 元，可使用年限 5 年，无残值，第 1 年折旧为 33.3［100×5÷（1+2+3+4+5）］元；第 2 年折旧为 26.7［100×4÷（1+2+3+4+5）］元……

然而，没有任何一种折旧方法是完美的，不仅是分母，分子也是有争议的。财务分析的对象是面向过去的，但财务分析的目的却是面向未来的，我们关心未来业绩，实际上是关心未来的现金流，用净利润近似反映权益现金流。因此在面向未来时，计算折旧的分子应该是重置成本，折旧的本质是"每年需要花多少钱用于资本开支，才能使企业满足永续经营假设，就算现在不花，未来也要花，这笔钱得存着，不能分掉"。所以，最准确的方法应该是评估固定资产的公允价值，年末的公允价值减去年初的公允价值，就是本年的折旧额。

但是这样处理会导致操作空间无限大，会计准则只能退而求其次采用账面价值，折旧变成了企业在资产的使用周期内分摊最初的资本开支。一方面，会计准则基于谨慎性，对于使用寿命不严格的资产，会计折旧年限通常小于可使用年限（使用寿命严格的资产比较少，主要指特许经营权、土地使用权等），导致折旧期内的总利润一定程度被低估。另一方面，每年具体该折多少，没有公认的合理标准，折旧肯定不是完全线性的，但是双倍余额递减法和年数总和法显然都是人为规定的。

加速折旧本质上是税法给予的公司税收优惠，加速折旧不改变全生命周期的总折旧，但是会导致前期折旧多，后期折旧少；进而使得公司前期利润少、交税少，后期利润多、交税多。但后果是，公司每投资一个新的产线，都可能导致利润减少，这对估值和融资是不利的。为此，税法和财务报表进行了妥协，允许两者采用不同的折旧政策，财务报表中采用直线折旧，让利润好看一点，税务报表中采用加速折旧，可以少交一点税。

因此，为了两边好处通吃，上市公司往往不通过加速折旧来调财务报表，一般也不会用加速折旧来做增速，因为折旧政策一旦定下来，后续很难灵活调整，需要放利润的时候就不方便了。

常见的折旧方法中最需要警惕的是工作量法。按理说，真正能用工作量法折旧的资产很少，仅仅局限于飞机发动机（启停损耗非常大）、储能电池（循环次数有限）、部分交通工具（跑到一定里程后强制报废）等少数资产，大部分资产无论是风吹日晒损耗，还是客观的技术进步，都是以时间计算的。

但是现实中工作量法折旧往往被滥用，诸如高速公路、水电站等资产有时也采用工作量法，这是缺乏合理基础的，一条高速公路不是跑过多少辆车后就不能用了。无非是这类资产固定成本太高，车流量多少和来水丰枯对利润影响太大，采用工作量法可以平滑毛利率。因此，大部分采用工作量法折旧的公司，是有调节利润嫌疑的。

另一个需要警惕的是折旧的分摊。我们在生产存货循环中讲过，归属于制造费用的折旧要先结转到生产成本中（折旧不一定都归入生产成本，办公楼折旧属于管理费用，专卖店折旧属于销售费用），然后根据生产的商品数量均摊到每一件存货中，再根据发出的存货，结转营业成本，还是那句话"卖出去的才结转营业成本，没卖出去的都算存货趴在资产负债表里"。这里就有了调节空间。典型案例如下。

【例】某公司全年生产设备折旧 100 万元，以销定产，产出 100 件产品全部销售掉，每件产品结转折旧 1 万元，折旧 100 万元全部进营业成本。但是公司如果想做利润，可以生产 200 件产品，每件产品结转折旧 5 000 元，但是全年只销售出去 100 件产品，因此只有 50 万元折旧进营业成本，剩下的 50 万元留在存货里。这些存货可能再也卖不出去了，但是本期利润表变好看了。

这个例子已经不完全是"财务报表层次"的财务调节了，而是实质性有损企业价值的行为。需要格外关注存货的异常增加，存货异常增加是比较危险的指标，包括但不限于产品竞争力下降（卖不出去了）、利用存货造假（B 公司和 C 公司案例）、上述介绍的通过超额生产摊折旧。

4.6　费用的计提：主要利用会计估计，主观空间较大

与收入、成本手法不同，本节介绍的通过费用计提调利润，大部分是利用会计估计来操作，因此需要重温权责发生制原则。但是税法不认可会计估计，调整会计估计不影响应纳税额。

4.6.1　销售费用：重点关注售后服务与质量保修费用

根据财政部发布的《企业会计准则——应用指南》（财会 2006 年第 18 号）6601 号解释，销售费用是指"企业销售商品和材料、提供劳务的过程中发生的各种费用，包括保险费、包装费、展览费和广告费、商品维修费、预计产品质量保证损失、运输费、装卸费等，以及为销售本企业商品而专设的销售机构（含销售网点、售后服务网点等）的职工薪酬、业务费、折旧费等经营费用"。

简单来说，销售费用就是各种和销售商品、提供劳务的"过程"相关的费用，专卖店的折旧和人员工资都算销售费用。在 2017 年《企业会计准则第 14 号——收入》实施之前，经销商返利和销售积分也可以算销售费用，但是在新收入准则下，经销商返利和销售积分直接按预估对价冲减营业收入。因此，目前销售费用中的调节空间主要就剩"预计产品质量保证损失"，只有这

一项涉及会计估计。所以，销售费用的识别相对简单。

按照会计核算中的权责发生制原则，对于带保修条款的销售，保修费用算在销售商品的时间点，而不是实际发生的时间点。在销售商品时，企业需要根据经验判断未来保修支出的最佳估计数，同时确认预计负债和当期销售费用；在未来实际发生保修支出时，直接冲减之前计提的预计负债，保修支出不影响保修期的利润表。

但是如果保修期结束，预计负债余额为正，也就是之前计提的保修费用没用完，那么需要将剩余的预计负债冲回来，减少未来期的销售费用。用案例理解如下。

【例】某公司销售商品，保修期为 1 年，预计发生 100 元保修支出，计入当年销售费用和预计负债。保修期结束后，实际仅发生 60 元保修支出，多计的 40 元可以通过销售费用冲回。

T_0 年销售商品和 T_1 年兑现保修时的会计分录如下。

（1）T_0 年销售商品。

借：销售费用——保修费用（根据估计数记在销售商品的时点）　　100

　　贷：预计负债（资产负债表中增加一笔或有负债）　　　　　　　100

（2）T_1 年兑现保修。

借：预计负债（实际保修支出冲抵预计负债，不影响保修期利润表）60

　　贷：货币资金、存货等（维修人工、更换新品等）　　　　　　　60

借：预计负债（多记的可以冲回来）　　　　　　　　　　　　　　40

　　贷：销售费用（减少保修期的销售费用，实现利润挪移）　　　　40

可以看出，与保修费用相关的预计负债也是利润的蓄水池，上市公司可能通过在前期超额计提保修费用，后期再冲回，实现利润前低后高，这与超额计提经销商返利的原理类似。而且，上市公司还可以为该行为找到“充足”

的理由：公司基于对客户负责的态度，足额足量计提预计负债，并安排相应的资金储备，毕竟客户就是上帝；公司的产品质量实在太好了，远超预期，实际并没有那么多的保修需求，我们也很无奈。所以，都是话术，不要轻信公司的宣传，报表上的白纸黑字错不了。

图 4-7 为某制造业公司年报中关于售后服务费的确认方式说明，明确"公司根据可能产生最大损失的最佳估计数确认预计负债"，这里直接就明说了售后综合服务费是超额计提的。超额计提并不是公司多么严谨，而是在这里藏了一部分利润，未来可以随时取用，不过换一个角度看，既然公司还能藏利润，那么说明公司真实利润更高。

本公司预计负债主要是计提的售后综合服务费及销售返利。

售后综合服务费：目前本公司与客户签订的 ▯▯▯▯▯▯▯▯▯▯ 销售合同带有质保条款，在公司承诺的售后服务期限内，不论市场价格指数如何变动，公司需要承担已售出产品的维修责任。公司根据可能产生最大损失的最佳估计数确认预计负债。

销售返利：本公司与部分客户签订带有返利的合同条款，公司根据合同约定的返利条款确认预计负债。

图 4-7　某制造业公司年报中关于售后服务费的确认方式说明

与经销商返利识别方法类似，识别超额计提保修费用也是两种方法，第一种方法是看预计负债明细，第二种方法是看递延所得税资产。计提保修费用属于会计估计，税法不认可。在会计报表中，保修费用发生在销售产品的时间点，而在税法报表中，保修费用发生在实际支出的时间点。由此产生税会差异，无论会计报表中计提了多少保修费用，税务报表上都要加回来，会计报表上的所得税费用和税务报表上的应纳税额差异产生递延所得税资产。

4.6.2　管理费用：基本上是个筐，什么都往里装

根据财政部发布的《企业会计准则——应用指南》（财会 2006 年第 18 号）6602 号解释，管理费用是指"企业为组织和管理企业生产经营所发生的费用，

包括企业的董事会和行政管理部门在企业的经营管理中发生的或者应由企业统一负担的公司经费（包括行政管理部门职工薪酬、修理费、物料消耗、低值易耗品摊销、办公费和差旅费等）、工会经费、董事会费（包括董事会成员津贴、会议费和差旅费等）、聘请中介机构费、咨询费（含顾问费）、诉讼费、业务招待费、房产税、车船使用税、土地使用税、印花税、技术转让费、矿产资源补偿费、研究费用、排污费等"。

可以看到，会计准则中对"管理费用"的描述比"销售费用"长得多，现实中也不用记管理费用的范围，管理费用基本上是一个筐，只要是不能归类到销售费用、研发费用和财务费用的期间费用，都算管理费用。2017 年之前，甚至研发费用也算管理费用。利用管理费用调节利润，应主要关注三点：跨期支付的职工薪酬（如年终奖）、股权激励费用和盘盈盘亏。

1. 跨期支付的职工薪酬

跨期支付的职工薪酬要根据权责发生制原则，记到"归属年份"，比如第 1 年的年终奖，虽然实际上往往是第 2 年发放，但是在会计报表上，企业要把管理费用记在第 1 年，以"应付职工薪酬"表示。不过，在现实中第 2 年真正发放的时候，肯定有人离职，对离职的员工，年终奖就不用发了，企业就可以把前一年"多记"的年终奖通过管理费用冲回来，从而"合情合理合法"地把第 1 年的利润挪到了第 2 年。

反过来也可以，如果公司想放业绩，可以把原本应该记在第 1 年的年终奖，记到第 2 年，反正对于打工人而言，只要钱按时发到手就行，公司想记哪年记哪年，所以就容易出现"官不举民不纠"的状态。用会计分录理解如下。

【例】公司某年业绩表现卓越，预提 100 元管理人员年终奖，说好第 2 年发，但是第 2 年发钱之前有人离职，实际只发了 80 元。

（1）To 年计提应付薪酬。

借：管理费用（按照估计数计提 100 元年终奖）　　　　　　　　　　100

贷：应付职工薪酬（实际还没有发，年底报表里算负债）	100

（2）T1 年实际发放薪酬。

借：应付职工薪酬（肯定有人离职，实际发放了 80 元）	80
贷：货币资金	80
借：应付职工薪酬（多记的直接销掉）	20
贷：管理费用（冲回来增加第 2 年利润，但是税法不认）	20

站在投资者的角度，无论是员工正常离职，还是公司上一年说好了年终奖到时不兑现，从利润表上是很难看出问题的。但是，如果公司把原本应该记在第 1 年的年终奖，记到了第 2 年，从而做高第 1 年的利润，那么我们可以观察管理费用率。

对于大部分行业而言，做盈利预测时不能忽略管理费用增长的可能，管理费用往往呈现"能涨不能跌"的态势：公司业绩好的时候，管理费用会水涨船高，此时管理费用是可变成本，没有正向的经营杠杆效应；但是反过来，公司业绩差的时候，管理费用的绝对值可能不会降低，此时管理费用是固定成本，有负向的经营杠杆效应。因此，如果公司业绩增长，但是管理费用率下降，甚至业绩增长本身就是管理费用率下降带来的，就需要格外注意。

另一个观察角度是递延所得税资产或负债，跨期支付的职工薪酬也存在税会差异，会计报表基于权责发生制原则，记到"归属期"，这本质上也是会计估计；但是税法只认实际发放，记在实际发放的时点，所得税费用与应纳税额差异产生递延所得税资产或负债。

2. 股权激励费用

股权激励费用也是经常被用于调节管理费用，股权激励对应的管理费用不用减少净资产（其他类型的预提都是增加费用和预计负债，导致净资产减少；而股权激励费用直接调增资本公积，不减少净资产，有利于 PB 估值）。我们用案例来展开分析。

【例】某公司授予管理层股权激励，20×1 年 1 月 1 日授予 100 人（每人 1 份）限制性股票期权，授予日期权公允价值 1 元/份，约定三年后（20×3 年 12 月 31 日）如果业绩达标，可以解锁。"超乎意料"的是，管理层每年年底离职 10 人。

对于这类以权益对价支付的股权激励，授予日不用进行任何处理，未来三年内逐步分摊股权激励费用（按照授予日期权的公允价值计算），记入管理费用。本案例中，公司需要在 20×1 年 12 月 31 日计提 30（90×1/3）万元管理费用，20×2 年 12 月 31 日计提 23.3（80×2/3-30）万元管理费用，20×3 年 12 月 31 日计提 16.7（70×3/3-30-23.3）万元管理费用。

但是与一般的管理费用不同，配平时，股权激励不产生负债科目，而是产生资本公积，也就是说，计提股权激励费用一方面减少了未分配利润，另一方面同时增加了资本公积，所有者权益不会减少，有利于 PB 估值。会计分录如下：

20×1 年 12 月 31 日	20×2 年 12 月 31 日	20×3 年 12 月 31 日
借：管理费用　　30	借：管理费用　　23.3	借：管理费用　　16.7
贷：资本公积　　30	贷：资本公积　　23.3	贷：资本公积　　16.7

股权激励费用不能冲回来，所以更多是"压利润"，很难实现"挪利润"。在这个案例中，假设不考虑股权激励费用，该公司 20×1—20×3 年净利润分别为 50 万元、60 万元、70 万元（增速分别为 20%、16.6%），考虑股权激励费用后，该公司 20×1—20×3 年净利润变为 20 万元、36.7 万元、53.3 万元（增速分别为 83.5%、45.2%）。不过虽然利润减少了，但是增速更高，利润曲线更好看了，所以股价可能更高。

强行用股权激励"挪利润"也可以，但是有点"不讲武德"，很多公司的股权激励不是白给的，而是当年终奖用，这样拿了股权激励就是自家人了，还要啥年终奖，之前计提的年终奖就可以冲回来。而且正常发年终奖时，会减少所有者权益，而改发股权激励，不减少所有者权益，所以只要打工人同意，站在公司的角度这样是很不错的。不过，这个是完全合法的，而且挑不出什么毛病，和我们本章讲的大部分"财务调节"不一样。

股权激励费用本质上也是"预提费用"，税法不认，可以看递延所得税资产或负债。

3. 盘盈盘亏

盘盈盘亏可以调节利润，这虽是一步险棋，但是因为藏在管理费用里，所以有一定隐蔽性。盘盈盘亏是指会计在年底财产清查中查出来比实际记录的多或者少的那部分资产。如果是多了或者少了固定资产，那么分别记营业外收入或营业外支出，但是这种情况很不常见，那么大一个固定资产硬是没看见，一般说不过去，因此，常见的盘盈盘亏，都和存货相关。

盘盈的存货，可以理解成之前少记了，属于管理失误，可以以管理费用的方式冲回来。盘亏的存货，如果是正常损耗，则记管理费用；如果是非正常的，如被顺走了，则记营业外支出。

理论上，盘盈也可能被上市公司用来调节利润。常见的做法是，发现多了一些存货后，先假装不知道，在"适当"的时候重新发现，冲抵当期管理费用。对于投资者来说，识别方法就是时刻关注财务报表附注里的管理费用明细表，看看有没有一些说不清道不明的科目。

盘盈盘亏税法都认，需要根据盘盈盘亏的净值交所得税，所以无法通过递延所得税资产或负债看出来。

4.6.3　研发费用：关注资本化与费用化的条件，警惕盲目资本化

在会计核算上，企业研发支出有两个归属——费用化与资本化。其中，研发费用专指费用化的研发支出，2018 年它从管理费用中分离，与销售费用、管理费用、财务费用并列，期间费用因此扩充至 4 个大项。

研发支出最大的槽点是可以资本化，而是否可以资本化取决于研发处于何种阶段。《企业会计准则第 6 号——无形资产》将研发分为研究阶段和开发

阶段，其中研究阶段是"为进一步开发活动进行资料及相关方面的准备"，具有较大的不确定性；而开发阶段是"已完成研究阶段的工作，在很大程度上具备了形成一项新产品或新技术的基本条件"。

研究阶段支出只能在当期费用化，直接进利润表；而开发阶段支出满足条件的可以资本化，先进资产负债表，再逐年摊销。

第一个问题是，如何区分研究阶段和开发阶段？所谓行百里者半九十，两者的界限本质上都是由上市公司自己定，即便公司给出了很具体、可操作的划分标准。

第二个问题是，开发阶段的支出不是必然资本化的，需要同时满足以下5个条件：

（1）完成该无形资产，以使其能够使用或出售在技术上具有可行性；

（2）具有完成该无形资产并使用或出售的意图；

（3）具有无形资产产生经济利益的方式；

（4）有足够的技术、财务资源和其他资源支持，以完成该无形资产的开发，并有能力使用或出售该无形资产；

（5）归属于该无形资产开发阶段的支出能够可靠地计量。

我们可以看出，会计准则中规定的5个条件都是比较虚的：只要上市公司说"我有意图和能力"就可以了，审计师和投资者也不能说公司"没有意图、没有能力"；上市公司还可以和投资者说"研发嘛，哪有不失败的，你知不知道爱迪生……"而且，就算开发支出真正满足了上述5个条件，距离"能给企业带来经济利益流入"（资产的定义）也还有很长的路要走。

会计准则中为研发支出资本化设置了重重障碍，除了要求进入开发阶段外，上述5个条件还要有审计师证明文件（虽然也许是形式上的）。但是对费用化没有设置任何障碍，甚至在《企业会计准则——应用指南》中明确指出"无法区分研究阶段和开发阶段的支出，应当在发生时费用化"。如果上市公司想费用化，可以直接用无法区分这条作为理由。会计准则鼓励费用化处理的倾向非常明显。

从税法制度来看，研发支出费用化与资本化的处理均被税法认可，因此费用化的支出可以在当期抵税，资本化后就不能在当期抵税了，虽然未来年份可通过无形资产摊销抵税，但是牺牲了税盾的时间价值。在会计核算和税法都明确不鼓励资本化后，如果企业克服重重困难也要将研发支出资本化，那么其目的不言而喻。图 4-8 为某科技公司调整会计政策公告的截图，公司在业绩高速增长期，研发支出 100% 费用化；业绩增速承压后，大幅提升了资本化比例。

（三）本次会计估计变更内容

1. 变更前公司采用的会计估计

本次会计估计变更前，公司基于谨慎性原则将内部研发项目的所有支出于发生时计入当期损益。

2. 变更后公司采用的会计估计

本次会计估计变更后，公司按照以下标准划分内部研发项目的研究阶段支出和开发阶段支出：

公司根据研发项目的进展召开专家评估会，开发阶段支出经评估满足资本化条件时，计入开发支出，并在研究开发项目达到预定用途时，结转确认为无形资产。不满足资本化条件的开发阶段支出，则计入当期损益。研究阶段的支出，在发生时计入当期损益。

图 4-8　某科技公司在利润增速承压后提高了研发支出资本化比例

但是从全球视角来看，按照美国会计准则 GAAP，当期发生的研发支出应该一律费用化，不得资本化；允许一部分资本化其实是国际财报准则（IFRS）的规定，我国会计准则整体上是建立在 IFRS 基础上的。即便沿用了 IFRS 规则，但是因为我国科技公司的利润率仍不高，所以说我国科技公司仍有极大的提升空间，乐观的说法则是拥有更高的全生命周期加权平均增速。

表 4-7 统计了 Wind 全 A 样本数据历年分行业的研发支出资本化比例，2021 年 A 股研发支出平均资本化比例为 13.3%，但是不同行业之间分化明显。表 4-7 剔除了研发支出基数极低的银行、非银金融、社会服务、房地产、公用事业等行业，资本化比例前 5 名的行业分别是计算机、传媒、汽车、通信

和电子，近年研发支出资本化比例均在 20% 以上。纵向来看，2018 年资本化比例达到最高峰，近年略有回落。识别通过研发费用调节利润的方法，也是两步：第一步是看公司财务报表附注中，研发支出资本化的条件，是否过于宽松；第二步是与同行业其他公司对比研发支出资本化率，看看公司的资本化率是否过于"鹤立鸡群"。

表 4-7 申万一级行业历年研发支出平均资本化比例

申万一级行业	2013 年	2014 年	2015 年	2016 年	2017 年	2018 年	2019 年	2020 年	2021 年
计算机	16.9%	12.4%	14.2%	14.5%	13.6%	36.3%	33.7%	31.1%	29.0%
传媒	16.3%	20.7%	17.9%	11.5%	7.8%	26.7%	36.2%	31.3%	27.9%
汽车	13.9%	16.9%	18.3%	18.2%	18.9%	33.0%	33.3%	23.8%	25.6%
通信	12.6%	6.0%	6.9%	11.1%	11.6%	27.2%	26.6%	25.4%	24.2%
电子	15.1%	11.8%	11.9%	9.8%	13.0%	31.6%	29.9%	22.1%	23.0%
医药生物	16.0%	15.9%	12.9%	14.6%	16.0%	33.5%	28.9%	22.7%	18.8%
煤炭	10.9%	29.5%	20.4%	20.1%	20.3%	15.9%	13.6%	14.3%	17.5%
国防军工	8.8%	9.6%	12.0%	12.2%	12.2%	18.1%	19.2%	15.3%	13.0%
机械设备	15.9%	10.4%	6.0%	6.7%	8.4%	14.5%	10.4%	11.4%	9.9%
电力设备	10.0%	7.2%	7.3%	8.1%	7.1%	16.2%	13.3%	11.4%	9.8%
家用电器	11.7%	8.6%	4.7%	3.6%	3.6%	21.5%	10.9%	9.9%	9.6%
建筑材料	10.9%	4.9%	5.6%	6.1%	5.1%	10.7%	13.9%	9.5%	9.4%
基础化工	17.0%	10.7%	6.7%	7.7%	4.6%	11.8%	7.8%	7.2%	7.6%
环保	7.3%	7.5%	6.7%	8.1%	9.3%	24.4%	17.6%	9.9%	7.2%
有色金属	30.9%	25.4%	16.5%	15.5%	10.2%	14.5%	11.0%	6.8%	4.1%
美容护理	9.7%	0.0%	0.0%	0.8%	5.0%	2.0%	1.9%	3.4%	
石油石化	5.6%	4.6%	2.6%	2.3%	1.2%	0.5%	16.4%	10.4%	3.3%
食品饮料	16.4%	12.3%	6.3%	3.0%	3.1%	5.4%	3.6%	2.4%	2.4%
轻工制造	2.0%	0.0%	0.5%	0.7%	1.4%	2.6%	3.4%	2.4%	1.3%
钢铁	21.3%	15.8%	1.0%	0.7%	0.6%	1.2%	0.7%	0.6%	0.7%
全行业平均	13.2%	10.7%	8.9%	9.2%	9.4%	18.3%	17.1%	13.9%	13.3%

数据来源：Wind 全 A 样本统计，资本化比例 = 资本化研发支出 ÷（资本化研发支出 + 费用化研发支出）× 100%。

4.6.4　财务费用：要关注资本化和摊余成本法（兼论租赁新规）

根据财政部发布的《企业会计准则——应用指南》（财会 2006 年第 18 号）6603 号解释，财务费用是指"为企业筹集生产经营所需资金等而发生的筹资费用，包括利息支出（减利息收入）、汇兑损益及相关的手续费、企业发生的现金折扣或收到的现金折扣等"。

简单来说，财务费用就是利息支出、利息收入和汇兑损益，其中汇兑损益我们在第 1 章有所讲解。相对来说，相比其他期间费用，财务费用往往无论是支出还是收入，都有银行背书，因此调节空间要小得多，尤其是汇兑损益和利息收入，它们都是审计师和证监会重点审核的对象，上市公司很少用来调利润。本节主要介绍财务费用方面的注意事项，很多现象是会计准则下自然出现的，并非公司有意调节，但是如果投资者不了解原理，可能会产生错误认识。

财务费用中需要注意的地方主要有 4 处：利息支出资本化、等额本息还款下的利息费用、摊余成本法计量的债券投资收益和租赁新规下的租赁资产处理。其中，摊余成本法计量的债券投资收益并不归类到利息收入中，而是归类为投资收益，但是因为计量原理与等额本息还款极为类似，所以本节放在一起探讨。

1. 利息支出资本化

与研发支出类似，利息支出也可以资本化，但是要求借款必须是"为了符合资本化条件的资产"而产生的。这里的借款既包括该项资本开支的专门借款，也包括一般借款。专门借款无论花没花，都要资本化处理，利息支出和利息收入都不进利润表，而是按照净额计入在建工程造价，未来年份通过折旧分摊；一般借款的利息支出，按照工程实际占用的金额资本化。当在建工程转固时，利息支出停止资本化，改为费用化处理。

分析利息支出资本化时需要注意两点。首先，企业可能故意模糊借款的来源或用途，将不能资本化的利息支出资本化，或者反之。其次，类似 4.5.2 节所讲的折旧，企业可能调节在建工程转固时间点，从而控制利息支出资本化改费用化的时间。

> **提示：** 关注财务报表附注中的财务费用明细。一方面，利润表中的"利息费用"仅仅是费用化的利息支出，当公司的资本开支强度没有重大变化时，利息资本化的比例不能太离谱；另一方面，估算公司平均贷款利率时，应使用"利息支出"作为分子（公司平均贷款利率=利息支出÷平均有息负债），而不是"利息费用"。税法认可利息费用资本化，资本化不会带来递延所得税资产或负债的变化。

2. 摊余成本法处理的利息费用或投资收益

在利息费用和固定收益类投资收益计算中，摊余成本法是一种非常常见的方式。摊余成本法计算结果严格、准确，基本不存在调节空间，但是计算结果可能具有误导性，导致投资者误以为公司的竞争力持续增加。

摊余成本法的基本公式如下：

步骤1：本期费用或收益=期初债务余额（或债权余额）×利率（或实际收益率IRR）

步骤2：期末债务余额=期初债务余额+本期计提的费用-偿还的现金

步骤3：下期期初的余额=本期期末的余额

由此，对于等额本息还款（类摊余成本法处理），如果公司计提的财务费用小于偿还的现金，就会导致期末债务余额减少，使得下一期的财务费用变少，期末的债务余额更少，从此进入正反馈，财务费用加速减少。反之亦然，对于折价债券，公司按照摊余成本法确认的投资收益高于收到的分红，会导致资产负债表债券余额增多，下一期确认的投资收益更高，期末债券余额更多，也进入正反馈，投资收益加速上升。两者都会导致在现金流不变的情况下，最终的归母净利润加速上升，业绩的"二阶导"为正。

等额本息还款类似房贷按揭，是正常的还款（税法必然认可），并不是真正意义的摊余成本法，但是处理方法非常类似，理解等额本息还款有助于理解摊余成本法。典型案例如下。

【例】某企业借款 100 元，5 年等额本息还款，借款利率 10%。

如表 4-8 所示，公司第 1 年利息费用为 10（100×10%）元（为简化处理，使用期初余额为基数），根据年金函数[①] 可得，等额本息模式下公司每年偿还本息和 26.4 元，可得第 1 年偿还本金 16.4 元，期末债务余额 83.6 元。第 2 年以 83.6 元为基数，利息费用变为 8.36 元，但是等额本息还款仍然是 26.4 元，偿还本金 18.0 元，因此等额本息还款本质上是"先息后本"。在正反馈下，公司的利息费用无论是绝对值还是同比变化，都在加速下降，反过来便是净利润加速上升，但是不要误认为是"景气度"在上升。

表 4-8　等额本息还款下，现金流不变，利息费用加速减少

年份	第 1 年	第 2 年	第 3 年	第 4 年	第 5 年
期初债务余额（元）①	100	83.6	65.6	45.8	24.0
债务利率②	10%	10%	10%	10%	10%
利息费用（元）③=①×②	10.0	8.36	6.56	4.58	2.40
等额本息还款（元）④（通过①②计算）	26.4	26.4	26.4	26.4	26.4
每年偿还本金（元）⑤=④-③	16.4	18.0	19.8	21.8	24.0
期末债务余额（元）⑥=①-⑤	83.6	65.6	45.8	24.0	0.0
每年利息费用变化（元）		-1.64	-1.80	-1.98	-2.18
每年利息费用同比		-16.4%	-21.5%	-30.2%	-47.6%

与等额本息还款呈镜像关系的是持有至到期债券。在摊余成本法下，持有至到期债券不用票面利率计算投资收益，而是用内部收益率 IRR 作为乘数。由于现实中大部分债券都是折价发行，内部收益率 IRR 大于票面利率，所以债券每年确认的投资收益大于每年收到的利息，导致期末债券余额增加，第 2 年确认的投资收益更多，期末债券余额进一步增加，正反馈下导致投资收益

---

① Excel 公式为 PMT（利率，期数，PV，FV，期初或期末还款），本案例 =PMT（10%，5，-100，0，0）。

加速上升。典型案例如下。

【例】公司以 80 元购买 5 年期债券，面值 100 元，票面利率 5%，每年年末付息。

如表 4-9 所示，从现金流来看，公司第 0 年末支出 80 元购买债券，第 1 年—第 4 年每年年末收到利息 5 元，第 5 年收到本息合计 105 元，根据内部收益率公式①可得债券持有期 IRR=10.3%。利润表投资收益根据计算的 IRR 确认，等于债务余额乘以 IRR（为简化处理，以期初数为基础），第 1 年确认的投资收益为 8.26 元，年末债券余额为 83.26[80（期初）+8.26（投资收益）-5（收到的利息）]元，第 2 年再根据 83.26 元余额计算投资收益，投资收益持续大于收到的利息，正反馈下，投资收益将加速增加，二阶导为正。

表 4-9　摊余成本法下，现金流不变，投资收益加速增加

年份	第 0 年	第 1 年	第 2 年	第 3 年	第 4 年	第 5 年
实际现金流（元）①	-80	5	5	5	5	105
实际收益率 IRR ②（根据①计算）	10.3%					
持有至到期债券期初余额（元）③		80	83.3	86.8	90.8	95.2
持有至到期债券期末余额（元）④=③+⑤-①	80	83.3	86.8	90.8	95.2	0.0
每年记录的投资收益（元）⑤=③×②		8.26	8.59	8.96	9.37	9.82
每年投资收益变化（元）			0.34	0.37	0.41	0.45
每年投资收益同比			4.1%	4.3%	4.6%	4.8%

但是与等额本息还款不同，税法不认可摊余成本法计算的投资收益，公司根据实际收到的利息交税，由此产生税会差异，上述案例中，税法认可的利润小于会计报表中的利润，确认递延所得税负债，可以通过观察递延所得税负债明细来识别。

---

① Excel 公式为 IRR（现金流 1，现金流 2，现金流 3，……）。

3. 租赁新规下的租赁资产处理

租赁资产最早有两种会计处理方式，租赁期较短的归类为经营租赁，直接按照应付租金确认成本费用；租赁期较长的归类为融资租赁，并表固定资产和长期应付款。2021 年 1 月 1 日起，A 股上市公司全面执行租赁会计新准则，其中取消了经营租赁，所有的租赁均按照融资租赁模式处理；新增了"使用权资产"和"租赁负债"科目；承租日按照应付租赁款的现值同时确认使用权资产和租赁负债；对使用权资产按照直线折旧法计提折旧，对租赁负债按照摊余成本法处理（类似等额本息还款），由此导致租赁成本前高后低。我们用案例来说明。

【例】某公司承租资产，租赁期 5 年，约定租金每年 100 元。

在旧会计准则下，如果租赁期占资产的使用寿命比例较小，可以归类为经营租赁，每年计入利润表的成本费用均为 100 元，做法简明直观。但是在新会计准则下，所有租赁均按融资租赁处理，如表 4-10 所示，先按照一定的折现率将未来支付的租金折现到现在（折现率参考企业平均融资成本，本案例中暂假设为 10%），然后根据租金现值同时确认使用权资产和租赁负债。

表 4-10　租赁新规下，先按照一定的折现率将未来支付的租金折现到现在

年份	第 1 年	第 2 年	第 3 年	第 4 年	第 5 年
每年支付租金（元）	100	100	100	100	100
折现率	10%				
每年租金折现值（元）	90.9	82.6	75.1	68.3	62.1
租金现值（元）	379.1				

借：使用权资产（根据未来租金的现值确认使用权资产）　　　　　379.1

　　租赁负债——未确认融资费用（未确认融资费用逐年摊入财务费用）

　　　　　　　　　　　　　　　　　　　　　　　　　　　　　　120.9

　　贷：租赁负债——应付租赁款（资产负债表中以净值列示）　　　500

然后，每年对使用权资产和租赁负债分别处理，使用权资产采用直线折旧法，每年计提折旧 75.8（379.1÷5）元。租赁负债采用摊余成本法处理，相当于等额本息还款，借款初始金额为 379.1 元，每年还款 100 元，借款利率为折现率10%，每年确认的财务费用前高后低，如表 4-11 所示。

表 4-11　每年对使用权资产计提折旧，对租赁负债按照摊余成本法处理

金额单位：元

年份	第 1 年	第 2 年	第 3 年	第 4 年	第 5 年
资产部分处理：					
期初使用权资产①	379.1	303.3	227.4	151.6	75.8
使用权资产折旧②＝①/5 年	75.8	75.8	75.8	75.8	75.8
期末使用权资产③＝①－②	303.3	227.4	151.6	75.8	0.0
负债部分处理：					
期初租赁负债余额④	379.1	317.0	248.7	173.6	90.9
确认利息费用⑤＝④×10% 折现率	37.9	31.7	24.9	17.4	9.1
支付租金⑥	100.0	100.0	100.0	100.0	100.0
期末租赁负债余额⑦＝④＋⑤－⑥	317.0	248.7	173.6	90.9	0.0
对利润表的整体影响：					
每年折旧＋财务费用②＋⑤	113.7	107.5	100.7	93.2	84.9
未来 5 年合计	500				

最后，每年对利润表的影响是使用权资产折旧和租赁负债财务费用两部分合计，结果也是前高后低，前几年高于实付租金，后几年低于实付租金。但是，整个租赁期的影响合计仍然是 500 元，与直线法下的经营租赁一致。

如图 4-9 所示，租赁新规完美诠释了"利润表只是一种意见"，现金流完全一样，不同会计准则下，净利润的绝对值和变化趋势有着天壤之别。

如图 4-10 所示，同等额本息还款一样，租赁新规下，公司每年确认的财务费用会加速降低，从而带来公司净利润加速上涨。租赁新规对所有药店、家具直营店、服装专卖店、餐饮等需要租赁店铺的行业均有显著影响，租赁第 1 年的利润可能不高，但是之后每年加速改善，从而会给人一种企业经营能力、行业景气度持续上行的错觉。在这个例子里，没有任何的违法违规，甚至没有

任何的财务调节，单纯是会计规则带来的变化，只要投资者知道这个知识点，就可以轻易看出来。但是如果不知道，可能就会将公司的利润增长错误归因。

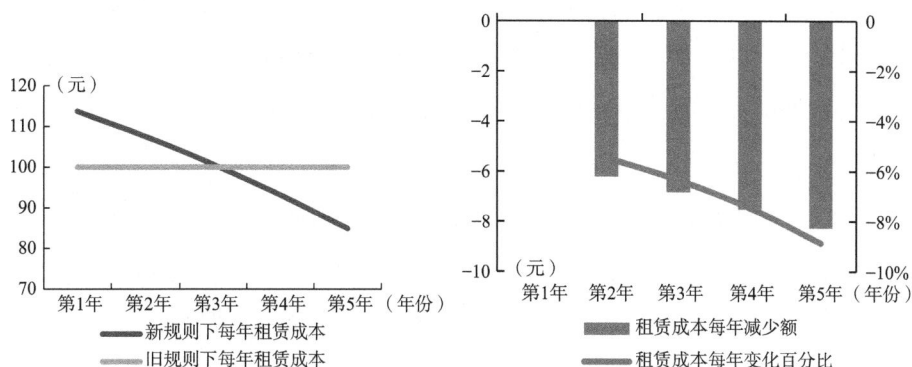

图 4-9　租赁新旧规则下每年确认的租赁成本　　图 4-10　租赁新规下每年租赁成本变化

识别租赁新规的影响，最简单的方式是看递延所得税资产或负债。税法不认可摊余成本法确认的财务费用，要求根据实际应付租金计算应纳税所得额，由此产生税会差异，如果会计报表中确认的租赁成本大于应付租金，那么会产生递延所得税资产，反之则产生递延所得税负债。

4.7　利润表其余科目：存在调节空间，内容相对复杂

4.7.1　其他收益：警惕政府补助的不规范确认

其他收益主要是政府补助，2017 年 5 月财政部发布了新版《企业会计准则第 16 号——政府补助》，自 2017 年 6 月 12 日起施行。与企业日常活动相关的政府补助之前计入营业外收入，2017 年中报开始计入其他收益。

我们在第 1 章中介绍过，政府补助分为与资产相关的补助和与收益相关的补助。前者可以冲减资产净值或者先确认为递延收益，后续再逐年分期计入损益。后者需要看政府补助的是已发生的成本还是未发生的成本，如果是

补助已发生的成本，直接确认为其他收益；如果是补助未发生的成本，也是先确认为递延收益。

虽然会计准则中要求确认政府补助满足两个条件（"企业能够满足政府补助所附条件"和"企业能够收到政府补助"）即可，但是实操中政府补助往往是罕见的收付实现制，企业只有在实际收到政府补助后，才确认其他收益或递延收益。

所以，利润表中的"其他收益"有两个来源，一个是从资产负债表中的递延收益中挪过来的，一个是直接确认的与收益相关的补助。政府补助一般都有政府背书，看似不容易调节利润，实则非常容易。下面用典型案例来说明。

【例】某公司出价100元从地方政府手中买地，土地使用权按10年期限摊销，政府以招商引资名义补助企业20元，其实就是退回去20元，公司实际花了80元买地。

在这个案例中，政府补助与资产相关，公司应该先确认为"递延收益"，后续随土地使用权摊销逐年挪到"其他收益"中。用会计分录理解如下。

（1）To年购买土地。

借：无形资产——土地使用权（按照中标原价确认无形资产）　　100
　　贷：银行存款　　　　　　　　　　　　　　　　　　　　　　100
借：银行存款（地方政府退回来20元）　　　　　　　　　　　　20
　　贷：递延收益（与资产相关的政府补助，收到后先记到递延收益中）20

（2）未来逐年摊销无形资产和递延收益。

借：相关业务成本或费用（土地使用权按照10年期限摊销）　　10
　　贷：无形资产——土地使用权累计摊销　　　　　　　　　　　10
借：递延收益（与土地使用权一起摊销，每年挪2元到其他收益）　2
　　贷：其他收益（政府补助每年影响净利润2元）　　　　　　　2

可以看出，如果公司按标准进行会计处理，那么政府补助应视为与资产相关，买地对未来每年利润表的净影响便是 8〔80（实际买地支出）÷10（摊销年限）〕元，号称的买地价格和政府补助只是改变了利润表的结构，不影响利润表结果。但是在现实中，公司可能将政府退回来的 20 元视为和买地没有关系，而是补助公司此前的成本的，这样公司就可以直接将 20 元补助计入利润表，从而实现对利润表结果的操纵。

再举个极端情况。公司直接号称出价 1 000 元买地，地方政府补助 920 元，公司把这 920 元计入利润表后，当期业绩直接爆表。而且只要实际支付的 80 元到位，由于政府并不直接插手企业的管理，可能并不知道公司具体是怎么记账的，就容易被蒙混过关。

因此，其他收益也是不能完全信任的，一方面需要看政府补助的"实质"，而不是公司表面上分类的"与资产相关"还是"与收益相关"；另一方面需要看公司与地方政府之间的净现金流往来，利用其他收益做利润本质上也是"将本金当收益"，只不过交易对手是地方政府，具有极高的隐蔽性。

4.7.2 投资收益：牢记金融类资产的收益确认规则

投资收益就是公司对外持有的股权和债权的收益。2018 年取消"可供出售金融资产"（出售时将浮盈转入投资收益）后，目前合并财务报表中的投资收益来源主要有以下 5 点：

（1）以公允价值计量的股权、债权投资收到分红，包括交易性金融资产（计划持有一年内）、其他非流动金融资产（持有一年以上）等；

（2）权益法核算的长期股权投资按持股比例确认的投资收益；

（3）金融资产计量方式变化时进行的公允价值重估；

（4）股权、债权低买高卖，买卖价差确认投资收益；

（5）摊余成本法计量的债权投资，根据 IRR 计算确认的投资收益。

其中，除了第 5 点专门针对债权投资（相关处理和注意事项见 4.6.4 节）

外，前 4 点的调节空间主要集中在股权投资上，尤其第 3 点是企业最常用的投资收益调节方式。当金融资产计量方式变化（包括公允转权益、权益转公允、权益转并表、并表转权益等）时，会计准则允许公司对存量金融资产进行公允价值重估，重估差值计入投资收益。

如 1.4.3 节所述，公允价值法计量主要针对持股比例较低、无法对所投公司施加重大影响的股权投资，会计上允许有两种方式计量，分别是"以公允价值计量且变动计入当期损益的金融资产"和"以公允价值计量且变动计入其他综合收益的金融资产"。前者如果持有期在一年以下，那么归类到"交易性金融资产"里；如果持有期在一年以上，则归类到"其他非流动金融资产"里。后者归类到"其他权益工具投资"里。

新版会计准则规定，一项投资一旦被分类到了"变动计入其他综合收益的金融资产"，未来无论是浮盈还是出售了结，永远不影响利润表。所以，上市公司往往都将持股比例较低的股权投资归类到"变动计入当期损益的金融资产"，浮盈计入"公允价值变动损益"（利润表科目），分红计入"投资收益"。

权益法核算针对持股比例较高，能够对所投企业施加重大影响，但是不能控制所投企业的股权投资，会计核算上归类为"长期股权投资"，所投公司公允价值波动和分红不影响公司利润表，投资收益只与所投公司归母净利润和公司的持股比例有关。并表就是持股比例超过 50%，能够实际控制所投公司的情况，并表后在合并财务报表中就不存在金融资产了，溢价收购的部分以商誉列示。

最常见的调节投资收益的方式就是通过改变持股比例或者取舍董事会席位，从而实现金融资产计量方式的转变，其中尤其以公允转权益、权益转公允为主。公允转权益可以增厚两次投资收益：第一次是转换时点进行存量资产的公允价值重估，第二次是后续计量的投资收益确认方式的变化。下面用案例来说明。

【例】甲公司先用 10 亿元对价收购乙公司 9% 股权，没有拿到董事会席位；第 2 年再用 2 亿元对价收购 1% 股权，持股比例达到 10%，获得一个董事会席位；第 3 年再按 3 亿元对价卖出 1% 股权，失去董事会席位。

该案例中，第 1 年甲公司没有拿到乙公司的董事会席位，无法对乙公司施加重大影响，所以将 9% 的股权确认为交易性金融资产（或其他非流动金融资产），入账价值为 10 亿元。

第 2 年甲公司拿到董事会席位后，将 10% 的股权转为长期股权投资。计量方式转换日，甲公司可以对存量 9% 的股权进行公允价值重估，而且往往采用边际定价法，即用增持 1% 股权的价格重估剩余的 9% 股权，长期股权投资入账价值为 20 亿元，确认存量股权重估收益 8（18-10）亿元。存量股权重估收益也归类到"权益法核算的投资收益"中，也就是说，"权益法核算的投资收益"并不都是所投公司归母净利润乘以持股比例。

第 3 年甲公司失去董事会席位，剩余 9% 股权再转为交易性金融资产（或其他非流动金融资产），入账价值为 27 亿元。股权出售前的账面价值 = 初始价值 20 亿元 + 累计确认的投资收益 - 收到的分红，1% 股权出售价格 3 亿元与对应账面价值的差值确认一笔投资收益（税法认），剩余 9% 股权入账价值 27 亿元与账面价值的差值再确认一笔重估收益（税法不认）。

整个过程中，甲公司第 2 年、第 3 年都确认了大笔投资收益，但是除了第 1 年初始投资的 10 亿元外，甲公司第 2 年、第 3 年实际没花多少钱，这其中的"罪魁祸首"就是边际定价法。现实中，如果甲公司有意调节利润，一定会在改变计量方式的临界点上，以高价增减持。

但是相对来说，利用公允价值重估调节利润动作过于明显，很容易识别。后续计量中，投资收益确认方式的变化更具有隐蔽性。下面用案例来说明。

【例】甲公司持有乙公司 9% 股权，没拿到董事会席位，乙公司第 1 年归母净利润为 10 亿元，承诺分红比例 50%，甲公司第 2 年一季度收到乙公司分红，二季度对乙公司的持股比例增至 10%，拿到了董事会席位，乙公司第 2 年实现归母净利润 12 亿元（每个季度 3 亿元）。

甲公司持有乙公司 9% 股权时采用公允价值法计量，只能在收到分红时，即第 2 年一季度确认对乙公司的投资收益 0.45（10×50%×9%）亿元，而且投资收益反映乙公司上一年的业绩，不能及时反映当前经营情况。

拿到董事会席位后可以转权益法核算，投资收益 = 标的公司归母净利润 × 持股比例，实时反映所投公司业绩且不用考虑分红比例。甲公司可以每个季度都确认投资收益 0.3（3×10%）亿元，年化收益为 1.2 亿元，持股比例仅增加 1%，但是投资收益翻倍有余。相比重估收益，后续投资收益确认方式变化要隐蔽的多，而且重估收益属于非经常性损益，后续投资收益增加属于经常性损益。

因此，如果标的公司利润好，公允转权益就不用再等分红，可以快速增加投资收益；反之，如果标的公司亏损了，权益法下公司也要按比例确认亏损，这时公司甚至不用减持，只要宣布放弃董事会席位，就可以转回公允价值计量，就可以不确认亏损。

针对投资收益调节利润的识别方法，最主要的是牢记包括长期股权投资、各类以公允价值计量的金融资产在内的各种广义金融类资产的收益确认方式，以及彼此之间的区别，公司最常用的手段就是利用不同资产收益确认方式的区别，通过转变计量方式来调节利润。相对营业收入、营业成本、期间费用等科目来说，通过投资收益调节利润是比较好识别的，只是各类资产处理方式过于复杂，学习成本比较高而已，熟练之后一目了然。

从税会差异来看，税法只认可实际获得的收益和分红，不认可公允价值重估，因此公允价值重估收益不用交税，等到出售获利了结时再交税，会产生递延所得税资产或负债。按持股比例确认的权益法核算投资收益不用交税，因为权益法核算的投资收益就是对方的少数股东损益，少数股东损益已经交过一次税了，在这边不用二次交税，因此不会产生递延所得税资产或负债。

4.7.3　减值损失：将未来的亏损挪到现在，利润并没有凭空消失

根据财政部 2006 年发布的《企业会计准则第 8 号——资产减值》定义，资产减值是指"资产的可收回金额低于其账面价值"。常见的减值包括坏账准备、存货跌价准备、长期股权投资减值准备、固定资产减值准备、无形资产减值准备、在建工程减值准备、商誉减值准备等。

基于谨慎原则，企业应当在资产负债表日判断资产是否存在可能发生减值的迹象。对于合并形成的商誉和使用寿命不确定的无形资产，无论是否存在减值迹象，每年都应当进行减值测试。

资产的"可收回金额"取根据资产的公允价值减去处置费用后的净额与资产预计未来现金流量的现值两者之间较高者。实操中，大部分非金融类资产没有实时的公允价值，因此通常都是计算未来现金流现值，计算现值就需要两个参数，即剩余使用期限内的现金流和折现率，这两个参数的选取都有较强的主观性，所以存在调节空间。

然而，除了商誉、使用寿命不确定的无形资产等不用折旧、不用摊销的资产外，减值不会导致利润凭空消失，而是将未来的亏损挪到了现在，换言之，就是将本期的利润挪到未来（减少未来折旧摊销、减少未来发出存货的成本）。因此，与其说资产减值可能被用于调节利润，不如说资产减值本身就是为调节利润而存在的，几乎是唯一一个绝对合法且被会计规则指定的财务调节方式。下面用案例来说明。

【例】某资产 T0 年年底账面价值为 400 元，剩余使用寿命为 5 年，无残值。公司评估后，预计资产未来 5 年每年可产生的现金流量净额为 100 元，折现率为 10%。假设折旧是资产的唯一成本，资产每年产生的营业收入等于现金流量净额，不考虑增值税、所得税。

本案例中，按照 10% 折现率将未来 5 年的现金流折现到 T0 年年底，得到资产的"可回收金额"为 379.1 元，其低于固定资产的账面价值，所以需计

提 20.92 元固定资产减值损失。假设公司不计提减值，资产未来 5 年每年的折旧为 80［400（账面价值）÷5（剩余使用年限）］元，可贡献利润为 20 元／年，5 年合计利润为 100 元。如果公司计提减值，T_0 年确认损失 20.92 元，但是资产的账面价值降低为 379.1 元，未来 5 年每年的折旧变成 75.8（379.1÷5）元，利润贡献上升至 24.2 元／年，较减值之前上升约 20%。

然而，如果把 T_0 年的损失也算进去，该资产全生命周期的利润贡献合计还是 100 元，价值并没有凭空消失，只是从 T_0 年挪到了后面而已，如表 4-12 所示。

表 4-12　资产减值损失并没有使利润凭空消失，而是把未来的损失挪到了现在

金额单位：元

年份	第 0 年	第 1 年	第 2 年	第 3 年	第 4 年	第 5 年
固定资产账面价值①	400					
现金流量净额		100	100	100	100	100
每年现金流现值（假设折现率为 10%）		90.9	82.6	75.1	68.3	62.1
固定资产可收回金额（现值合计）②	379.1					
应计提固定资产减值损失＝②－①	20.92					
情景 1：假设不计提减值						
资产对应的收入		100	100	100	100	100
每年计提折旧＝①÷5		80	80	80	80	80
利润贡献		20	20	20	20	20
情景 2：假设计提减值						
资产对应的收入		100	100	100	100	100
每年计提折旧＝②÷5		75.8	75.8	75.8	75.8	75.8
利润贡献	-20.92	24.2	24.2	24.2	24.2	24.2
剩余生命周期利润合计	100.0					

　　该案例可以解释为什么上市公司并不忌讳固定资产减值损失，却对商誉减值尽力避免，因为商誉不用摊销，减值后利润就真的消失了。为了更好地调节利润（唯一绝对意义上合法的财务调节手段），上市公司计提固定资产减值往往不是在周期下行阶段，而是在业绩反转的前夜，一把减值到底，以便可以轻装上阵，增加业绩反转的"弹性"。根据笔者的观察，虽然市场不喜欢公司计提减值，但是市场的记忆力往往不好，等到公司业绩反转的时候，可能早就忘了公司前面计提过减值，从而把反弹全部归因到行业景气度上行，这又是一个明显的，因为不熟悉会计规则导致的错误归因。

　　长期股权投资减值、存货跌价准备等原理类似，例如有些公司在处置长期股权投资时，会在前一年对长期股权投资计提减值，到时候按照正常价格出售，售价与账面价值的差值就可以确认为投资收益。这种手法有点过于明显，可能"杀敌一百，自损一千"。但是也不排除某些公司在极端压力下铤而走险，分析时要用放大镜看，不能走马观花。

　　识别方法一般是看利润表中的资产减值明细，但是很容易漏掉之前年份减值的长尾影响。与预提费用、预计负债等类似，资产减值准备也属于会计估计，税法并不认可，在减值当年，计算应纳税所得额时要把减值损失加回去，未来年份要用没减值之前的固定资产价值算税务报表折旧。因此，税务报表与会计报表的时间差产生递延所得税资产，看递延所得税资产变化明细表，可以推算出之前年份减值的长尾影响。

4.8　识别财务调节的重要工具：递延所得税资产与负债

　　从上述各个科目的梳理中可以看出，很多调节利润的方法税务局不认，不管怎么调，都要按照调之前的利润交税，也就是说，会计报表和税务报表在收入、成本、费用确认上存在很大差别。

　　一个合格的企业应该有三套报表，一套给投资者看，一套给税务局看，一套给自己看，究竟哪一套报表才是真实的？答案是都是真实的，只不过给不同人看的报表目的不一样，导致了它们对"真实"的定义不一样。税务报表计算的是公司应该交多少税，是面向过去的；会计报表的目的是让投资者更清晰地了解公司财务状况，是面向未来的。

以保修费用为例：税务报表认为，在销售产品的时间点，保修费用是公司根据经验"估计"出来的，"真实"的情况是这笔费用并没有发生，不能在当期抵税，应该在实际支出的时间点，按照实际支出的金额确认费用。但是会计报表认为，保修费用是公司销售产品时附加的义务，虽然对价不确定，但是未来一定要付一笔钱，"真实"情况就是此时此刻的销售导致了公司多了一笔预计负债，有必要告诉投资者，因此应该把费用记在销售商品的时间点。使用目的的差异使得税务报表与会计报表的分歧无法弥合。

为了强行弥合，会计准则引入递延所得税资产和负债解决两者的衔接问题，规定会计报表和税务报表存在"可抵扣暂时性差异"的，确认递延所得税资产；存在"应纳税暂时性差异"的，确认递延所得税负债。其中，可抵扣暂时性差异是指资产的账面价值小于计税基础，或者负债的账面价值大于计税基础；应纳税暂时性差异是指资产的账面价值大于计税基础，或者负债的账面价值小于计税基础。

会计准则中的标准解释相对拗口，通俗来讲，可抵扣暂时性差异就是对于某项资产（如果是负债就反过来），会计报表中确认的数比税务报表中确认的数小，导致未来会计报表中的折旧摊销、结转的成本金额小于税务报表中的金额，税前利润大于税务报表中的应纳税所得额，所得税费用大于实际应缴纳的所得税金额。为了报表配平，在最初产生差异时先记一个递延所得税资产，未来年份再逐年冲抵。下面用案例来说明。

【例】某公司减值前固定资产账面价值为100元，剩余使用年限2年，公司本期欲计提20元固定资产减值准备，所得税率20%。

如果公司不计提减值，未来2年每年折旧50元；如果计提减值，公司本期利润减少 20 元，但是未来 2 年每年折旧变为 40 元，每年利润增加 10 元，计提减值并没有让利润凭空消失，而是将利润挪到了未来。按照 20% 所得税率计算，计提减值使得公司本年利润表中的所得税费用减少 4 元，未来 2 年每年所得税费用增加 2 元。

但是税务报表并不认可资产减值，本期仍要按照没减值之前的利润交税，也就是实际交给税务局的钱多于利润表中的所得税费用。会计准则认为，所得税费用和应交税费之所以有差异，本质是固定资产的账面价值（减值后变成 80 元）和计税基础（以减值之前的 100 元为准）存在差异，根据差异确认递延所得税资产 4（20×20%）元。等到第 2 年，由于会计报表中折旧减少、利润增加，所得税费用增加 2 元，多出来的 2 元也不用交给税务局（税务局也不认不收），直接冲减之前计提的递延所得税资产。用会计分录理解如下。

（1）T0 年计提固定资产减值损失。

借：固定资产减值损失（利润表中计提 20 元资产减值）　　　　　20

　　贷：固定资产减值准备（固定资产账面价值减少 20 元）　　　　20

借：递延所得税资产（根据可抵扣暂时性差异确认递延所得税资产）4

　　贷：所得税费用（由于减值后利润减少，本期所得税费用减少 4 元）4

（2）T1 年少计折旧，但是税务局不认，冲回递延所得税资产。

借：所得税费用（折旧减少、利润增多，所得税费用比应纳税额多 2 元）2

　　贷：应交所得税额（实际交给税务局的钱不变，税务局只认原始折旧）

　　　　递延所得税资产（差额部分冲减之前记的递延所得税资产）　　2

应纳税暂时性差异就是反过来，资产的账面价值大于计税基础，或者负债的账面价值小于计税基础，产生递延所得税负债。但是与递延所得税资产相比，递延所得税负债相对不常见，因为会计报表基于谨慎性原则，大多数情况都是往下压金额，导致资产面值通常小于计税基础。

常见的递延所得税负债产生途径包括非同一控制股权合并下的资产价值

重估、会计报表与税务报表折旧方法不一致（如会计报表直线折旧法、税务报表加速折旧）等。

以非同一控制股权合并下的资产价值重估为例，重估后的结果往往高于原始账面价值，但是税务报表不认可公允价值重估，由此导致新的账面价值（公允价值）高于计税基础（原始账面价值），产生递延所得税负债。

【例】某公司从独立第三方处收购子公司控股权，子公司固定资产账面价值100元，重估增值20元（重估后新的入账价值为120元），资产剩余可使用年限2年，所得税率20%。

税法不认可公允价值重估，因此固定资产的计税基础仍然是100元，但是会计报表中的账面价值已经变成120元，两者的差异属于应纳税暂时性差异，产生递延所得税负债4（20×20%）元。形成递延所得税资产或负债时，如果涉及利润表（如之前案例），产生所得税费用，如果不涉及利润表（如本案例），直接调整资本公积。

等到第2年，在会计报表中，由于固定资产经过了重估增值，折旧增多、利润减少，所得税费用减少，但是税法是不认的，税法中的折旧少、利润多，应交所得税大于利润表中的所得税费用。用会计分录理解如下。

（1）To 年重估后资产升值，确认递延所得税负债。

借：固定资产——公允价值重估（非同一控制股权合并对资产价值重估）20

    贷：资本公积（根据重估结果调增资本公积）   20

借：资本公积（如果初始确认不涉及利润表，调整资本公积）   4

    贷：递延所得税负债（根据应纳税暂时性差异确认递延所得税负债）4

（2）T₁ 年少计折旧，但是税务局不认，分摊递延所得税负债。

借：所得税费用（折旧增多、利润减少，所得税费用比应纳税额少2元）2

    递延所得税负债（冲抵递延所得税负债）   2

    贷：应交所得税额（税务局只认资产原始账面价值，折旧少、利润多）4

从会计准则来看，设置递延所得税资产与负债科目的初衷是弥合会计报表与税务报表的差异。但是从二级市场投资角度来看，税务局帮助我们一次性筛选出了所有"只有会计报表认可、税务报表不认可"的财务调节手段。

正常情况下，如果公司不有意进行利润吞吐，每年递延所得税资产或负债的增加值与营业收入或净利润的比值应该保持大致稳定，如果递延所得税资产加速增加，即二阶导为正，说明公司在超额计提费用压利润，反之就是冲回费用放利润。观察上市公司递延所得税资产或负债边际变化情况（二阶导）是比较有效的方法。

然而，观察递延所得税资产或负债的变化属于简单但略显粗糙的方法。除了看总量变化外，还需要看明细项变化。以下几项需要在分析时排除。

（1）未弥补的以前年度亏损。税法规定亏损可在未来 5 年内抵税，由此产生递延所得税资产和负债的当期所得税费用。但是，这里的纳税差异并不是公司有意调节利润，而是税法给的优惠，分析递延所得税资产变化时要剔除。

（2）会计报表直线折旧，税务报表加速折旧。很多时候公司在财务报表中采用直线折旧法，但是税法允许其在税务报表中使用加速折旧法，税法延后交税，产生递延所得税负债。这个也是税法给的优惠，分析递延所得税负债时要剔除。

（3）未实现的内部交易。税法只对具体的子公司分别征税，不对集团公司征税，如子公司将 80 元的产品按照 100 元卖给母公司，子公司需要对 20 元的利润交税；但是在合并财务报表中，母子公司之间的内部交易互相抵消，是没有该利润的，所以也就不存在所得税费用。但是，这 20 元的利润也没有凭空消失，在合并财务报表中，该商品的账面价值仍是 80 元，未来卖出时以 80 元为成本基数计算利润。

税务报表中，母公司将产品再次对外销售时，成本变成了 100 元，应纳税所得额也减少了。如果不考虑时间差，税务报表中的两笔税之和，等于会计报表的一笔所得税费用。但是如果考虑时间差，在母公司将产品卖出去之前，税务局相当于提前收了税，产生递延所得税资产。这个也不是公司有意调节利润，纯粹属于规则导致，所以也要剔除。

剔除以上三点后，通过递延所得税资产或负债净额就可以推算公司至少藏了多少利润。然而，对于税务报表和会计报表都认可的调节手段，如各种资本化处理、类资本化处理等，税务局没帮我们整理好，识别难度较高，没有简便方法，基本上只能按照科目一个一个梳理。表4-13为本章介绍的合法财务调节手段及识别方法汇总。

从景气度投资及"切线估值法"角度看，公司压利润的时候，行业格局往往较好，利润空间较大，股价比较安全；放利润的时候，虽然利润增速仍在，甚至可能加速，但已是强弩之末，是在强行延长持续时间。盘点一下，公司利润库里还有多少储备"弹药"，如果公司主营不行了，靠放利润还能支撑多久？只有识别出公司是真增长还是伪增长，投资者才能做到大胆进、提前跑。

表4-13 合法财务调节手段及识别方法汇总

科目	注意事项、常见调节手段及识别方法
营业收入	关注2017年新版《企业会计准则第14号——收入》，理解新准则的收入确认五步法。新准则下，常用的财务调节手段包括： （1）在允许按时段确认收入的情景（原完工百分比法）中，采用产出法确认履约进度，利用投入和产出的不同步及产出确认的模糊性调节毛利，要关注项目收入确认细节；税法认可，不产生递延所得税资产或负债 （2）在存在经销商的情景中，通过超额计提销售返利调节营业收入（旧准则下可以记销售费用），新准则下更为隐蔽，要观察预提费用；税法不认可，产生递延所得税资产 （3）不涉及现金的视同销售，如商品或服务的互换，公允价值确认存在主观空间，要重点阅读财务报表附注，留意非货币性资产交换；税法认可，不产生递延所得税资产负债 （4）新准则下在建工程试生产销售产生营业收入，不用计提折旧，会拉高投产前的毛利率，要关注在建工程转固时间点；税法认可，不产生递延所得税资产或负债 （5）BOT等可估算毛利、倒算营业收入的业务，利润表可调节空间极大，只能淡化利润表，要关注IRR；税法认可，不产生递延所得税资产负债

（续表）

科目	注意事项、常见调节手段及识别方法
营业成本	（1）了解从生产成本到营业成本的结转流程、生产成本与期间费用的差别，公司可以通过模糊生产成本与期间费用的划分调节存货的价值，进而影响毛利率，观察毛利率、期间费用和存货的相对变化；税法认可，不产生递延所得税资产或负债 （2）利用折旧政策调节成本费用，尤其要关注非直线折旧法，使用工作量法折旧的资产需要有相关商业实质；税法认可，不产生递延所得税资产或负债
销售费用	通过超额计提质量保修费用跨期调节销售费用，要观察销售费用明细和预计负债；税法不认可，可以观察递延所得税资产或负债
管理费用	管理费用可以说是一个筐，什么都可以往里装，所以内容庞杂，常见调节手段包括： （1）利用跨期支付的职工薪酬，税法不认可，可以观察递延所得税资产 （2）股权激励费用逐年分摊，有人离职就会导致管理费用减少；税法不认可，可以观察递延所得税资产，无可厚非，但是需要知晓 （3）存货盘盈盘亏，在适当的时候"再发现"，税法认可，不产生递延所得税资产或负债。应对手段是观察管理费用明细，看是否有异常项目
研发费用	研发支出可以资本化处理，研发费用仅指费用化的支出，资本化条件模糊且存在极大的主观性。会计制度和税法都不鼓励资本化，资本化的唯一目的就是调节利润，税法认可，不产生递延所得税资产或负债
财务费用	（1）与研发支出类似，利息支出也可以资本化，利息费用仅指费用化的支出，要关注报表附注；税法认可利息资本化，不产生递延所得税资产或负债 （2）等额本息还款效果类似摊余成本法处理，会导致现金流不变的情况下，利息费用加速减少，属于正常还款，税法必然认可，不产生递延所得税资产或负债 （3）以摊余成本法确认的债权投资收益，与等额本息还款效果相反，可能带来投资收益加速增长，税法不认可，可以观察递延所得税资产或负债 （4）租赁新规下，租借资产同时产生使用权资产和租赁负债，租赁负债分摊方法类似等额本息还款，导致租赁成本逐年加速下降；税法不认可，可以观察递延所得税资产或负债
其他收益	其他收益主要是政府补助，要观察政府补助明细表。大部分政府补助属于不征税收入，不会产生递延所得税资产复杂变化
投资收益	投资收益调节利润主要通过转变股权投资计量方式，公允转权益、权益转公允时均可以进行存量金融资产的价值重估；同时在后续计量中，公允价值法只有在收到分红时确认投资收益，而权益法下只需按持股比例乘以参股公司归母净利润，确认收益更高且更及时。牢记包括长期股权投资、各类以公允价值计量的金融资产在内的各种广义金融类资产的收益确认方式，以及彼此之间的区别。无论是收到分红还是权益法确认的投资收益，都不产生递延所得税资产或负债，分红及所投公司的归母净利润都已经交过税了，持股公司不用二次交税

（续表）

科目	注意事项、常见调节手段及识别方法
资产减值损失	减值损失科目设置的初衷就是用来调节利润，除了商誉、使用期限不确定的无形资产等不用折旧摊销的资产外，减值并不会导致利润凭空消失，而是将未来的亏损挪到了现在，换言之，就是将现在的利润挪到未来。税法不认可，产生递延所得税资产或负债
信用减值损失	同资产减值损失，主要针对应收账款、营收票据等，2019 年开始从资产减值损失中分离
营业外收支	调节收益不高，因此上市公司很少用营业外收支来调节利润。但是如果经常有大额营业外收支，可能意味着公司经营管理混乱
所得税	所得税很难用来调节利润，却是识别公司调节利润的重要工具。所得税费用包括当期所得税费用和递延所得税费用，观察递延所得税费用和递延所得税资产或负债变化，可以一次性筛选出只有会计报表认可，税务报表不认可的财务调节手段

4.9　灵魂拷问：尊重事实还是尊重市场

问尊重事实还是尊重市场，就好比问智慧重要还是财富重要。财务分析的出发点和落脚点都是给公司估值，但是估值不仅仅是科学，更是一门艺术。核心在于，股价反映的是市场对公司的预期，除了发生流动性危机、游资爆仓等极端情况外，市场永远是有效的，只不过我们需要重新定义一下"有效"的含义。股价时时刻刻反映市场此时此刻对公司的预期，只是这个"预期"不一定对。尤其在只能做多赚钱的 A 股市场，股价反映的既不是一致预期也不是平均预期，而是最乐观的新进入者与最悲观的持股者的边际预期。

因此，只熟悉公司、了解基本面是不够的，研究员还要实时跟踪市场的预期。实操中就看每个人的悟性了，一方面市场有时候可以自己凭空创造预期；另一方面上市公司也会参与这个游戏，通过眼花缭乱的财务报表让市场产生各种各样的预期。有的报表与其说是"纪录片"，不如说是一部"小说"，然而并不是所有市场参与者的财务功底都很好，即使是"小说"，市场可能偏偏认为它是"纪录片"。

最后，市场会用"暴力拉升"或"无脑杀跌"告诉聪明的投资者："上市公司是什么样不重要，你怎么认为也不重要，我怎么认为才重要。"

更夸张的是，市场有时候甚至还可以从完全相反的客观事实中得出相同的结论，因为人们往往只愿意相信自己愿意相信的东西。我们来看一看表4-14，表中的问题可能是很多人的童年阴影。

表 4-14　很多时候，逻辑和事实可能没有预设结论重要

别人家的孩子	我妈妈的逻辑	结论
A 学习好，不玩游戏	正是因为人家不玩游戏，所以学习好	不能玩游戏
B 学习好，玩游戏	学累了放松一下，但是如果不玩会学得更好	不能玩游戏
C 学习不好，不玩游戏	成绩都这么差了，再玩游戏还了得	不能玩游戏
D 学习不好，玩游戏	我就说嘛，玩游戏耽误学习	不能玩游戏

从这个逻辑角度来看，结合超额收益的本质，本章所介绍的识别上市公司调节利润的方法，可能并不是为了把上市公司看得更透，而是为了比别人看得更透，是利用认知差获得超额收益。我们回到最原始的三阶段DCF模型，在影响股价涨跌的因素中，敏感度最高的是公司利润增速持续时间预期的变化，预期上修可能直接带来股价翻倍；反之，下修则带来股价腰斩。上市公司利用会计制度的模糊空间，在不同会计期内挪利润，归根结底就是想延长利润增速的持续时间。

在本章前面的山洞例子中，山洞只有10米长，但是漆黑一片，没有人知道前面有多长，每人拿一根5米长的竹竿向前走，每走一步都要重新评估一下前面还有多长。可以说，财务分析技巧其实就是在竹竿前面又接了2米，我们的竹竿变成了7米长。更长的竹竿可以更前瞻地预测山洞的真实长度。

但是站在投资的角度来说，正确的做法则是，当山洞前面还有10米时，市场的竹竿不够长，很多人认为前面只有6米，而我们可以知道前面至少还有7米，从而买在股价低点。等大家集体向前走几步后，市场用5米长的竹

竿还没捅到东西，因此大幅上修山洞长度的预期，而我们用 7 米长的竹竿可以捅到尽头，先可以假装不知道，吃一波拔估值行情，然后在市场发现不对之前，果断下车，卖在股价高点。

理论很丰满，希望本书能为投资者带来阿尔法收益。纵使所有的手法都被市场消化了，阿尔法收益没有了，不存在了，但是资本市场的有效性也可以因此得到提升。所以，若能如此，本人将甚感荣幸。

后记

本书从正式提笔到完结只用了不到两个月的时间，如果算上之前给数十家公募基金、保险资产管理机构做的财务培训资料，差不多用了整整一年的时间来打磨，反复优化后得到了本书的素材底稿。在这个过程中，要感谢申万行研"黄埔军校"体系化的研究培养，感谢销售老师对我财务特长的挖掘，感谢财务培训时各大机构里每一个和我互动的领导，以及来自投资界、审计界和学术界前辈们的不吝赐教。

需要格外指出的是，前辈们的肯定和支持让我受宠若惊，这对我是一种精神上的极大鼓舞，尤其感谢导师巴曙松教授、康曼德资本丁楹总经理、工银瑞信焦文龙总经理、德勤中国吴卫军副主席及鹏扬基金杨爱斌总经理倾情为本书撰写推荐词。

此外，每每写到夜深人静时，我还会经常想起读书的时候，一边上课、一边实习写报告、一边自学注会和司法考试课程的情景，怀念与"共同发财致富"群里的小伙伴们共同奋战的时光。同时，感谢我爱人在本书写作过程中给予的内容设置、结构调整及书稿校对方面的全方位支持。

当然，本书一定会有一些不足之处，笔者尝试使用穷举法列举了目前能够想到的所有财务调节手段，但是显然无法穷尽。而且文中所有的对于会计和估值本质的思考，全部基于笔者目前的认知，从 2018 年毕业工作至本书结稿仅有 4 年时间，很多观点难免青涩。投资是一场修行，也许若干年后再回看本书，可能会有不一样的理解。

在本书修订过程中，正值 ChatGPT（聊天机器人程序）突然火爆全网，并引发了市场对 AI 参与投资决策的讨论。毫无疑问的是，AI 在数据提取、指标分析上拥有人类无法比拟的优势，简单的财务分析均有被替代的风险，但是 AI 能否在具有艺术成分的估值上更进一步尚不得知，估值会不会是二级市场从业者保住饭碗最后的仰仗？

　　不过，也不用过度担心，二级市场交易的是预期差，本质是通过认知差套利。不同的人，甚至不同的 AI 对同一件事物的理解，都是不同的，因此认知差是永远存在的，AI 可以让市场更加有效，但是无法消灭认知差。这样一想，我们就还是有存在价值的，只不过未来的投研生态可能会发生翻天覆地的变化，需要我们与 AI 一起，共同进化。

　　未来已来，与君共勉。

邹佩轩

2023 年 2 月于上海